Stefanie Römer

Gleichbehandlung von Leiharbeitnehmern

Die europarechtlichen Vorgaben und deren Umsetzung in Deutschland

igel Verlag
RWS

Römer, Stefanie: Gleichbehandlung von Leiharbeitnehmern: Die europarechtlichen Vorgaben und deren Umsetzung in Deutschland, Hamburg, Igel Verlag RWS 2014

Buch-ISBN: 978-3-95485-134-8
PDF-eBook-ISBN: 978-3-95485-634-3
Druck/Herstellung: Igel Verlag RWS, Hamburg, 2014

Bibliografische Information der Deutschen Nationalbibliothek:
Die Deutsche Nationalbibliothek verzeichnet diese Publikation in der Deutschen Nationalbibliografie; detaillierte bibliografische Daten sind im Internet über http://dnb.d-nb.de abrufbar.

Hermannstal 119k, 22119 Hamburg
http://www.diplomica.de, Hamburg 2014
Printed in Germany

Inhaltsverzeichnis

Verzeichnis der Tabellen

Verzeichnis der Abbildungen

Verzeichnis der Abkürzungen

a.A.	anderer Ansicht
a.a.O.	am angegebenen Ort
ABl. EG	Amtsblatt der Europäischen Gemeinschaften
ABl. EU	Amtsblatt der Europäischen Union
Abs.	Absatz
AEntG	Arbeitnehmerentsendegesetz
a.F.	alte Fassung
AG	Aktiengesellschaft
AGG	Allgemeines Gleichbehandlungsgesetz
AiB	Arbeitsrecht im Betrieb (Zeitschrift)
AIP	Aktueller Informationsdienst für Personaldienstleister (Zeitschrift)
AktG	Aktiengesetz
AMP	Arbeitgeberverband Mittelständischer Personaldienstleister
ANÜSTAT	Arbeitnehmerüberlassungsstatistik der Bundesagentur für Arbeit
ArbG	Arbeitsgericht
ArbGG	Arbeitsgerichtgesetz
Art.	Artikel
AuA	Arbeit und Arbeitsrecht (Zeitschrift)
AÜG	Arbeitnehmerüberlassungsgesetz
AuR	Arbeit und Recht (Zeitschrift)
AVAVG	Gesetz über Arbeitsvermittlung und Arbeitslosenversicherung
Az.	Aktenzeichen
BABl.	Bundesarbeitsblatt
BAG	Bundesarbeitsgericht
BAGE	Entscheidungen des Bundesarbeitsgerichts (amtliche Sammlung)
BB	Betriebs-Berater (Zeitschrift)
BetrVG	Betriebsverfassungsgesetz
BGB	Bürgerliches Gesetzbuch
BGBl. I	Bundesgesetzblatt Teil 1
BGH	Bundesgerichtshof
BT-Drucks.	Drucksache des Deutschen Bundestages

BVerfG	Bundesverfassungsgericht
BZA	Bundesverband Zeitarbeit Personaldienstleistungen e.V.
bzw.	beziehungsweise
ca.	circa
CEEP	Europäischer Zentralverband der öffentlichen Wirtschaft
CGB	Christlicher Gewerkschaftsbund
CGM	Christliche Gewerkschaft Metall
CGZP	Christliche Gewerkschaft Zeitarbeit und Personal-Service-Agenturen
DB	Der Betrieb (Zeitschrift)
DGB	Deutscher Gewerkschaftsbund
d.h.	das heißt
DIW	Deutsches Institut für Wirtschaftsforschung
ebd.	ebenda
EG	Europäische Gemeinschaft
EGB	Europäischer Gewerkschaftsbund
ERTV	Entgeltrahmentarifvertrag
etc.	et cetera
EU	Europäische Union
EuGH	Europäischer Gerichtshof
e.V.	eingetragener Verein
EWR	Europäischer Wirtschaftsraum
EzAÜG	Entscheidungssammlung zum Arbeitnehmerüberlassungsgesetz
f.	folgende/folgender
FAZ	Frankfurter Allgemeine Zeitung
ff.	fortfolgende und die folgenden
Fn.	Fußnote
FS	Festschrift
gem.	gemäß
GG	Grundgesetz

GmbH	Gesellschaft mit beschränkter Haftung
h.M.	herrschende Meinung
Hrsg.	Herausgeber
Hs.	Halbsatz
IAB	Institut für Arbeitsmarkt- und Berufsforschung der Bundesagentur für Arbeit
IG Metall	Industriegewerkschaft Metall
iGZ	Interessenverband deutscher Zeitarbeitsunternehmen e.V.
i.S.d.	im Sinne der/des
i.V.m.	in Verbindung mit
KG	Kommanditgesellschaft
KOM	Europäische Kommission
KSchG	Kündigungsschutzgesetz
LAG	Landesarbeitsgericht
Mio.	Millionen
MTV	Manteltarifvertrag
m.w.N.	mit weiteren Nachweisen
NachwG	Nachweisgesetz
NJ	Neue Justiz (Zeitschrift)
NJW	Neue juristische Wochenschrift (Zeitschrift)
Nr.	Nummer
NZA	Neue Zeitschrift für Arbeitsrecht (Zeitschrift)
NZS	Neue Zeitschrift für Sozialrecht (Zeitschrift)
PSA	Personal-Service-Agentur
RdA	Recht der Arbeit (Zeitschrift)
RGBl. I	Reichsgesetzblatt Teil 1
RL	Richtlinie
Rn.	Randnummer

Rs.	Rechtssache
S.	Seite
SGB III	Sozialgesetzbuch – Drittes Buch
Slg.	Sammlung der Rechtsprechung des EuGH
sog.	so genannt/-e/-er/-es
TV	Tarifvertrag
TVG	Tarifvertragsgesetz
TzBfG	Teilzeit- und Befristungsgesetz
u.	und
u.a.	unter anderem
UNICE	Union der Industrie- und Arbeitgeberverbände Europas
usw.	und so weiter
v.a.	vor allem
ver.di	Vereinte Dienstleistungsgewerkschaft
vgl.	vergleiche
WSI	Wirtschafts- und Sozialwissenschaftliches Institut in der Hans Böckler Stiftung
z.B.	zum Beispiel
ZESAR	Zeitschrift für europäisches Sozial- und Arbeitsrecht
ZfA	Zeitschrift für Arbeitsrecht (Zeitschrift)
zit.	zitiert
ZTR	Zeitschrift für Tarifrecht (Zeitschrift)

A) Einleitung

Die Arbeitnehmerüberlassung übernimmt als „Frühindikator“[1] eine wichtige Funktion für den gesamten Arbeitsmarkt. In Phasen des konjunkturellen Aufschwungs eilt die Zahl der Leiharbeitnehmer dem allgemeinen Beschäftigungsaufbau zeitlich voraus.[2] In Zeiten der Unsicherheit über das anhaltende Wachstum nutzen Unternehmen verstärkt Leiharbeit als flexibles Instrument der Personalplanung. Während eines Abschwungs bietet die Arbeitnehmerüberlassung Unternehmen die Möglichkeit, zeitnah auf Veränderungen reagieren zu können. Sowohl in der aktuellen Finanz- und Wirtschaftskrise als auch in Abschwungphasen der Vergangenheit (v.a. in den Jahren 1992/1994 und 2001) geht ein Abbau der Zahl der Leiharbeitnehmer dem konjunkturellen Einbruch des Arbeitsmarktes voraus.[3]

Da Leiharbeitnehmer als Teil dieses Frühindikators zuerst von den negativen Auswirkungen einer Rezession betroffen sind, sind sie vergleichbar hohen Risiken und Unsicherheiten ausgesetzt. Leiharbeit gilt als prekäre Form atypischer Beschäftigung,[4] da die betroffenen Arbeitnehmer oft schlechtere Arbeitsbedingungen vorfinden als Beschäftige in einem Normalarbeitsverhältnis.[5] So erhält jeder achte Leiharbeitnehmer (12,6%) ergänzende Arbeitslosengeld II-Zuschüsse. Im Vergleich dazu beziehen 2,8% aller sozialversicherungspflichtig Beschäftigten diese Lohnergänzung.[6] Darüber hinaus haben Leiharbeitnehmer einen geringeren Einfluss auf die Gestaltung ihrer Arbeitszeiten und sind höheren sozialen Belastungen ausgesetzt, da bei kurzen Einsatzzeiten keine Integration im Entleihbetrieb stattfinden kann.[7]

Die Diskussion über die Arbeitsbedingungen der Leiharbeitnehmer ist durch die Begriffe „equal pay“ und „equal treatment“ geprägt. Durch die Schaffung gleicher Arbeitsbedingungen einschließlich des Arbeitsentgeltes soll eine Benachteiligung von Leiharbeitnehmern im Vergleich zu den Stammarbeitnehmern im jeweiligen Entleihbetrieb vermieden werden. Dieses Ziel wollen das Europäische Parlament und der Rat mit ihrer am 21.11.2008 verabschiedeten Richtlinie 2008/104/EG über

---

[1] Vgl. Nürnberger Nachrichten vom 06.08.2008: Zeitarbeit spürt Konjunktur-Eintrübung, unter: http://www.nn-online.de/artikel.asp?art=861728&kat=3&man=3, abgerufen am 25.02.09.
[2] Vgl. Brenke/Eichhorst, DIW-Wochenbericht 2008, S. 242ff. (245).
[3] Vgl. Faz.net vom 03.11.08: Leiharbeiter - Arbeitnehmer zweiter Klasse, unter: http://www.faz.net/s/Rub58241E4DF1B149538ABC24D0E82A6266/Doc~ED4B1D67C50864C9FA54BE2F04494187F~ATpl~Ecommon~Scontent.html, abgerufen am 25.02.09.
[4] Vgl. Blanke, DB 2008, S. 1153; Promberger, WSI-Mitteilungen, 2006, S. 263ff.
[5] Vgl. Wiedemuth/Dombre (2008), S. 159ff. (160); Vitols (2008), S. 38.
[6] Vgl. BT-Drucks. 16/9657, S. 3, die Zahlen beziehen sich auf September 2007.
[7] Vgl. BT-Drucks. 15/6008, S. 23.

Leiharbeit[8] verwirklichen.[9] Ein Blick auf die fast 30-jährige Entstehungsgeschichte[10] dieser Richtlinie zeigt, dass die jeweiligen nationalen Vorschriften zur Regelung der Arbeitnehmerüberlassung erheblich divergieren und aus diesem Grund lange Zeit keine Einigung auf europäischer Ebene möglich war.[11] Auch der deutsche Gesetzgeber hat das besondere Schutzbedürfnis der Leiharbeitnehmer erkannt und als Kompensation für die allmähliche Lockerung des Rechtes der Arbeitnehmerüberlassung einen gesetzlichen Gleichbehandlungsgrundsatz eingeführt.[12] Hierbei orientiert er sich an den Entwürfen einer Richtlinie über Leiharbeit.[13]

Das Ziel dieser Studie ist es, das deutsche Recht der Arbeitnehmerüberlassung vor dem Hintergrund der Richtlinie über Leiharbeit auf einen möglichen Anpassungsbedarf zu analysieren.

In Abschnitt B) wird zunächst dargestellt in welchem rechtlichen Rahmen sich die Arbeitnehmerüberlassung in Deutschland bewegt. Das typische Dreiecksverhältnis zwischen Leiharbeitnehmer, Verleiher und Entleiher und die daraus resultierenden Rechtsbeziehungen werden eingehend beleuchtet. Im Anschluss daran erfolgt eine Darstellung der Entstehung des Arbeitnehmerüberlassungsgesetzes[14] (im Folgenden AÜG). Im Hinblick auf die schrittweise Deregulierung der Arbeitnehmerüberlassung in den letzten Jahren werden die wichtigsten Änderungen vorgestellt. Die Auswirkungen der zahlreichen Reformen spiegeln sich in der ökonomischen Entwicklung der Branche wieder, welche am Ende dieses Kapitels aus Sicht der verschiedenen Akteure dokumentiert wird.

In Abschnitt C) erfolgt der Blick nach Europa, wodurch der Entstehungsprozess der Richtlinie 2008/104/EG verdeutlicht wird. Das Ziel der verabschiedeten Richtlinie ist es, den Schutz von Leiharbeitnehmern und die Qualität der Leiharbeit zu verbessern, dies soll durch die Schaffung des sog. „equal-treatment-Gebotes" geschehen. Aus diesem Grund wird in Abschnitt D) vertiefend auf den Gleichbehandlungsgrundsatz und

---

[8] Richtlinie 2008/104/EG des Europäischen Parlamentes und des Rates vom 19.11.2008 über Leiharbeit, ABl. EU vom 05.12.2008, Nr. L 327, S. 9-14.

[9] Vgl. Pressemitteilung des europäischen Parlaments vom 22.10.2008 unter: http://www.europarl.europa.eu/news/expert/infopress_page/048-40237-294-10-43-908-20081021IPR40236-20-10-2008-2008-false/default_de.htm; Stand: 22.10.2008, abgerufen am 12.01.2009.

[10] Der erste Vorschlag der Europäische Kommission geht auf das Jahr 1982 zurück: Richtlinienvorschlag vom 07.05.1982, ABl. EG vom 19.05.1982, Nr. C 128, S. 2.

[11] Vgl. Fuchs, NZA 2009, S. 57 m.w.N. zu den nationalen Unterschieden.

[12] Siehe hierzu: B) II. 2. Reformen des AÜG und wichtigste Änderungen.

[13] Vgl. Betram, ZESAR 2003, S. 205 m.w.N.

[14] Arbeitnehmerüberlassungsgesetz in der Fassung vom 03.02.1995, BGBl. I S. 158, zuletzt geändert durch Art. 233 der Verordnung vom 31.10.2006, BGBl. I S. 2407.

die geregelten Abweichungsmöglichkeiten eingegangen. Hierbei wird Art. 5 der Richtlinie über Leiharbeit den Regelungen des AÜG gegenübergestellt.

Auch die betriebliche Mitbestimmung gehört zu den Arbeitsbedingungen von Leiharbeitnehmern. Folglich beschäftigt sich Abschnitt E) mit ihrer betriebsverfassungsrechtlichen Zuordnung. Die deutschen Regelungen, welche sich v.a. im Betriebsverfassungsgesetz[15] (im Folgenden BetrVG) finden, werden vor dem Hintergrund der Richtlinie 2008/104/EG betrachtet. In einem abschließenden Fazit werden die Ergebnisse dieser Untersuchung präsentiert.

---

[15] Betriebsverfassungsgesetz in der Fassung vom 25.09.2001, BGBl. I S. 2518, zuletzt geändert durch Art. 4 des Gesetzes vom 12.08.2008, BGBl. I S. 1666.

B) Arbeitnehmerüberlassung in Deutschland

I. Begriffsbestimmung und Abgrenzungen

1. Arbeitnehmerüberlassung

Eine Definition der Arbeitnehmerüberlassung findet sich in § 1 Abs. 1 AÜG. Demnach liegt Arbeitnehmerüberlassung vor, wenn ein Arbeitgeber (Verleiher) einem Dritten (Entleiher) gewerbsmäßig Arbeitnehmer (Leiharbeitnehmer) zur Arbeitsleistung überlässt. Hierbei wird von der für Arbeitsverträge üblichen zweigliedrigen Arbeitgeber-Arbeitnehmer-Beziehung abgewichen.[16] Durch die Besonderheit der Arbeitnehmerüberlassung entsteht ein Dreiecksverhältnis aus Verleiher, Entleiher und Leiharbeitnehmer. Kennzeichnend dafür ist, dass zwischen Verleiher und Leiharbeitnehmer ein Arbeitsverhältnis zustande kommt, der Arbeitnehmer seine Arbeitsleistung jedoch im Betrieb des Entleihers erbringt. Grundlage der Beziehung zwischen Verleiher und Entleiher ist der Arbeitnehmerüberlassungs-vertrag.[17] Die Begriffe „Leiharbeit", „Zeitarbeit" und „Arbeitnehmerüberlassung" werden synonym verwendet.

2. Arten der Arbeitnehmerüberlassung

Das AÜG regelt gem. der Definition in § 1 Abs. 1 AÜG die legale, gewerbsmäßige Arbeitnehmerüberlassung und verfolgt das Ziel, die illegale Arbeitnehmerüberlassung zu verhindern.[18] Somit ist zunächst zwischen legaler und illegaler Arbeitnehmerüberlassung zu unterscheiden.

Die legale, gewerbsmäßige Arbeitnehmerüberlassung ist streng reglementiert und darf grundsätzlich nur mit einer Verleiherlaubnis ausgeübt werden (§ 1 Abs. 1 Satz 1 AÜG). Die Erteilung dieser Erlaubnis fällt gem. § 17 AÜG in den Zuständigkeitsbereich der Bundesagentur für Arbeit. Die Überlassungserlaubnis wird gem. § 2 Abs. 1 AÜG auf schriftlichen Antrag des Verleihers zunächst für die Dauer eines Jahres befristet erteilt (§ 2 Abs. 4 AÜG). Soll die Erlaubnis über ein Jahr hinaus verlängert werden, hat der Verleiher rechtzeitig einen Antrag zu stellen.[19] Eine unbefristete Erlaubnis kann erst erteilt werden, wenn der Verleiher i.S.d. § 2 Abs. 5 AÜG drei Jahre lang erlaubt tätig war. Für die Erteilung der Erlaubnis besteht ein Rechtsanspruch, sofern keine Gründe

---

[16] Vgl. ErfK-Wank, AÜG Einleitung, Rn. 11.
[17] Siehe hierzu: B) I. 4. Rechtsbeziehungen im AÜG.
[18] Vgl. Schüren/Schüren, Einleitung, Rn. 1.
[19] Gem. § 2 Abs. 4 Satz 2 AÜG ist der Antrag spätestens drei Monate vor Ablauf des Jahres zu stellen.

für eine Versagung nach § 3 AÜG vorliegen. Die Versagung der Erlaubnis soll Leiharbeitnehmer vor unzuverlässigen oder unseriösen Verleihern schützen[20] und ist aus folgenden Gründen möglich:

- Fehlende Zuverlässigkeit des Verleihers (§ 3 Abs. 1 Nr. 1 AÜG), dies ist u.a. bei einem Verstoß gegen das Arbeitsschutzrecht oder der Verletzung anderer Vorschriften, z.B. aus dem Sozialversicherungsrecht der Fall;[21]
- Unzureichende Gestaltung der Betriebsorganisation des Verleihers (§ 3 Abs. 1 Nr. 2 AÜG), hierbei kommt es darauf an, dass Verleiher die ihm obliegenden Arbeitgeberpflichten nicht erfüllen kann;[22]
- Verstoß gegen die Bestimmungen des Gleichbehandlungsgrundsatzes (§ 3 Abs. 1 Nr. 3 AÜG);[23]
- Fälle mit Auslandsbezug (§ 3 Abs. 2-5 AÜG), hierbei ist die Versagung z.B. aufgrund der fehlenden deutschen oder EWR-Staatsangehörigkeit möglich.[24]

Das AÜG sieht jedoch auch Ausnahmen vor, wozu es keiner Erlaubnis bedarf. Hierzu zählt u.a. die Abordnung von Arbeitnehmern zu einer für die Herstellung eines Werkes gebildeten Arbeitsgemeinschaft (ARGE). Diese wird unter den in § 1 Abs. 1 Satz 3 AÜG genannten Voraussetzungen aus dem Anwendungsbereich des AÜG herausgenommen.[25] Kleinunternehmer mit weniger als 50 Beschäftigten sind gem. § 1 a AÜG von der Erlaubnispflicht des § 1 Abs. 1 AÜG befreit, wenn die Arbeitnehmerüberlassung der Vermeidung von Kurzarbeit oder Entlassungen dient.[26] Voraussetzung hierfür ist, dass die Überlassung die Dauer von zwölf Monaten nicht übersteigt und der Vorgang der Bundesagentur für Arbeit zuvor schriftlich angezeigt wurde. Einen ähnlichen Tatbestand regelt § 1 Abs. 3 Nr. 1 AÜG, wonach es keiner Erlaubnis für die Überlassung von Arbeitnehmern zwischen Arbeitgebern desselben Wirtschaftszweiges bedarf.[27] Die Regelung greift jedoch nur, wenn damit Kurzarbeit oder Entlassungen verhindert werden und wenn ein sowohl für den Verleiher als auch für den Entleiher geltender Tarifvertrag dies ausdrücklich regelt. Darüber hinaus ist der in § 1 Abs. 3 Nr. 3 AÜG geregelte Auslandsverleih aus dem Anwendungsbereich des

[20] Vgl. ErfK-Wank, § 3 AÜG, Rn. 1.
[21] Vgl. ausführlich hierzu mit weiteren Beispielen: Schüren/Schüren § 3 Rn. 56-148.
[22] Vgl. ausführlich hierzu: Schüren/Schüren § 3 Rn. 149-158.
[23] Siehe hierzu: D) Gleichbehandlungsgrundsatz.
[24] Vgl. ausführlich hierzu mit weiteren Beispielen: Schüren/Schüren § 3 Rn. 162-222.
[25] Vgl. ausführlich hierzu: ErfK-Wank, § 1 AÜG, Rn. 37-44.
[26] Vgl. ausführlich hierzu: ErfK-Wank, § 1 a AÜG, Rn. 1-9.
[27] Vgl. ausführlich hierzu: ErfK-Wank, § 1 AÜG, Rn. 50-56.

AÜG herausgenommen.[28] Zweck dieser Vorschrift ist die Erleichterung der Auslandsentsendung bei Joint-Ventures und die Förderung deutsch-ausländischer Gemeinschaftsunternehmen.[29]

In § 1 Abs. 3 Nr. 2 AÜG ist die vorübergehende konzerninterne Arbeitnehmerüberlassung geregelt.[30] Diese ist von der Erlaubnispflicht ausgenommen, wenn es sich um zwei Konzernunternehmen i.S.d. § 18 AktG[31] handelt und die Arbeitnehmerüberlassung lediglich vorübergehend erfolgt. Entscheidend ist dabei, dass der Arbeitnehmer nicht aus seinem ursprünglichen Unternehmen ausscheidet, sondern über eine Rückkehroption verfügt.[32] Der Begriff „vorübergehend" ist weit auszulegen, der genaue Zeitpunkt der Rückkehr muss noch nicht feststehen, es genügt, wenn die Rückkehr anhand konkreter Umstände wie z.B. der Beendung eines Projekts zu ermitteln ist.[33] Konzerninterne Personalführungsgesellschaften, deren ausschließlicher Zweck es ist, ihre Arbeitnehmer an die konzernangehörigen Unternehmen zu überlassen, sind von der vorübergehenden konzerninternen Arbeitnehmerüberlassung abzugrenzen.[34] Hierbei ist allein das Kriterium entscheidend, dass die Beschäftigung der Arbeitnehmer im eigenen Unternehmen nicht vorgesehen ist.[35] Solche konzerneigenen Verleihunternehmen unterliegen den Regelungen des AÜG.[36]

Die vorübergehende Arbeitnehmerüberlassung ist ursprünglich als echte Leiharbeit bezeichnet worden. Unechte Leiharbeit lag dagegen vor, wenn ein Arbeitnehmer zu dem Zweck eingestellt wurde, seine Arbeit ausschließlich in Entleihbetrieben zu verrichten. Diese Unterscheidung findet jedoch kaum noch Anwendung[37], vielmehr wird differenziert zwischen der gewerbsmäßigen und der nichtgewerbsmäßigen Arbeitnehmerüberlassung. Der Begriff der Gewerbsmäßigkeit ist nicht im AÜG definiert. Folgt man jedoch der h.M. der Literatur, ist der gewerberechtliche Begriff heranzuziehen.[38] Dementsprechend ist Gewerbsmäßigkeit gegeben, wenn die Arbeitnehmerüberlassung als selbstständige Tätigkeit nicht nur vorübergehend, sondern

---

[28] Vgl. ausführlich hierzu: ErfK-Wank, § 1 AÜG, Rn. 62.
[29] Vgl. Kittner/Zwanziger, Bachner § 131, Rn. 114.
[30] Vgl. ausführlich hierzu: ErfK-Wank, § 1 AÜG, Rn. 57-61.
[31] Aktiengesetz vom 06.09.1965, BGBl. I S. 1089, zuletzt geändert durch Art. 2 des Gesetzes vom 08.12.2008, BGBl. I S. 2369.
[32] Vgl. Hessisches LAG, Urteil vom 26.05.2000 - 2 Sa 423/99, DB 2000, S. 1968f.
[33] Vgl. BAG, Urteil vom 05.05.1988 - 2 AZR 795/87, DB 1989, S. 1139f.
[34] Vgl. ausführlich hierzu: Schüren, BB 2007, S. 2346ff.; Melms/Lipinski, BB 2004, S. 2409ff.
[35] Vgl. BAG, Beschluss vom 20.04.2005 - 7 ABR 20/04, NZA 2005, S. 1006ff.
[36] Vgl. Kittner/Zwanziger, Bachner § 131, Rn. 88, 109.
[37] Vgl. ErfK-Wank, AÜG Einleitung, Rn. 13.
[38] Vgl. ErfK-Wank, § 1 AÜG, Rn. 31ff.; HK-ArbR/Lorenz, § 1 AÜG, Rn. 14; Schüren/Hamann, § 1, Rn. 273.

auf Dauer betrieben wird und auf die Erreichung eines mittelbaren oder unmittelbaren wirtschaftlichen Vorteils gerichtet ist. Da der gemeinnützigen Arbeitnehmerüberlassung die Gewinnerzielungsabsicht fehlt, finden die Regelungen des AÜG hierauf keine Anwendung.[39]

3. Abgrenzungen der Arbeitnehmerüberlassung

a) Werkvertrag

Da die gewerbsmäßige Arbeitnehmerüberlassung eine Form des drittbezogenen Personaleinsatzes darstellt,[40] bedarf es der Abgrenzung gegenüber anderen Formen des drittbezogenen Personaleinsatzes. Die Notwendigkeit der Abgrenzung ist von Bedeutung, da die Wahl einer anderen Form des drittbezogenen Personaleinsatzes häufig aus der Motivation erfolgt, die Kontrollmöglichkeiten des Arbeitnehmerüberlassungsrechts zu umgehen.[41]

Der Werkvertrag ist gem. § 631 BGB[42] dadurch gekennzeichnet, dass sich der Unternehmer gegenüber dem Besteller zur Herstellung eines Werkes, d.h. zur Herbeiführung eines bestimmten Erfolges, verpflichtet. Hierbei schuldet der Werkbesteller dem Hersteller den Werklohn. Um den vereinbarten Erfolg herbeizuführen, kann sich der Unternehmer der Hilfe anderer Personen als seine Erfüllungsgehilfen nach § 278 BGB bedienen. Hierbei behält der Unternehmer als Arbeitgeber sein Weisungs- und Direktionsrecht.[43] Dem Werkbesteller obliegt ein werksbezogenes Weisungsrecht i.S.d. § 645 Abs. 1 Satz 1 BGB. Damit darf er bei Gestaltung der Werkleistung mitwirken, nicht aber den Arbeitseinsatz des Drittpersonals steuern.[44] In diesem Punkt liegt das wesentliche Unterscheidungsmerkmal des Werkvertrages zur Arbeitnehmerüberlassung. Wird dem Entleiher Fremdpersonal zur Arbeitsleistung überlassen, so erlangt dieser zugleich ein Weisungsrecht gegenüber dem Leiharbeitnehmer.[45] Zur Abgrenzung ist folglich zwischen den ausschließlich werksbezogenen Weisungen gem. § 645 Abs. 1 BGB und den auf das Arbeitsverhältnis bezogenen Weisungen zu unterscheiden. Letztere deuten

---

[39] Vgl. ErfK-Wank, § 1 AÜG, Rn. 35; Schüren/Hamann, § 1, Rn. 315.

[40] Vgl. ErfK-Wank, § 1 AÜG, Rn. 12.

[41] Vgl. ErfK-Wank, AÜG Einleitung, Rn. 10; beispielhaft zu sog. Scheinwerkverträgen: Hamann, AuA 2003, S. 20ff. (21).

[42] Bürgerliches Gesetzbuch in der Fassung vom 02.01.2002, BGBl. I S. 42, 2909; 2003 I S. 738, zuletzt geändert durch Art. 7 des Gesetzes vom 30.10.2008, BGBl. I S. 2122.

[43] Vgl. ErfK-Wank, AÜG § 1 Rn. 12; HK-ArbR/Lorenz, § 1 AÜG, Rn. 21.

[44] Vgl. Hamann, AuA 2003, S. 20ff.

[45] Siehe hierzu: B) I. 4.c) Rechtsbeziehung zwischen Entleiher und Leiharbeitnehmer.

auf das Vorhandensein einer Arbeitnehmerüberlassung hin. Beispiele hierfür sind Weisungen von Beschäftigten des Dritten an die entsandten Arbeitnehmer[46] oder Bestimmungen über die Anzahl der eingesetzten Arbeitnehmer[47].
Diese Abgrenzung wird durch die in der Praxis vorliegenden zahlreichen atypischen Gestaltungsformen des Werkvertrages erschwert.[48] Die Rechtsprechung stellt deshalb zur Unterscheidung zwischen Werkvertrag und Arbeitnehmerüberlassung darauf ab, ob der Arbeitnehmer in die Betriebsorganisation des Dritten eingegliedert wird, den dortigen Weisungen unterworfen ist und nicht nur die Pflichten seines Arbeitgebers erfüllt.[49] Ist dies der Fall, liegt Arbeitnehmerüberlassung vor. Ein weiterer Unterschied zwischen der Arbeitnehmerüberlassung und einem Werkvertrag ergibt sich bezüglich der Haftung. Im Rahmen eines Werkvertrages trägt der Unternehmer die Gewährleistungspflicht gem. § 633 Abs. 1 BGB, er haftet somit für den Erfolg und die Qualität seines Arbeitsergebnisses.[50] Leistungsgegenstand der Arbeitnehmerüberlassung ist lediglich die Auswahl und Überlassung für das jeweilige Anforderungsprofil des Entleihers geeigneter Arbeitnehmer. Die Haftung des Verleihers ist in diesem Fall auf ein Auswahlverschulden begrenzt.[51]

b) Arbeitsvermittlung

Entscheidend für die Arbeitnehmerüberlassung ist, dass der Leiharbeitnehmer arbeitsrechtlich dem Verleihbetrieb als Arbeitnehmer zugeordnet wird.[52] Da eine vollzogene Arbeitsvermittlung ein Arbeitsverhältnis zwischen dem Arbeitnehmer und einem Dritten zum Ergebnis hat, ist die Abgrenzung zur Arbeitsvermittlung rechtlich einfach.[53] Gem. der Definition in § 35 Abs. 1 Satz 2 SGB III[54] betreibt derjenige Arbeitsvermittlung, dessen Tätigkeit darauf gerichtet ist, „[...]Ausbildungssuchende mit Arbeitgebern zur Begründung eines Ausbildungsverhältnisses und Arbeitssuchende mit Arbeitgebern zur Begründung eines Beschäftigungsverhältnisses zusammenzuführen."

---

46 BAG, Urteil vom 30.01.1991 - 7 AZR 497/89, BB 1991, S. 2375-2379.
47 BAG, Urteil vom 14.08.1985 - 5 AZR 225/84, EzAÜG § 10 Fiktion Nr. 42.
48 Vgl. Schüren/Hamann § 1 Rn. 120ff.
49 Vgl. BAG, Urteil vom 13.05.1992 - 1 AZR 284/91, NZA 1993, S. 357ff.; BAG, Urteil, vom 22.06.1994 - 7 AZR 286/93, BAGE 77, S. 102ff.
50 Vgl. Eifler (2008), S. 9.
51 Siehe hierzu: B) I. 4. b) Rechtsbeziehung zwischen Verleiher und Entleiher.
52 § 14 Abs. 1 AÜG.
53 Vgl. Schüren/Schüren, Einleitung, Rn.15.
54 Drittes Buch Sozialgesetzbuch – Arbeitsförderung, Art. 1 des Gesetzes vom 24.03.1997, BGBl. I S. 594, zuletzt geändert durch Art. 3 des Gesetzes vom 30.10.2008, BGBl. I S. 2130.

Der Vermittler ist hierbei nie Arbeitgeber des zu vermittelnden Arbeitnehmers.[55] Die Abgrenzung der Arbeitsvermittlung von der Arbeitnehmerüberlassung ist aus dem Grund von Bedeutung, da beim Vorliegen der Arbeitsvermittlung die Anwendbarkeit des AÜG ausgeschlossen ist.[56] Wenn der Verleiher einem Dritten Arbeitnehmer zur Arbeitsleistung überlässt und dabei nicht die (für die Arbeitnehmerüberlassung) üblichen Arbeitgeberpflichten oder das Arbeitgeberrisiko übernimmt, wird gem. § 1 Abs. 2 AÜG vermutet, dass der Verleiher Arbeitsvermittlung betreibt.

4. Rechtsbeziehungen im AÜG / Dreiecksverhältnis

Die Arbeitnehmerüberlassung ist geprägt durch ein vertragliches Dreiecksverhältnis zwischen Verleiher, Entleiher und Leiharbeitnehmer.[57] Gekennzeichnet ist die, in Abbildung 1 verdeutlichte, Dreiecksbeziehung dadurch, dass der Verleiher gem. § 14 Abs. 1 AÜG den vertraglichen Arbeitgeber des Leiharbeitnehmers darstellt, der Leiharbeitnehmer aber im Betrieb des Entleihers unter dessen Befugnissen seine Arbeitsleistung erbringt. Die hierdurch entstehenden Rechtsbeziehungen sollen im Folgenden separat betrachtet werden.

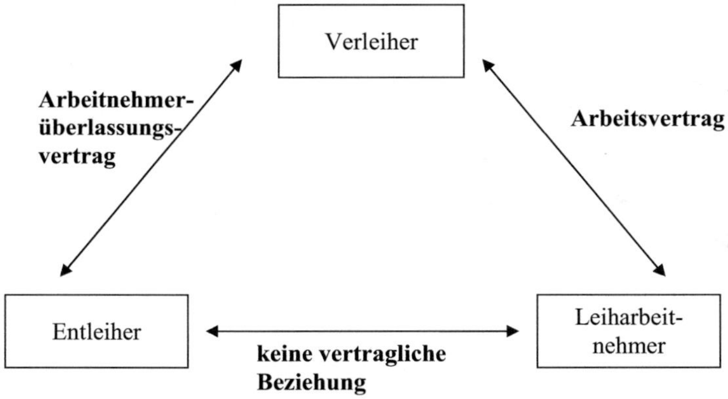

Abbildung 1: Vertragliche Dreieckbeziehung der Arbeitnehmerüberlassung; Quelle: Eigene Darstellung in Anlehnung an: Schröder (2005), S. 7.

a) Verleiher und Leiharbeitnehmer

Geht der Leiharbeitnehmer mit dem Verleiher ein Leiharbeitsverhältnis ein, wird zwischen beiden Parteien ein Arbeitsvertrag gem. § 611 BGB abgeschlossen. Hierbei

[55] Vgl. Schüren/Schüren, Einleitung, Rn.15.
[56] Vgl. Kittner/Zwanziger, Bachner § 131, Rn. 84.
[57] Vgl. ErfK-Wank, AÜG Einleitung, Rn. 11.

gelten die im Arbeitsrecht üblichen Rechte und Pflichten, die aus diesem Vertragsverhältnis resultieren.[58] Darüber hinaus werden in § 11 AÜG Sonderbestimmungen für den Inhalt von Leiharbeitsverhältnissen geregelt.[59] Grundsätzlich bedarf der Leiharbeitsvertrag keiner Schriftform,[60] nach § 11 Abs. 1 AÜG ist der Verleiher jedoch verpflichtet dem Leiharbeitnehmer die wesentlichen Informationen über das Leiharbeitsverhältnis schriftlich zur Verfügung zu stellen. Der Inhalt dieser Niederschrift richtet sich nach den Bestimmungen in § 2 Abs. 1 NachwG[61], darüber hinaus muss der Verleiher folgende Angaben ergänzen: Firmenname, Anschrift, Erlaubnisbehörde, Ort und Datum der Erteilung der Erlaubnis nach § 1 AÜG sowie Art und Höhe der Leistungen für Zeiten, in denen der Leiharbeitnehmer nicht verliehen ist.[62] Zusätzlich sind einige Besonderheiten zu beachten, welche die oben dargestellte Dreiecksbeziehung der Arbeitnehmerüberlassung mit sich bringt. Die Hauptleistungspflicht des Leiharbeitnehmers besteht in der Leistung von abhängiger Arbeit. Als Arbeitgeber schuldet der Verleiher die Vergütung dieser Arbeitsleistung.[63]
Im Rahmen des Leiharbeitsverhältnisses erbringt der Leiharbeitnehmer seine Arbeitsleistung nicht im Betrieb des Verleihers, sondern bei einem Dritten und nach dessen Weisung.[64] Hieraus ergibt sich, dass der Leiharbeitnehmer der Übertragung des Anspruchs seiner Dienste auf den Entleiher zustimmen muss (§ 613 Satz 2 BGB).[65] In der Regel wird dies im Rahmen des Leiharbeitsvertrages vereinbart.[66] Da der Verleiher als Arbeitgeber das Beschäftigungsrisiko trägt, besteht die Vergütungspflicht grundsätzlich auch in der Zeit, in der er den Leiharbeitnehmer nicht an einen Dritten verleiht (§§ 611, 615 BGB).[67] Des Weiteren obliegen dem Verleiher die typischen Arbeitgeberpflichten, exemplarisch sei hier auf die Gewährung von Urlaub, die Entgeltfortzahlung auf Grundlage verschiedener Gesetzesvorlagen und die Fürsorgepflicht gem. § 618 BGB verwiesen.[68]

---

[58] Vgl. Palandt/Weidenkaff, § 611, Rn. 1ff.
[59] Vgl. Schüren/Schüren, § 11, Rn. 16.
[60] Vgl. ErfK-Wank, § 11 AÜG, Rn. 2.
[61] Gesetz über den Nachweis der für ein Arbeitsverhältnis geltenden wesentlichen Bedingungen – Nachweisgesetz vom 20.06.1995, BGBl. I S. 946, zuletzt geändert durch Art. 32 des Gesetzes vom 13.06.2001, BGBl. I S. 1542.
[62] § 11 Abs. 1 Satz 2 Nr. 1 AÜG.
[63] Vgl. ErfK-Wank, AÜG Einleitung Rn. 24f.; Schüren/Schüren, Einleitung, Rn. 171, hier auch nähere Ausführungen zu Mehrarbeit, Urlaub, Leistungsverweigerung, etc.
[64] Vgl. Schüren/Schüren, Einleitung, Rn. 171.
[65] Vgl. BAG, Urteil vom 17.01.1979 - 5 AZR 248/78, BAGE 31, S. 218-228.
[66] Vgl. Schüren/Schüren, Einleitung, Rn. 167.
[67] Vgl. Schüren/Schüren, Einleitung, Rn. 171ff.
[68] Vgl. hierzu ausführlich Schüren/Schüren, Einleitung, Rn. 191ff.

An einem Arbeitskampf kann der Leiharbeitnehmer grundsätzlich nur im Verleihbetrieb teilnehmen.[69] Darüber hinaus enthält § 11 Abs. 5 Satz 1 AÜG eine Sonderregelung, die es dem Leiharbeitnehmer ermöglicht, bei einem Streik im Entleihbetrieb seine Arbeitsleistung zu verweigern.[70] Hierdurch wird sichergestellt, dass Leiharbeitnehmer nicht gegen ihren Willen als Streikbrecher eingesetzt werden.[71] Im Fall eines Arbeitskampfes im Entleihbetrieb muss der Verleiher den Leiharbeitnehmer auf dieses Leistungsverweigerungsrecht hinweisen (§ 11 Abs. 5 Satz 2 AÜG).[72]

Da unbefristete Leiharbeitsverhältnisse den Normalfall darstellen sollen,[73] finden seit der Reform des AÜG im Jahr 2003[74] die Vorschriften zur Befristung eines Arbeitsverhältnisses gem. § 14 TzBfG[75] auch auf Leiharbeitsverhältnisse Anwendung. Verleiher und Leiharbeitnehmer können demnach die Befristung des Arbeitsvertrages ohne sachlichen Grund vereinbaren.[76] Nach der Regelung in § 14 Abs. 2 TzBfG darf das Arbeitsverhältnis bis zur Höchstdauer von zwei Jahren befristet werden, wobei innerhalb der zwei Jahre eine dreimalige Verlängerung der kalendermäßigen Befristung möglich ist.[77] Diese Art der Befristung ist jedoch nicht zulässig, wenn mit demselben Arbeitgeber (in diesem Fall mit dem Verleiher) bereits zuvor ein befristetes oder unbefristetes Arbeitsverhältnis bestanden hat (§ 14 Abs. 2 Satz 2 TzBfG). Darüber hinaus ist die Befristung des Leiharbeitsvertrages mit sachlichem Grund, i.S.d. § 14 Abs. 1 Nr. 1 - 8 TzBfG möglich.[78]

Außerdem finden die allgemeinen Kündigungsschutzbestimmungen nach dem KSchG[79] Anwendung auf Leiharbeitsverhältnisse, soweit die erforderlichen Anwendungsvoraussetzungen der jeweiligen Norm erfüllt sind. Grundsätzlich greift der gesetzliche Kündigungsschutz eines Leiharbeitnehmers unter den Voraussetzungen der §§ 1 Abs. 1, 23 KSchG und ist somit identisch mit dem eines Arbeitnehmers in einem

---

[69] Vgl. ErfK-Wank, § 11 AÜG, Rn. 19; Schüren/Schüren, § 11 AÜG, Rn. 111, m.w.N.
[70] Vgl. Melms/Lipinski, BB 2004, S. 2409ff. (2412).
[71] Vgl. BT-Drucks. VI/2023, S. 14.
[72] Vgl. ausführlich hierzu: Schüren/Schüren, § 11 AÜG, Rn. 116f.
[73] Vgl. Gesetzesbegründung des TzBfG in BT-Drucks. 14/4374, S. 12.
[74] Siehe hierzu: B) II. 2. Reformen des AÜG.
[75] Teilzeit- und Befristungsgesetz vom 21.12.2000, BGBl. I S. 1966, zuletzt geändert durch Art. 1 des Gesetzes vom 19.04.2007, BGBl. I S. 538.
[76] Vgl. Lembke, DB 2003, S. 2702ff.
[77] Vgl. zu den in § 14 Abs. 2 und 2 a TzBfG aufgeführten Ausnahmen: Schüren/Schüren, Einleitung, Rn. 247-250; Düwell/Dahl, NZA 2007, S. 889ff. (891f.).
[78] Vgl. zu den einzelnen Befristungsgründen des § 14 Abs. 1 TzBfG und ihrer Relevanz bezüglich der Arbeitnehmerüberlassung: ErfK-Wank, AÜG Einleitung Rn. 6-10.
[79] Kündigungsschutzgesetz in der Fassung vom 25.08.1969, BGBl. I S. 1317, zuletzt geändert durch Art. 3 des Gesetzes vom 26.03.2008, BGBl. I S. 444.

Normalarbeitsverhältnisses.[80] Hierbei ist jedoch zu beachten, dass ein großer Teil der Leiharbeitnehmer für weniger als sechs Monate bei dem Verleiher beschäftigt ist[81] und somit aufgrund der Beschäftigungsdauer nicht in den Schutzbereich des KSchG gelangt. Zur Beendigung des Leiharbeitsverhältnisses ist eine außerordentliche Kündigung gem. § 626 BGB oder eine ordentliche Kündigung möglich.[82] Für die ordentliche Kündigung gelten die Fristen des § 622 BGB. Aufgrund der in Abs. 4 vorgesehenen Tarifdisposivität ergeben sich in der Praxis jedoch meist kürzere Fristen auf der Grundlage eines branchenspezifischen Tarifvertrages.[83] Im Geltungsbereich des KSchG bedarf die Kündigung gem. § 1 Abs. 2 Satz 1 KSchG einer sozialen Rechtfertigung, d.h. sie muss aus personen-, verhaltens- oder betriebsbedingten Gründen erfolgen.[84] Aus dem Leiharbeitsverhältnis ergibt sich die Besonderheit, dass eine verhaltensbedingte Kündigung sowohl mit einer Pflichtverletzung gegenüber dem Verleiher als auch mit einer Verletzung zur Erbringung der Arbeitsleistung beim Entleiher begründet werden kann.[85] Bei der Pflichtverletzung im Entleihbetrieb sind die dort geltenden Maßstäbe zu berücksichtigen, d.h. wenn ein Fehlverhalten eines vergleichbaren Arbeitnehmers im Entleihbetrieb auch eine verhaltensbedingte Kündigung zur Folge hätte.[86]

b) Verleiher und Entleiher

Die Rechtsbeziehung zwischen Verleiher und Entleiher wird durch den Arbeitnehmerüberlassungsvertrag begründet. Er bedarf gem. § 12 Abs. 1 Satz 1 AÜG der Schriftform. Hierbei handelt es sich um einen gegenseitigen Vertrag eigener Art als Unterfall des Dienstverschaffungsvertrages.[87]

§ 12 AÜG regelt neben der Form auch den Mindestinhalt des Überlassungsvertrages, woraus sich Hinweispflichten für beide Vertragspartner ergeben. Der Verleiher hat mitzuteilen ob er im Besitz einer Überlassungserlaubnis gem. § 1 AÜG ist; der Entleiher hat hingegen anzugeben, welche besonderen Merkmale die für den Leiharbeitnehmer vorgesehene Tätigkeit hat, welche Qualifikation dafür erforderlich ist und welche wesentlichen Arbeitsbedingungen für einen im Entleihbetrieb

[80] Vgl. ausführlich hierzu: MünchKomm-BGB/Hegenröder, § 1 KschG, Rn. 2ff., § 23 KschG, Rn. 5ff.
[81] Vgl. BT-Drucks. 15/6008, S. 33.
[82] Vgl. ErfK-Wank, AÜG Einleitung, Rn. 26.
[83] Vgl. ErfK-Wank, AÜG Einleitung, Rn. 32.
[84] Vgl. ausführlich hierzu: ErfK-Oetker, § 1 KSchG, Rn. 61ff.
[85] Vgl. Schüren/Schüren, Einleitung, Rn. 277.
[86] Vgl. Kittner/Zwanziger, Bachner § 131, Rn. 70.
[87] Vgl. ErfK-Wank, AÜG Einleitung, Rn. 14; Schüren/Schüren, Einleitung, Rn. 289.

vergleichbaren Arbeitnehmer gelten.[88] Die Auskunftspflicht über die Arbeitsbedingungen, einschließlich des Arbeitsentgelts, eines vergleichbaren Arbeitnehmers im Verleihbetrieb bezieht sich auf die Einhaltung des Gleichbehandlungsgrundsatzes gem. § 3 Abs. 1 Nr. 3 AÜG. Diese Pflicht besteht nicht, wenn eine der in §§ 3 Abs. 1 Nr. 3, 9 Nr. 2 AÜG aufgeführten Ausnahmen von diesem Grundsatz vorliegen.[89] Darüber hinaus legt § 12 Abs. 2 AÜG eine Unterrichtungspflicht des Verleihers fest. Bei einem Wegfall der Verleiherlaubnis, auch aufgrund einer Nichtverlängerung wegen eines Widerrufs oder wegen einer Rücknahme hat er den Entleiher unverzüglich über den Zeitpunkt des Wegfalls zu unterrichten. Diese Vorschrift dient dem Schutz des Entleihers und soll ihm die Möglichkeit geben, sich auf das Ende der Überlassungszeit einzustellen.[90]

Die Hauptleistungspflicht des Verleihers besteht darin, den vorübergehenden Bedarf des Entleihers an Arbeitnehmern zu befriedigen und ihm i.S.d. § 1 Abs. 1 AÜG die benötigten Arbeitskräfte entgeltlich zu überlassen.[91] Der Verleiher ist somit nicht zur Erbringung einer eigenen Arbeitsleistung verpflichtet und haftet demnach auch nicht für die bloße Schlechtleistung des Leiharbeitnehmers gem. § 278 BGB.[92] Seine Leistungspflicht beschränkt sich lediglich auf die Auswahl und Überlassung eines für die vorgesehene Arbeit bei dem Entleiher geeigneten Arbeitnehmers.[93] Da der Verleiher grundsätzlich keinen bestimmten Arbeitnehmer schuldet, handelt es sich um eine Gattungsschuld gem. § 243 BGB.[94] Der Arbeitnehmerüberlassungsvertrag stellt ein Dauerschuldverhältnis dar, demnach muss der Verleiher für die gesamte Vertragslaufzeit einen geeigneten Arbeitnehmer zur Verfügung stellen.[95] Bei Nichtleistung infolge eines Ausfalles des entsandten Arbeitnehmers, z.B. durch Krankheit oder Urlaub, hat der Verleiher Ersatz zu stellen.[96] Der Entleiher ist auf Grundlage des Arbeitnehmerüberlassungsvertrages zur Zahlung der vereinbarten Überlassungsvergütung verpflichtet. Hierbei wird in der Literatur zumeist von einer Vorleistungspflicht des Verleihers ausgegangen, wenn keine abweichenden

[88] Vgl. § 12 Abs. 1 Sätze 2 u. 3 AÜG.
[89] Siehe hierzu: D) Gleichbehandlungsgrundsatz.
[90] Vgl. ErfK-Wank, § 12 AÜG, Rn. 12.
[91] Vgl. Schüren/Schüren, Einleitung, Rn. 301.
[92] Vgl. ErfK-Wank, AÜG Einleitung, Rn. 20; Schüren/Schüren, Einleitung, Rn. 303.
[93] Vgl. BGH, Urteil vom 13.05.1975 - VI ZR 247/73, DB 1975, S. 1312f.
[94] Vgl. ErfK-Wank, § 12 AÜG, Rn. 6; Schüren/Schüren, Einleitung, Rn. 310, m.w.N.
[95] Vgl. Schüren/Schüren, Einleitung, Rn. 308.
[96] Vgl. Schüren/Schüren, Einleitung, Rn. 309.

Vereinbarungen vorliegen.[97] Für den Fall, dass der Entleiher den überlassenen Arbeitnehmer nicht beschäftigen kann, hat er das Verwendungsrisiko zu tragen und ist trotzdem zur Zahlung der Vergütung an den Verleiher verpflichtet.[98]

Aus der Überlassung eines Leiharbeitnehmers in einen Entleihbetrieb kann sich die Übernahme des Leiharbeitnehmers in ein Arbeitsverhältnis mit dem Entleiher ergeben.[99] Die Aufforderung des Entleihers an den Leiharbeitnehmer ohne Beachtung der Kündigungsfrist in ein Arbeitsverhältnis mit ihm zu wechseln, stellt eine unlautere Abwerbung dar. Diese ist als Pflichtverletzung des Überlassungsvertrages zu werten.[100] Grundsätzlich fördert der Gesetzgeber jedoch einen solchen Wechsel des Leiharbeitnehmers nach Beendigung des Arbeitsverhältnisses mit dem Verleiher. Dies folgt aus §§ 9 Nr. 3 u. 4 AÜG, wonach Vereinbarungen, die dem Leiharbeitnehmer oder dem Entleiher verbieten, ein Arbeitsverhältnis miteinander einzugehen als unwirksam gelten. Die im Arbeitnehmerüberlassungsvertrag vereinbarte Zahlung einer Vermittlungsgebühr des Entleihers an den Verleiher ist in einem solchen Fall jedoch gem. § 9 Nr. 3, 2. Hs. AÜG nicht verboten,[101] sofern sie angemessen ist.[102] Es ist stets im Einzelfall zu prüfen, welche Höhe der Vermittlungsvergütung angemessen ist. Hierbei sind Faktoren wie der Vermittlungsaufwand oder die Länge der Überlassungsdauer zu berücksichtigen.[103]

Ein befristeter Arbeitnehmerüberlassungsvertrag endet üblicherweise mit Ablauf der Befristung oder dem Eintritt der vereinbarten auflösenden Bedingung.[104] Darüber hinaus kann der Vertrag durch einen Aufhebungsvertrag beendet werden und von beiden Vertragspartnern gekündigt werden, wobei die ordentliche Kündigung nur bei einer entsprechenden vertraglichen Vereinbarung möglich ist.[105] Die außerordentliche Kündigung des Dauerschuldverhältnisses bedarf gem. § 314 Abs. 1 BGB eines wichtigen Grundes, welcher es für eine Vertragspartei unzumutbar macht, den Arbeitnehmerüberlassungsvertrag bis zu seinem regulären Ablauf fortzuführen.[106]

---

[97] So auch: ErfK-Wank, § 12 AÜG, Rn. 9; HK-ArbR/Lorenz, § 12 AÜG, Rn. 6; Schüren/Schüren, Einleitung, Rn. 343.
[98] Vgl. ErfK-Wank, § 12 AÜG, Rn. 9.
[99] Vgl. BT-Drucks. 15/6008, S. 11.
[100] Vgl. ErfK-Wank, § 9 AÜG, Rn. 8.
[101] Vgl. Benkert, BB 2004, S. 998ff.
[102] Vgl. ErfK-Wank, § 9 AÜG, Rn. 10; Lembke/Fesenmeyer, DB 2007, S. 801ff. (802).
[103] Vgl. Stück, AuA 2005, S. 336ff. (339).
[104] Vgl. ErfK-Wank, § 12 AÜG, Rn. 11.
[105] Vgl. ebd.
[106] Vgl. Schüren/Schüren, Einleitung, Rn. 327ff.

c) Entleiher und Leiharbeitnehmer

Kennzeichnend für die Arbeitnehmerüberlassung ist, dass der Leiharbeitnehmer seine Arbeitsleistung im Entleihbetrieb erbringt und dort vorübergehend eingegliedert ist. Da zwischen Entleiher und Leiharbeitnehmer jedoch keine vertragliche Beziehung besteht, ist die Einordnung dieser Rechtsbeziehung strittig.[107] Es ist der Ansicht von Schüren zu folgen, dass es sich bei dem Arbeitsvertrag zwischen Verleiher und Leiharbeitnehmer um einen Vertrag zu Gunsten Dritter i.S.d. § 328 Abs. 1 BGB handelt.[108] Der Entleiher hat demzufolge ein eigenes Forderungsrecht auf die Arbeitsleistung des Leiharbeitnehmers und ist in diesem Rahmen zur Ausübung des Direktionsrechtes ermächtigt.[109] Da er jedoch nicht Arbeitgeber des Leiharbeitnehmers ist,[110] wird das ihm zustehende Weisungsrecht zum einen auf Grundlage des Arbeitnehmerüberlassungsvertrages und zum anderen durch den Leiharbeitsvertrag begrenzt. Folglich hat er z.B. keine Berechtigung, das Arbeitsverhältnis des Leiharbeitnehmers zu kündigen,[111] da hierzu eine arbeitsvertragliche Beziehung, die nur mit dem Verleiher vorliegt, erforderlich ist. Der Entleiher hat jedoch neben dem Verleiher gleichermaßen die Vorschriften des Arbeitsschutzrechtes zu beachten. Gem. § 11 Abs. 6 AÜG ergeben sich für ihn Pflichten zur Unterweisung und Unterrichtung des Leiharbeitnehmers über die von ihm auszuführenden Tätigkeiten.

Ein Arbeitsverhältnis zwischen Entleiher und Leiharbeitnehmer entsteht ausschließlich im Zuge der Unwirksamkeit des Arbeitsverhältnisses zwischen Verleiher und Leiharbeitnehmer aufgrund der fehlenden Überlassungserlaubnis des Verleihers (§ 9 Nr. 1 AÜG).[112] In diesem Fall fingiert § 10 Abs. 1 Satz 1 AÜG zum Schutz des Leiharbeitnehmers ein Arbeitsverhältnis mit dem Entleiher.[113] Der daraus folgende Arbeitgeberwechsel ist nicht abdingbar, so dass selbst der Leiharbeitnehmer diese Rechtsfolge durch einen Widerspruch nicht verhindern kann.[114]

Der Beginn des fingierten Arbeitsverhältnisses hängt davon ab, ob der Leiharbeitsvertrag von Anfang an nach § 9 Nr. 1 AÜG nichtig war. Ist dies der Fall, beginnt das fingierte Arbeitsverhältnis zu dem Zeitpunkt, an dem der Leiharbeitnehmer seine

---

[107] Vgl. zum aktuellen Diskussionsstand: Schüren/Schüren, Einleitung, Rn. 102ff. m.w.N.
[108] Vgl. Schüren/Schüren, Einleitung, Rn. 161ff.
[109] Vgl. Schüren/Schüren, Einleitung, Rn. 162.
[110] BAG, Urteil vom 25.10.2000 - 7 AZR 487/99, NZA 2001, S. 259ff.
[111] BAG, Beschluss vom 28.04.1988 - 2 AZN 7/88, EzAÜG Nr. 289; LAG Hamburg, Urteil vom18.03.1987 - 4 Sa 123/86, EzAÜG KSchG Nr. 8.
[112] Vgl. Schüren/Schüren, Einleitung, Rn. 104.
[113] Vgl. ErfK-Wank, § 10 AÜG, Rn. 2.
[114] Vgl. ErfK-Wank, § 10 AÜG, Rn. 2; 8.

Tätigkeit entsprechend der überlassungsvertraglichen Vereinbarungen im Entleihbetrieb aufnehmen soll.[115] Nur wenn kein vereinbarter Zeitpunkt vorliegt, ist auf die tatsächliche Arbeitsaufnahme des Leiharbeitnehmers abzustellen.[116] Tritt die Unwirksamkeit des Leiharbeitsvertrages, z.B. durch den Wegfall der Überlassungserlaubnis, erst nach der Arbeitsaufnahme ein, so beginnt das fingierte Arbeitsverhältnis mit dem Zeitpunkt des Erlöschens der Erlaubnis (§ 10 Abs. 1 Satz 1, 2. Hs. AÜG). Das zwischen Leiharbeitnehmer und Entleiher fingierte Arbeitsverhältnis gilt gem. § 10 Abs. 1 Satz 2 AÜG als befristet, wenn der Einsatz des Leiharbeitnehmers im Entleihbetrieb nur befristet vorgesehen war und ein Befristungsgrund des § 14 Abs. 1 TzBfG vorliegt.[117] Fehlt es an einer der beiden Voraussetzungen, kommt ein unbefristetes Arbeitsverhältnis zustande.[118] Das befristete fingierte Arbeitsverhältnis zwischen Entleiher und Leiharbeitnehmer endet üblicherweise mit dem Ablauf der Befristung, eine ordentliche Kündigung ist regelmäßig ausgeschlossen.[119] Als weitere Beendigungsmöglichkeiten kommen der Aufhebungsvertrag und die außerordentliche Kündigung nach den arbeitsrechtlichen Bestimmungen des KSchG in Betracht.[120]

Für den Inhalt des fingierten Arbeitsverhältnisses werden in § 10 Abs. 1 Satz 3 - 5 AÜG Mindestbedingungen bezüglich der Arbeitszeit, der Vergütung und den sonstigen Arbeitsbedingungen festgelegt. Um den Arbeitnehmer vor unvorhersehbaren Änderungen zu schützen, gilt die zwischen dem Verleiher und dem Entleiher vereinbarte Dauer und Lage der Arbeitszeit als Grundlage für das fingierte Arbeitsverhältnis.[121] Die Vergütung des Arbeitnehmers muss i.S.d. § 10 Abs. 1 Satz 5 AÜG mindestens der Höhe des mit dem Verleiher vereinbarten Entgelts entsprechen. Darüber hinaus sind bei der Festsetzung der Entgelthöhe und übrigen Arbeitsbedingungen des Arbeitnehmers die für den Betrieb des Entleihers geltenden Vorschriften gem. § 10 Abs. 1 Satz 4 AÜG anzuwenden, um eine Ungleichbehandlung der ehemaligen Leiharbeitnehmer mit den Stammarbeitnehmern zu verhindern.[122]

[115] Vgl. ErfK-Wank, § 10 AÜG, Rn. 3.
[116] Vgl. BAG, Beschluss vom 10.02.1977 - 2 ABR 80/76, DB 1977, S. 1273ff.
[117] Vgl. HK-ArbR/Lorenz, § 10 AÜG, Rn. 16.
[118] Vgl. Schüren/Schüren, § 10 AÜG, Rn. 72.
[119] Vgl. Kittner/Zwanziger, Bachner § 131, Rn. 51.
[120] Vgl. Schüren/Schüren, § 10 AÜG, Rn. 105ff.
[121] Vgl. ErfK-Wank, § 10 AÜG, Rn. 10.
[122] BAG, Urteil vom 21.07.1993 - 5 AZR 554/92, DB 1993, S. 2536f.

II. Gesetzliche Grundlagen

1. Entstehung des AÜG

Mit dem Gesetz über Arbeitsvermittlung, Berufsberatung und Lehrstellenvermittlung[123] wurde durch die Errichtung einer Reichsanstalt für Arbeitsvermittlung im Jahr 1935 ein staatliches Vermittlungsmonopol geschaffen. Die gewerbsmäßige Arbeitnehmerüberlassung galt als unerlaubte Arbeitsvermittlung und war zu dieser Zeit verboten und sogar strafbar.[124] Das BVerfG[125] entschied im Jahr 1967, dass die Ausdehnung des Arbeitsvermittlungsmonopols auf Arbeitnehmerüberlassungsverträge gem. § 37 Abs. 3 AVAVG[126] einen Verstoß gegen die in Art. 12 GG[127] normierte Berufsfreiheit darstellte. Neben der beschränkten Zulassung der Arbeitnehmerüberlassung enthielt diese Entscheidung den Auftrag zur sozialverträglichen Regelung der Arbeitnehmerüberlassung. Mit dem Ziel der Schaffung eines arbeits- und sozialrechtlichen Mindestschutzes für die betroffenen Arbeitnehmer, trat am 12.10.1972 trat das AÜG[128] in Kraft. Hierdurch wurde die gewerbsmäßige Arbeitnehmerüberlassung an eine Erlaubnis geknüpft, deren Erteilung und Kontrolle der Bundesanstalt für Arbeit[129] übertragen wurde. Zunächst waren nur unbefristete Leiharbeitsverträge zulässig und die Höchstdauer der Überlassung betrug drei Monate.[130] Die Beschränkung der Überlassungsdauer sollte dem Zweck dienen, Leiharbeitnehmer vor den nachteiligen arbeitsmarkt- und sozialpolitischen Auswirkungen der langfristigen Überlassung zu schützen.[131] Um der Umgehung des Befristungsverbotes vorzubeugen, galt außerdem ein Synchronisations- und Wiedereinstellungsverbot.[132] Demzufolge war es verboten, die Dauer des Leiharbeitsverhältnisses mit dem Ersteinsatz bei einem Entleiher zu synchronisieren. Außerdem wurde ausgeschlossen, dass der Verleiher den Leiharbeitnehmer innerhalb von drei Monaten nach einer Kündigung wiederholt einstellt.

---

[123] Gesetz über Arbeitsvermittlung, Berufsberatung und Lehrstellenvermittlung vom 05.11.1935, RGBl. I, S. 1281.

[124] Vgl. Schüren/Schüren, Einleitung AÜG, Rn. 45 m.w.N.

[125] BVerfG, Entscheidung vom 04.04.1967, 1 BvR 84/65, DB 1967, S. 640.

[126] Gesetz über Arbeitsvermittlung und Arbeitslosenversicherung vom 16.07.1927, RGBl. I, S. 187.

[127] Grundgesetz für die Bundesrepublik Deutschland vom 23.05.1949, BGBl. I, S. 1, zuletzt geändert durch das Gesetz vom 08.10.2008, BGBl. I S. 1926 (mit zukünftiger Wirkung).

[128] Arbeitnehmerüberlassungsgesetz vom 07.08.1972, BT-Drucks. VI/2303.

[129] Heute: Bundesagentur für Arbeit.

[130] Vgl. Antoni/Jahn (2006), S. 2.

[131] Vgl. BAG, Beschluss vom 28.09.1988 - 1 ABR 85/87, DB 1989, S. 433ff.

[132] Vgl. BAG, a.a.O.

2. Reformen des AÜG und wichtigste Änderungen

Um dem Flexibilitätsbedürfnis von Verleihern und Entleihern gerecht zu werden und gleichzeitig die Schutzinteressen der Arbeitnehmer zu gewährleisten, erfuhr das AÜG seit dem Jahr 1982 zahlreiche Reformen, welche eine schrittweise Deregulierung, vor allem in Bezug auf die Ausweitung der Überlassungshöchstdauer, bewirkten. In Tabelle 1 werden die Reformen des AÜG und ihre wichtigsten Änderungen dargestellt.

Mit dem Arbeitsförderungskonsolidierungsgesetz[133] trat im Jahr 1985 das Verbot der Arbeitnehmerüberlassung in Betrieben des Baugewerbes, geregelt in § 12 a AFG a.F. in Kraft. Hintergrund für diese Regelung war die besondere Anfälligkeit der Baubranche für soziale Fehlentwicklungen zu Lasten der Arbeitnehmer.[134] Die Verfassungsmäßigkeit des Verbotes wurde vom BVerfG[135] im Jahr 1987 bestätigt, mit der Begründung des Vorranges von Arbeitnehmerschutz vor den Interessen des Verleihers.

Die Überlassungshöchstdauer an einen Entleiher wurde im selben Jahr erstmals von drei auf sechs Monate ausgeweitet. Diese Regelung des Beschäftigungsförderungsgesetzes 1985[136] war zunächst bis Ende des Jahres 1989 befristet, wurde aber durch das durch Beschäftigungsförderungsgesetz 1990[137] bis zum Ende des Jahres 1995 verlängert. Eine weitere Liberalisierung erfuhr das Arbeitnehmerüberlassungsrecht im Jahr 1994 mit dem Ersten Gesetz zur Umsetzung des Spar-, Konsolidierungs- und Wachstumsprogramms[138], wodurch die Überlassungshöchstdauer auf neun Monate erweitert wurde. Im selben Jahr wurde durch das Beschäftigungsförderungsgesetz 1994[139] das Vermittlungsmonopol der Bundesanstalt für Arbeit aufgehoben und das Synchronisationsverbot für schwer vermittelbare Arbeitslose gelockert.

---

[133] Arbeitsförderungskonsolidierungsgesetz vom 22.12.1981, BGBl. I, S. 1497.
[134] Vgl. BT-Drucks 9/846, S. 35.
[135] BVerfG, Beschluss vom 06.10.1987 - 1 BvR 1086/82, 1 BvR 1468/82, 1 BvR 1623/82, 1 BvR 1086, 1468, 1623/82, DB 1988, S. 605ff.
[136] Beschäftigungsförderungsgesetz 1985 vom 26.04.1985, BGBl. I 1985 S. 710.
[137] Beschäftigungsförderungsgesetz 1990 vom 22.12.1989, BGBl. I, Nr. 61.
[138] Erstes Gesetz zur Umsetzung des Spar-, Konsolidierungs- und Wachstumsprogramms vom 21.12.1993, BGBl. I 1993, S. 2353.
[139] Beschäftigungsförderungsgesetz 1994 vom 26.07.1994, BGBl. I 1994, S. 1786.

Datum	Gesetz	wesentliche Änderung
ab 01.01.1982	Arbeitsförderungs-konsolidierungsgesetz	• Verbot der Arbeitnehmerüberlassung im Bauhauptgewerbe
ab 01.05.1985	Beschäftigungs-förderungsgesetz 1985	• Ausdehnung der Überlassungshöchstdauer von 3 auf 6 Monate bis 31.12.1989 • Verlängerung bis 31.12.1995 durch das Beschäftigungsförderungsgesetz 1990
ab 01.01.1994	Erstes Gesetz zur Umsetzung des Spar-, Konsolidierungs- und Wachstums-programms	• Ausdehnung der Überlassungshöchstdauer von 6 auf 9 Monate bis 31.12.2000
ab 01.01.1994	Beschäftigungs-förderungsgesetz 1994	• Aufhebung des Synchronisationsverbotes für schwer vermittelbare Arbeitslose
ab 01.04.1997	Arbeitsförderungs-Reformgesetz	• Ausdehnung der Überlassungshöchstdauer von 9 auf 12 Monate • Zulassung der Synchronisation von Ersteinsatz und Arbeitsvertrag • Erlaubnis einmaliger Befristung ohne sachlichen Grund • Wiederholte Zulassung lückenlos aufeinander folgender Befristungen mit demselben Leiharbeitnehmer
ab 01.01.2002	Gesetz zur Reform der Arbeitmarktpolitischen Instrumente	• Ausdehnung der Überlassungshöchstdauer von 12 auf 24 Monate • Gleichbehandlungsgrundsatz nach 12 Monaten
ab 01.01.2003, teilweise ab 01.01.2004	Gesetze für moderne Dienstleistungen am Arbeitsmarkt (sog. Hartz-Gesetze)	• Flächendeckender Aufbau von Personal-Service-Agenturen gem. § 37c SGB III • Lockerung des Überlassungsverbotes im Bauhauptgewerbe • Wegfall der Begrenzung der Überlassungs-höchstdauer • Aufhebung des Synchronisationsverbotes • Aufhebung des Verbots der wiederholter Befristung • Wegfall der Wiedereinstellungssperre • Gleichbehandlungsgrundsatz ab dem ersten Tag sofern keine Ausnahmen vorliegen • Auskunftsansprüche des Verleihers und Leiharbeitnehmers an den Entleiher • Zulassung der Vermittlungsprovision nach vorangegangener Arbeitnehmerüberlassung

Tabelle 1: Reformen des AÜG von 1982 bis 2004;
Quelle: Eigene Darstellung in Anlehnung an Antoni/Jahn (2006), S. 2; Schüren/Schüren, Einleitung AÜG, Rn. 59ff.

Nach Ansicht der Bundesregierung leistete die Arbeitnehmerüberlassung einen wichtigen Beitrag zum Funktionieren des Arbeitsmarktes.[140] Aus diesem Grund sollten beschäftigungshemmende Bestimmungen des AÜG abgebaut werden. Mit dem Arbeitsförderungsreformgesetz[141] wurden im Jahr 1997 zahlreiche beschäftigungshemmende Vorschriften aufgehoben um neue Arbeitsplätze zu erschaffen.[142] Die Überlassungshöchstdauer wurde erneut verlängert und betrug nun zwölf Monate.[143] Weitere wesentliche Neuerungen waren die Zulassung der Synchronisation von Ersteinsatz und Arbeitsvertrag, die Möglichkeit einer einmaligen Befristung ohne sachlichen Grund und die Zulassung wiederholter, lückenlos aufeinander folgender Befristungen mit demselben Leiharbeitnehmer.[144]

Ab dem 01.01.2002 durften Leiharbeitnehmer sogar für 24 Monate an einen Entleiher überlassen werden. Hiermit wollte die Bundesregierung den Bedürfnissen des Marktes gerecht werden, wonach Arbeitnehmerüberlassung zunehmend zur Überbrückung längerer Krankheiten oder der Elternzeit eingesetzt wurde.[145] Diese Neuerung brachte das sog. Job-AQTIV-Gesetz[146] mit sich, welches als Kompensation der verlängerten Überlassungshöchstdauer einen Gleichbehandlungs-grundsatz der Leiharbeitnehmer formulierte.[147] Ab dem 13. Monat hatten Leiharbeitnehmer einen Anspruch auf die gleichen Arbeitsbedingungen einschließlich des Arbeitsentgeltes, die einem vergleichbaren Arbeitnehmer im Entleihbetrieb zu gewähren waren.[148]

Angesichts der anhaltenden Massenarbeitslosigkeit setzte die Bundesregierung im Jahr 2002 die Kommission „Moderne Dienstleistungen am Arbeitsmarkt“ mit dem Ziel ein, durch eine neue Ordnung auf dem Arbeitsmarkt den Abbau der Arbeitslosigkeit voranzutreiben und die Qualität und Schnelligkeit der Vermittlung von Arbeitslosen zu verbessern.[149] Das sog. Hartz-I-Gesetz[150] trat im Januar 2003 in Kraft, aufgrund der Übergangsvorschrift in § 19 AÜG galten einige Regelungen jedoch erst ab Januar 2004.

---

140 Vgl. BT-Drucks. 13/5498, S. 76.
141 Arbeitsförderungs-Reformgesetz vom 24.03.1997, BGBl. I 1997, S. 594.
142 Vgl. BT-Drucks. 13/4941, S. 247.
143 Vgl. Schüren/Schüren, Einleitung AÜG, Rn. 79.
144 Vgl. Antoni/Jahn (2006), S. 2f.
145 Vgl. BT-Drucks. 14/4220, S. 11.
146 Gesetz zur Reform der Arbeitmarktpolitischen Instrumente (Job-AQTIV-Gesetz) vom 10.12.2001: BGBl. I, S. 3443.
147 Vgl. zur ausführlichen Darstellung aller Neuerungen: Behrend, NZA 2002, S. 372ff.; Boemke/Lembke, DB 2002, S. 893ff.; Düwell, BB 2002, S. 98ff.
148 Vgl. Schüren/Schüren, Einleitung AÜG, Rn. 84.
149 Vgl. BT-Drucks. 15/25, S. 1.
150 Erstes Gesetz für moderne Dienstleistungen am Arbeitsmarkt (Hartz I) vom 23.12.2002: BGBl. I, S. 4607.

An diesem Zeitpunkt traten auch weitere Neuerungen auf der Grundlage des Dritten Gesetzes für moderne Dienstleistungen am Arbeitsmarkt[151] in Kraft. Durch die sog. Hartz-Gesetze wurde die Leiharbeitsbranche erneut dereguliert, im Mittelpunkt stand hierbei die Förderung der vermittlungsorientierten Arbeitnehmerüberlassung, wodurch neue Beschäftigungsmöglichkeiten erschlossen werden sollten.[152] Mit der Schaffung von staatlich geförderten Personal-Service-Agenturen (PSA) wurde das Ziel verfolgt, die Eingliederung von schwer vermittelbaren Arbeitslosen zu verbessern.[153] Darüber hinaus wurden zum Januar 2004 das Synchronisationsverbot, das Verbot der wiederholten Befristung, die Wiedereinstellungssperre und die Begrenzung der Überlassungshöchstdauer komplett aufgehoben.[154] Zusätzlich erfolgt eine Lockerung des Verbotes der Arbeitnehmerüberlassung im Bauhauptgewerbe. Sofern ein allgemeinverbindlicher Tarifvertrag des Baugewerbes die Arbeitnehmerüberlassung ausdrücklich zulässt, darf diese nun gem. § 1 b Satz 2 lit. a AÜG zwischen zwei Betrieben des Baugewerbes stattfinden. Im Gegenzug für diese weitgehende Liberalisierung hat der Gesetzgeber zum Schutz der Leiharbeitnehmer gem. § 3 Abs. 1 Nr. 3 AÜG den Gleichbehandlungsgrundsatz ab dem ersten Tag der Überlassung festgelegt. Der Grundsatz der Gleichbehandlung und die Ausnahmen unter denen davon abgewichen werden darf, werden in Abschnitt D) dieser Arbeit näher betrachtet.

III. Ökonomische Entwicklung und Gründe für den Einsatz von Arbeitnehmerüberlassung

Das von der Bundesregierung vermutete Potential der Leiharbeitsbranche zur Schaffung neuer Arbeitsplätze und Beschäftigungsmöglichkeiten[155] hat sich bestätigt. Die positive Entwicklung der Arbeitnehmerüberlassung hat den allgemeinen Beschäftigungsabbau ab dem Jahr 2004 gebremst und zum Beschäftigungsaufbau ab Mitte 2006

---

[151] Drittes Gesetz für moderne Dienstleistungen am Arbeitsmarkt (Hartz III) vom 23.12.2003: BGBl. I, S. 2848.

[152] Vgl. BT-Drucks. 15/25, S. 27.

[153] Vgl. zur ausführlichen Darstellung der Einrichtung und Funktionsweise von Personal-Service-Agenturen: Ulber, AuR 2003, S. 7ff. (13ff.)

[154] Vgl. zur ausführlichen Darstellung aller Neuerungen: Bauer/Krets, NJW 2003, S. 537ff.; Benkert, BB 2004, S. 998ff.; Hümmerich/Holthausen/Welslau, NZA 2003, S. 7ff.; Kokemoor, NZA (2003), S. 238ff.; Lembke, BB 2003, S. 98ff.; Neumann, NZS 2003, S. 113ff.

[155] Vgl. BT-Drucks. 15/25, S. 23f.

beigetragen.[156] Hierdurch wird ersichtlich, dass die Arbeitnehmerüberlassung mittlerweile eine wichtige Rolle auf dem deutschen Arbeitsmarkt einnimmt.

Um Aussagen über die Entwicklung der Arbeitnehmerüberlassung in Deutschland zu treffen, sind zwei Datenquellen der Bundesagentur für Arbeit heranzuziehen:[157] Die Arbeitnehmerüberlassungsstatistik beruht auf der in § 8 AÜG vorgesehenen Meldung von Verleihbetrieben über die Überlassung ihrer Arbeitkräfte. Die Beschäftigtenstatistik hingegen beruht auf der Meldung der Verleiher an die Sozialversicherungen. Aus diesen Daten ergeben sich geringfügig voneinander abweichende Zahlen. Unterschiede resultieren u.a. daraus, dass zu den sozialversicherungspflichtig Beschäftigten auch das Stammpersonal des Verleihers, welches nicht an andere Betriebe überlassen wird, zählt. Die aktuell vorliegenden Daten geben Aufschluss über die Situation des Leiharbeitsmarktes bis Ende Juni 2008.

1. Perspektive der Leiharbeitnehmer

Da die überlassenen Arbeitnehmer in verschiedenen Entleihbetrieben eingesetzt werden, bietet ihnen das Leiharbeitsverhältnis abwechslungsreiche Tätigkeiten und in einigen Fällen sogar die Möglichkeit der beruflichen Weiterqualifizierung.[158] Die bereits dargestellte Deregulierung des Arbeitnehmerüberlassungsrechtes hat zu einem Wachstum der Leiharbeitsbranche geführt.[159]

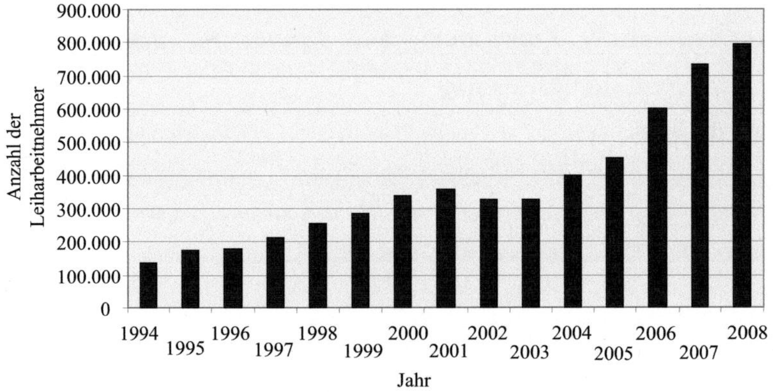

Abbildung 2: Bestand an Leiharbeitnehmern, Stichtag jeweils 30. Juni; Quelle: ANÜSTAT (2008), Tabelle: 5.

[156] Vgl. Bundesagentur für Arbeit (2008), S. 13.
[157] Vgl. Bundesagentur für Arbeit (2008), S. 4.
[158] Vgl. BT-Drucks. 14/4220, S. 15.
[159] Vgl. zu den Auswirkungen der einzelnen Reformen: Jahn/Antoni, BABl. 12/2006, S. 4ff. (9).

Die in Abbildung 2 dargestellte Entwicklung der Leiharbeitnehmer im Rückblick der letzten zehn Jahre zeigt, dass sich die Zahl der überlassenen Arbeitnehmer von ca. 250.000 im Juni 1998 auf ca. 800.000 im Juni 2008 mehr als verdreifacht hat. Dieses Wachstum ist verbunden mit einem steigenden Anteil von sozialversicherungspflichtig beschäftigten Leiharbeitnehmern. Gemessen an allen sozialversicherungs-pflichtigen Beschäftigten beträgt der Anteil der Leiharbeitnehmer aktuell ca. 2,4%.[160]

Die zuvor genannten Zahlen beruhen jeweils auf Stichtagsmeldungen und geben somit nur Momentaufnahmen wieder. Der Anteil der im Laufe eines Jahres in der Leiharbeitsbranche beschäftigten Arbeitnehmer ist aufgrund der hohen Fluktuation höher als dargestellt. Um die Dynamik der Leiharbeitsbranche zu verdeutlichen, empfiehlt sich die Betrachtung der Zu- und Abgänge von Leiharbeitnehmern innerhalb eines bestimmten Zeitraumes. Den 1,107 Mio. im Zeitraum vom 30.06.2007 bis zum 30.06.2008 neu abgeschlossenen Leiharbeitsverhältnissen stehen 1.122 Mio. beendete Arbeitsverhältnisse gegenüber.[161] Von den im ersten Halbjahr 2008 beendeten Leiharbeitsverhältnissen bestand mit 53,1% die Mehrzahl dieser Arbeitsverhältnisse weniger als drei Monate.[162]

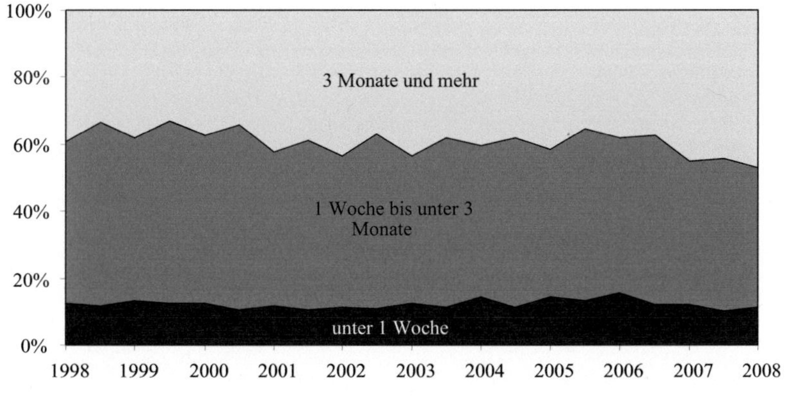

Abbildung 3: Beendete Arbeitsverhältnisse zwischen Verleihern und Arbeitnehmern nach der Dauer des Arbeitsverhältnisses (in Prozent);
Quelle: ANÜSTAT (2008), Tabelle: 4.

Abbildung 3 verdeutlicht, dass dieser Anteil innerhalb der letzten zehn Jahre relativ konstant geblieben ist. Trotz des Wegfalls gesetzlicher Beschränkungen der

[160] Vgl. aktuellste Daten zum Stichtag 31.12.2007, Bundesagentur für Arbeit (2008), S. 12.
[161] Vgl. ANÜSTAT (2008), Tabelle 1 u. 4.
[162] Vgl. ANÜSTAT (2008), Tabelle 4.

Überlassungshöchstdauer sind die Arbeitsverhältnisse zwischen Leiharbeitnehmer und Verleiher nach wie vor von kurzer Dauer. Eine mögliche Erklärung hierfür ist, dass die Leiharbeit für viele Arbeitnehmer lediglich eine Übergangslösung darstellt, aus der ein dauerhaftes Arbeitsverhältnis erwachsen kann.[163] In ihrem zehnten Erfahrungsbericht über die Anwendung des AÜG bestätigt die Bundesregierung, dass Leiharbeit eine Chance für die überlassenen Arbeitnehmer darstellt, im Anschluss in ein Arbeitsverhältnis des entleihenden Betriebes übernommen zu werden.[164] Dieser sog. „Klebeeffekt“ betrifft rund 30% aller Leiharbeitnehmer.[165]

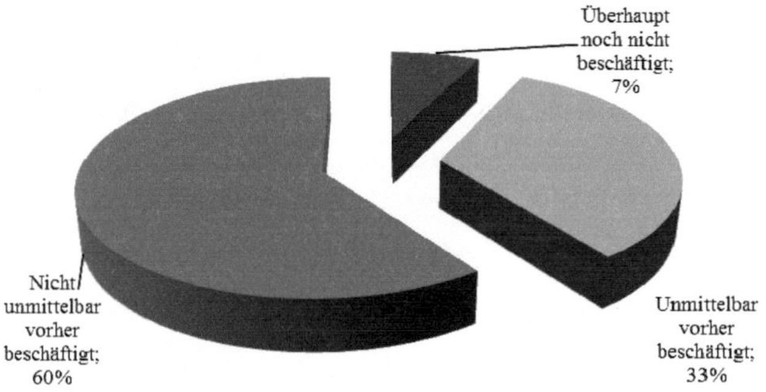

Abbildung 4: Zugang Leiharbeitnehmer nach Art der vorangegangenen Beschäftigung, Stand: 1. Halbjahr 2008;
Quelle: ANÜSTAT (2008), Tabelle 1.

Arbeitnehmerüberlassung stellt außerdem eine Chance zum Wiedereinstieg in den Arbeitsmarkt dar. Abbildung 4 veranschaulicht, dass etwa zwei Drittel aller im ersten Halbjahr 2008 neu eingestellten Leiharbeitnehmer zuvor keine Beschäftigung ausübten.[166] Hiervon waren 42.137 Beschäftigte (7,5% aller neu eingestellten Leiharbeitnehmer) vorher überhaupt noch nicht erwerbstätig und nutzten Leiharbeit als Einstiegsmöglichkeit in den Arbeitsmarkt.

Frauen sind unter den Leiharbeitnehmern mit einem Anteil von 26,25% unterrepräsentiert, dieses Verhältnis hat sich innerhalb der letzten zehn Jahre kaum verändert.[167] Dass die überlassenen Arbeitnehmer zu drei Vierteln Männer sind, hängt

---

[163] Vgl. Bundesagentur für Arbeit (2008), S. 11.
[164] Vgl. BT-Drucks. 15/6008, S. 23.
[165] Vgl. BT-Drucks. 15/6008, S. 11.
[166] Vgl. ANÜSTAT (2008), Tabelle 1.
[167] Vgl. ANÜSTAT (2008), Tabelle 5-7.

vor allem von den im Entleihbetrieb ausgeübten Tätigkeiten ab.[168] Ein Großteil der Leiharbeitnehmer wird im gewerblichen Bereich eingesetzt, die folgenden Abbildungen geben einen Überblick in welchen Berufen Leiharbeitnehmer im ersten Halbjahr 1998 und 2008 tätig waren.

1998

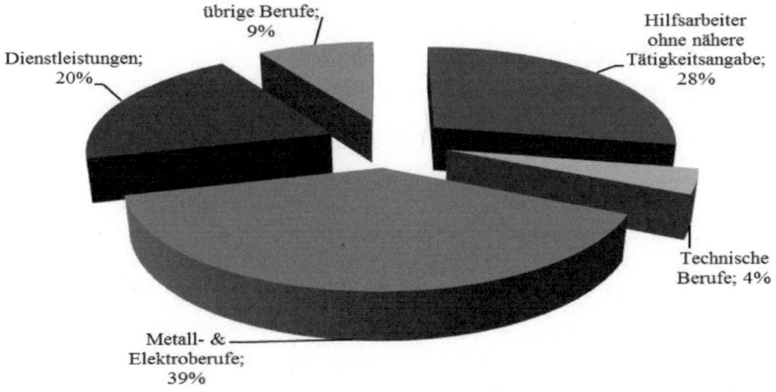

2008

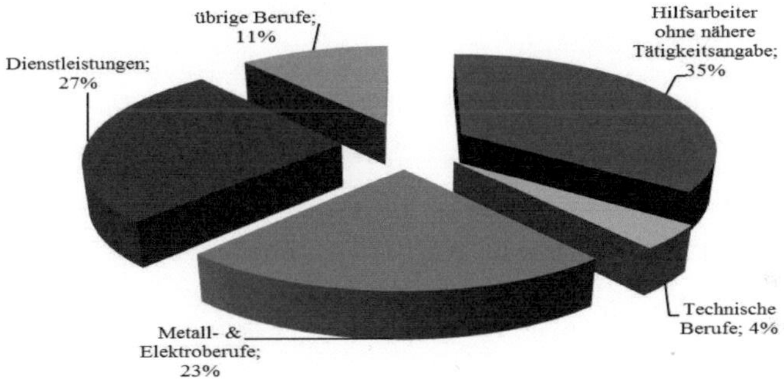

Abbildung 5: Bestand an Leiharbeitnehmern nach Art der ausgeübten Tätigkeit169 1998 und 2008, Stichtag: jeweils 30. Juni;
Quelle: ANÜSTAT (2008), Tabelle: 8.

Im Jahr 2008 machten Hilfsarbeiter ohne nähere Tätigkeitsangabe mit 35% den prozentual größten Teil aus. Es zeigt sich außerdem, dass innerhalb der letzten zehn Jahre eine Verschiebung der Tätigkeitsschwerpunkte in der Arbeitnehmer-

[168] Vgl. Bundesagentur für Arbeit (2008), S. 9.
[169] Für die Darstellung der übrigen Berufe wurden Chemiearbeiter, Kunststoffverarbeiter, Bauberufe, Bau- und Raumausstatter, Polsterer sowie übrige Fertigungsberufe und sonstige Berufe zusammengefasst.

überlassungsbranche stattgefunden hat. Während im ersten Halbjahr 1998 noch 39% der Leiharbeitnehmer in der Metall- und Elektrobranche[170] tätig waren, betrug dieser Anteil in 2008 nur noch 23%. Im selben Zeitraum lässt sich eine Zunahme der Leiharbeitnehmer in Dienstleistungsberufen[171] erkennen, dieser Anteil stieg von 20% in 1998 auf 27% im Jahr 2008. Die Verschiebung der beruflichen Tätigkeiten von Leiharbeitnehmern spiegelt den Strukturwandel in Deutschland vom primären und sekundären Sektor hin zum tertiären Sektor wider.[172]

Zur Betrachtung weiterer soziodemographischer Merkmale von Leiharbeitnehmern geben die auf dem Mikrozensus basierenden Auswertungen des Statistischen Bundesamtes[173] sowie eine Zusammenstellung des IAB[174] Aufschluss. Aufgrund der unterschiedlichen Erhebungsmethode weichen diese Daten voneinander ab, sie weisen jedoch in die gleiche Richtung.[175] Im Vergleich zu allen Erwerbstätigen in Deutschland zeigt sich, dass gering qualifizierte Arbeitnehmer ohne Berufs- oder Schulabschluss in der Leiharbeitsbranche überdurchschnittlich vertreten sind.[176]

2. Perspektive der Verleiher

Die in Abbildung 3 dargestellte kurze Dauer der Arbeitsverhältnisse zwischen Verleihern und Leiharbeitnehmern deutet darauf hin, dass Verleihunternehmen ihren Personalbestand an die tatsächliche Auftragslage anpassen.[177] Durch dieses Verhalten versuchen die Verleiher das Risiko zu minimieren, auch überlassungsfreie Zeiten der Leiharbeitnehmer zu vergüten. Dies dokumentiert die vorhandene Gewinnerzielungsabsicht der gewerblichen Arbeitnehmerüberlassung.

Aufschluss über die Marktsituation der Verleihbetriebe in Deutschland gibt die Arbeitnehmerüberlassungsstatistik der Bundesagentur für Arbeit. Betriebe mit einer Erlaubnis zur Arbeitnehmerüberlassung werden unterschieden in reine Verleih-

---

170 Für die Darstellung der Metall- und Elektroberufe wurden Metallerzeuger und –bearbeiter, Schlosser, Mechaniker und zugeordnete Berufe, Elektriker, Montierer und anderweitig nicht genannte Metallberufe zusammengefasst.

171 Für die Darstellung der Dienstleistungsberufe wurden Warenkaufleute, Organisations-, Verwaltungs-, Büroberufe, Gesundheitsdienstberufe sowie allgemeine und übrige Dienstleistungs- berufe zusammengefasst.

172 Vgl. Bundesagentur für Arbeit (2008), S. 9.

173 Vgl. Puch (2008), S. 1-5.

174 Daten sind nur bis 2003 vorhanden, vgl. hierzu: Antoni/Jahn (2006), S. 8.

175 Vgl. Weinkopf/Vanselow (2008), S. 7.

176 Vgl. Antoni/Jahn (2006), S. 8; Puch (2008), S. 2f.

177 Vgl. Bundesagentur für Arbeit (2008), S. 11.

unternehmen und sog. Mischbetriebe.[178] Ende Juni 2008 gab es insgesamt 22.627 Verleihunternehmen in Deutschland, darunter waren 31% Mischbetriebe, die ihre Arbeitnehmer sowohl selbst beschäftigen als auch verleihen.[179] Nicht nur durch den Anstieg der Leiharbeitnehmerzahlen, sondern auch durch die Entwicklung der Verleihunternehmen lässt sich das Wachstum der Leiharbeitsbranche dokumentieren. Verglichen mit den Ende Juni 1998 existierenden 11.247 Verleihbetrieben hat sich die Anzahl bis Ende Juni 2008 mit 22.627 Betrieben mehr als verdoppelt.[180] Anhand der Anzahl der Arbeitnehmer dieser Betriebe schließt die Bundesagentur für Arbeit auf deren Größe. Um eine Aussage über den Markt der Zeitarbeitsunternehmen treffen zu können, sind ausschließlich Betriebe mit dem Betriebszweck der ausschließlichen oder überwiegenden Arbeitnehmerüberlassung zu betrachten.

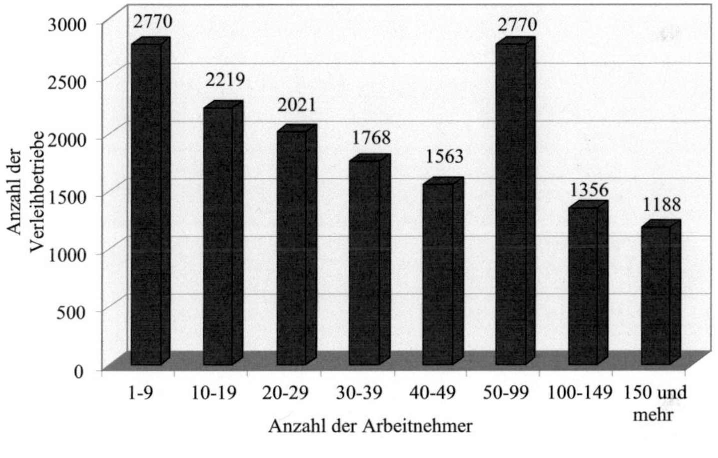

Abbildung 6: Verleihbetriebe nach dem Bestand an Arbeitnehmern mit dem Betriebszweck: ausschließlich oder überwiegend Arbeitnehmerüberlassung;
Quelle: ANÜSTAT (2008), Tabelle: 37.

Wie aus Abbildung 6 ersichtlich wird, ist der Zeitarbeitsmarkt in Deutschland stark fragmentiert. Zwei Drittel der Verleihbetriebe haben weniger als 50 Arbeitnehmer, wobei die Anzahl der Leiharbeitnehmer tatsächlich noch geringer ist, da in den Datensätzen der Bundesagentur für Arbeit die internen Arbeitskräfte der Verleihfirmen

[178] Vgl. Bundesagentur für Arbeit (2008), S. 7.
[179] Vgl. ANÜSTAT (2008), Tabelle 9 u. 38.
[180] Vgl. ANÜSTAT (2008), Tabelle 9.

nicht von den Leiharbeitnehmern unterschieden werden.[181] Dem gegenüber stehen eine Reihe von größeren Unternehmen, die durch zahlreiche Fusionen und Übernahmen[182] in den letzten Jahren zu einer Verdichtung des Gesamtmarktes beigetragen haben.[183] Neben den eigenständigen Unternehmen bestehen einige durch Umstrukturierungen geschaffene Tochterunternehmen großer Konzerne, welche ihre Arbeitnehmer vor allem innerhalb des Unternehmensverbundes überlassen.[184]

Einen Überblick über das Marktvolumen der Branchenführer liefert die jährliche Auflistung des Marktforschungs- und Marktberatungsunternehmen Lünendonk GmbH. In Tabelle 2 werden auf dieser Basis die fünf führenden Zeitarbeitsunternehmen in Deutschland für das Jahr 2007 dargestellt. Zu beachten ist hierbei, dass eine Unterscheidung zwischen internen Mitarbeitern und Leiharbeitskräften stattfindet.

Unternehmen	Umsatz im Jahr 2007 in Mio. Euro	Interne Mitarbeiter in 2007	Leiharbeit-nehmer in 2007
Randstad Deutschland GmbH & Co. KG	1.475,0	2.594	584.000
Manpower GmbH & Co. KG	580,0	1.450	24.900
Adecco Personaldienst-leistungen GmbH	579,6	1.254	26.000
Persona Service Verwaltungs AG & Co. KG	573,0	1.743	17.500
Tuja Zeitarbeit Holding GmbH (2007 von Adecco übernommen)	462,0	708	17.700

Tabelle 2: Führende Verleihunternehmen in 2007;
Quelle: www.luenendonk.de/zeitarbeit.php.

3. Perspektive der Entleiher

Arbeitnehmerüberlassung bietet Entleihunternehmen Flexibilität, da dieses Instrument genutzt wird, um den konjunkturell schwankenden und zeitlich begrenzten Bedarf an

[181] Vgl. ANÜSTAT (2008), Tabelle 37.

[182] U.a.: Übernahme der Bindan-Gruppe durch den Marktführer Randstad Deutschland in 2006, darauffolgende Fusion mit Vedior Personaldienstleistungen in 2008; die Übernahmen von der DIS AG in 2006 und der Tuja-Gruppe in 2007 durch Adecco Personaldienstleistungen; ausführliche Darstellung unter: www.luenendonk.de/zeitarbeit.php.

[183] Vgl. Promberger (2006), S. 44; Weinkopf/Vanselow (2008), S. 5.

[184] Vgl. BT-Drucks. 15/6008, S. 22; Vgl. Brenke/Eichhorst, DIW-Wochenbericht 2008, S. 242ff. (245); zur Abgrenzung gegenüber der vorübergehenden Konzernleihe i.S.d. § 1 Abs. 3 Nr. 2 AÜG siehe: B) I. 2. Arten der Arbeitnehmerüberlassung.

Arbeitskräften zu decken.[185] Die Entleiher können somit Ausfallzeiten ihrer Stammmitarbeiter, z.B. durch Urlaub oder Krankheit abfangen. Daten über die Entleihbetriebe werden weder von der Arbeitnehmer-überlassungsstatistik, noch von der Beschäftigungsstatistik erfasst. Um darzustellen, welche Betriebe Leiharbeit nutzen, sind Studien der Hans Böckler Stiftung heranzuziehen.[186] Die darin ausgewerteten Daten wurden auf der Grundlage des IAB-Betriebspanels ermittelt. Sie beruhen auf einer deutschlandweiten, standardisierten Betriebsbefragung und stellen repräsentative Ergebnisse der Nachfragerseite des Arbeitsmarktes zur Verfügung.[187] Die aktuell vorliegenden Auswertungen lassen Aussagen über die Nutzung von Arbeitnehmerüberlassung in den Jahren 1998 bis 2006 zu.

Der Anteil der Betriebe, die Leiharbeit nutzen, wächst seit dem Jahr 1998 kontinuierlich, ist aber mit ca. 3% an allen Betrieben im Jahr 2006 relativ niedrig.[188] Diese geringe Anzahl lässt sich hauptsächlich darauf zurückführen, dass Leiharbeit in Betrieben mit weniger als zehn Beschäftigten kaum genutzt wird. Unter den Betrieben mit mehr als 50 Beschäftigten wurde im Jahr 2006 jedoch in jedem dritten Betrieb mindestens ein Leiharbeitnehmer eingesetzt.[189] Wie bereits dargestellt wurde,[190] werden Leiharbeitskräfte vor allem im gewerblichen Bereich eingesetzt. Dies zeigt auch der Blick auf die Entleihbetriebe im verarbeitenden Gewerbe, welche im Jahr 2006 rund 60% aller Leiharbeitskräfte einsetzten und somit zu den Hauptnachfragern gehörten.[191]

Das starke Wachstum der Leiharbeitsbranche seit den Hartz-Reformen lässt sich vor allem auf den Anstieg der Nutzerbetriebe mit mindestens 250 Beschäftigten von 35,8% im Jahr 2003 auf 44,8% im Jahr 2006 zurückführen.[192] Insbesondere Entleihbetriebe dieser Größenordnung weisen eine sehr hohe Nutzungsintensität auf.[193]

---

[185] Vgl. BT-Drucks. 15/6008, S. 8.
[186] Vgl. Bellmann/Kühl (2007), S. 3ff.; Promberger (2006), S. 53ff.
[187] Vgl. Bellmann/Kühl (2007), S. 9, Promberger (2006), S. 53ff.
[188] Vgl. Promberger (2006), S. 56.
[189] Vgl. Bellmann/Kühl (2007), S. 10.
[190] Vgl. Abbildung 5.
[191] Vgl. Bellmann/Kühl (2007), S. 33.
[192] Vgl. Bellmann/Kühl (2007), S. 10.
[193] Vgl. Bellmann/Kühl (2007), S. 26.

Jahr	Betriebe mit geringer Nutzung (bis 5% der Belegschaft)	Betriebe mit stärkerer Nutzung (über 5% bis 20% der Belegschaft)	Betriebe mit intensiver Nutzung (über 20% der Belegschaft)
1998	64,9%	30,3%	4,8%
2002	70,3%	27,6%	2,1%
2003	68,8%	27,6%	3,6%
2004	63,2%	30,3%	6,5%
2005	64,0%	30,2%	5,8%
2006	53,9%	35,7%	10,4%

Tabelle 3: Nutzungsintensität aller Betriebe in Deutschland ab 150 Beschäftigten mit mindestens drei Leiharbeitnehmern;
Quelle: Bellmann/Kühl (2007), S. 20, auf der Grundlage des IAB-Betriebspanels 1998-2006.

In Tabelle 3 wird ersichtlich, dass die Anzahl der Betriebe bei denen jedes fünfte Belegschaftsmitglied eine Leiharbeitskraft ist, kontinuierlich steigt. Gleichzeitig ist ein Rückgang des Anteils der Betriebe, die eine geringe Nutzungsintensität (bis 5% der Belegschaft) aufweisen, zu verzeichnen.

Neben der Bewältigung von Auftragsspitzen kann der Einsatz von Leiharbeit für Unternehmen zahlreiche andere Funktionen erfüllen. Arbeitnehmerüberlassung eignet sich als zusätzlicher Rekrutierungskanal, da zukünftige Stammarbeitnehmer während ihres Einsatzes als Leiharbeitskraft unverbindlich getestet werden können.[194] Im Falle einer Übernahme nach Ablauf des Überlassungsverhältnisses entfallen außerdem Einarbeitungskosten und Anlernzeiten für den ehemaligen Leiharbeitnehmer. Der Entleiher hat im Vergleich zu der arbeitsvertraglichen Beziehung mit seinen Stammmitarbeitern nur eine geringe vertragliche Bindung bezogen auf den Einsatz des Leiharbeitnehmers. Er kann sich bei Bedarf schnell von dem Arbeitnehmer lösen, ohne die Fristen des KSchG beachten zu müssen.[195] Somit wird ihm ein Teil des Betriebsrisikos durch den Verleihbetrieb abgenommen.[196]

Bei dem Einsatz von Leiharbeit lässt sich eine Substitutionswirkung mit anderen Flexibilisierungsformen wie Teilzeitarbeit oder befristeten Arbeitsverträgen erkennen.[197] Auch in Bezug auf die Anzahl der verordneten Überstunden lässt sich eine negative Auswirkung der Nutzung von Leiharbeit erkennen.[198] Zu beachten ist jedoch,

[194] Vgl. BT-Drucks. 15/6008, S. 22.
[195] Vgl. Brenke/Eichhorst, DIW-Wochenbericht 2008, S. 242ff. (251).
[196] Vgl. Rieble/Klebeck, NZA 2003, S. 23ff.
[197] Vgl. Seifert/Brehmer (2008), S 339.
[198] Vgl. Promberger (2006), S. 98.

dass Entleihbetriebe grundsätzlich eine höhere Überstundenquote aufweisen, als Betriebe, die auf den Einsatz von Arbeitnehmerüberlassung verzichten.[199]

[199] Vgl. Bellmann/Kühl (2007), S. 37.

C) Richtlinie 2008/104/EG über Leiharbeit

I. Entstehung der Richtlinie über Leiharbeit

Bereits im Jahr 1982 unterbreitete die Europäische Kommission einen Richtlinienvorschlag[200] zur umfassenden Regelung der Leiharbeit und zur Verbesserung des Schutzes der betroffenen Arbeitnehmer. Nachdem jahrelang keine Einigung im Europäischen Rat erzielt werden konnte, zog die Kommission den Vorschlag im Jahr 1990 zurück und schlug zeitgleich ein Richtlinienbündel vor, um zumindest ein Minimum an Arbeitnehmerschutz für atypische Beschäftigungsverhältnisse, wie befristete Arbeitsverhältnisse, Teilzeitarbeit und Leiharbeit zu erreichen.[201] Hieraus resultierte der Erlass der Richtlinie 91/383/EWG[202] zur Verbesserung der Sicherheit und des Gesundheitsschutzes von Arbeitnehmern in befristeten Arbeitsverhältnissen und Leiharbeitsverhältnissen.[203]

In einem sozialen Dialog vereinbarten die Sozialpartner die Gleichstellung von Teilzeit- mit Vollzeitbeschäftigten und befristet mit unbefristet Beschäftigten. Diese Diskriminierungsverbote wurden in den Richtlinien 97/81/EG[204] und 1999/70/EG[205] festgelegt. Nachdem auf diesem Weg kein entsprechender Gleichbehandlungsgrundsatz für Leiharbeitnehmer erzielt werden konnte, legte die Kommission im Jahr 2002 einen erneuten Richtlinienvorschlag[206] vor. In dem überarbeiteten Richtlinienentwurf[207] vom 28.11.2002 wurden zahlreiche Änderungsvorschläge des Europäischen Parlamentes berücksichtigt. Dieser Vorschlag enthielt eine Summe aus verschiedenen einzelstaatlichen Regelungen über Leiharbeit aus verschiedenen Mitgliedstaaten.[208] Nachdem der Entwurf sechs Jahre lang blockiert wurde, erzielte der Europäische Rat im

---

[200] Richtlinienvorschlag vom 07.05.1982, ABl. EG vom 19.05.1982, Nr. C 128, S. 2.; geänderter Richtlinienvorschlag vom 06.04.1984, ABl. EG vom 21.05.1984, Nr. C 133, S. 1.

[201] KOM (1990) 228 endgültig vom 29.06.1990, ABl. EG vom 08.09.1990, Nr. C 224, S. 8.

[202] Richtlinie 91/383/EWG des Rates vom 25.06.1991 zur Ergänzung der Maßnahmen zur Verbesserung der Sicherheit und des Gesundheitsschutzes von Arbeitnehmern mit befristetem Arbeitsverhältnis oder Leiharbeitsverhältnis, ABl. EG vom 29.07.1991, Nr. L 206, S. 19-21.

[203] Vgl. Thüsing, DB 2002, S. 2218ff.

[204] Richtlinie 97/81/EG des Rates vom 15.12.1997 zu der von UNICE, CEEP und EGB geschlossenen Rahmenvereinigung über Teilzeitarbeit, ABl. EG vom 20.01.1998, Nr. L 14, S. 9-14.

[205] Richtlinie 1999/70/EG des Rates vom 28.06.1999 zu der EGB-UNICE-CEEP- Rahmenvereinbarung über befristete Arbeitsverträge, Abl. EG vom 10.07.1999, Nr. L 175, S. 43-48.

[206] Vorschlag für eine Richtlinie des Europäischen Parlaments und des Rates über die Arbeitsbedingungen von Leiharbeitnehmern vom 20.3.2002, KOM (2002) 149 endgültig, ABl. EG vom 27.08.2002, Nr. C 203 E, S. 6.

[207] Geänderter Vorschlag für eine Richtlinie des Europäischen Parlaments und des Rates über die Arbeitsbedingungen von Leiharbeitnehmern vom 28.11.2002, KOM (2002) 701 endgültig.

[208] Vgl. Thüsing, DB 2002, S. 2218ff.

Juni 2008 eine politische Einigung, auf deren Grundlage das Europäische Parlament die Richtlinie über Leiharbeit[209] am 21.10.2008 verabschiedet hat.[210]

II. Ziele und Inhalte der Richtlinie über Leiharbeit

Die Richtlinie 2008/104/EG verfolgt das Ziel der besseren Vereinbarkeit von Flexibilität und Sicherheit auf dem europäischen Arbeitsmarkt.[211] Die europäische Gesetzgebung hält die Schaffung eines einheitlichen europäischen Rahmens der Leiharbeit für erforderlich, da sich in den Mitgliedstaaten im Hinblick auf die Arbeitsbedingungen der betroffenen Arbeitnehmer unterschiedliche Regelungen finden.[212] Art. 2 RL 2008/104/EG formuliert das Ziel, den Schutz der überlassenen Arbeitnehmer sicherzustellen und die Qualität ihrer Arbeit zu verbessern. Dazu soll auch der in Art. 5 RL 2008/104/EG enthaltene Gleichbehandlungsgrundsatz beitragen. Dieser ist während des Entstehungsprozesses der Richtlinie mehrfach geändert worden und stellte den Hauptgrund für die zahlreichen gescheiterten Einigungsversuche dar.[213] Leiharbeitnehmern sind hiernach ab dem ersten Tag der Überlassung die Arbeitsbedingungen zu gewähren, die für sie gelten würden, wenn sie unmittelbar bei dem Entleihbetrieb angestellt wären. Die Kommission hat die Bedeutung der Leiharbeit für die Entwicklung des europäischen Arbeitsmarktes und die Schaffung neuer Arbeitsplätze erkannt und nennt als Grund für das starke Wachstum der Branche die zunehmende Lockerung der Gesetzeslage in den einzelnen Mitgliedstaaten.[214] Da sie außerdem die Schutzbedürftigkeit der Leiharbeitnehmer erkennt und für eine verbesserte Arbeitsqualität sorgen will,[215] verfolgt sie konsequent das „flexicurity-Konzept". Dessen Anspruch ist es, größere Flexibilität auf dem europäischen Arbeitsmarkt mit einem Höchstmaß an Sicherheit für die Arbeitnehmer zu verbinden.[216]

---

209 Richtlinie 2008/104/EG des europäischen Parlamentes und des Rates vom 19.11.2008 über Leiharbeit, ABl. EU vom 5.12.2008, Nr. L 327, S. 9-14.

210 Vgl. Pressemitteilung des europäischen Parlaments vom 22.10.2008 unter: http://www.europarl.europa.eu/news/expert/infopress_page/048-40237-294-10-43-908-20081021IPR40236-20-10-2008-2008-false/default_de.htm; Stand: 22.10.2008, abgerufen am 12.01.2009.

211 Vgl. Erwägungsgrund Nr. 9 RL 2008/104/EG, ABl. EU vom 05.12.2008, Nr. L 327, S. 10.

212 Vgl. Erwägungsgrund Nr. 10 RL 2008/104/EG, ABl. EU vom 05.12.2008, Nr. L 327, S. 10.

213 Vgl. zu den Inhalten der vorherigen Fassungen: Thüsing, DB 2002, S. 2218ff.; Wank, NZA 2003, S. 14ff.; Bertram, ZESAR 2003, S. 205ff.; Raab, ZfA 2003, S. 389ff.

214 Vgl. KOM (2002) 149 endgültig, S. 4.

215 Vgl. KOM (2002) 149 endgültig, S. 6.

216 Vgl. hierzu das Grünbuch der Kommission: Ein modernes Arbeitsrecht für die Herausforderungen des 21. Jahrhunderts, vom 22.11.2006, KOM (2006) 708 endgültig, S. 6ff.

Im Rahmen der RL 2008 /104/EG sollen Einschränkungen und Verbote der Beschäftigung von Leiharbeitnehmer auf ihre Verhältnismäßigkeit und Angemessenheit überprüft werden (Art. 4 RL 2008 /104/EG). Gerechtfertigt sind diese Beschränkungen nur noch, wenn sie dem Arbeitnehmerschutz, dem Gesundheitsschutz oder der Sicherheit am Arbeitsplatz dienen oder das reibungslose Funktionieren des Arbeitsmarktes sicherstellen und Missbräuche verhüten.[217] Die Richtlinie über Leiharbeit enthält keine Bestimmungen über verwaltungsrechtliche Vorschriften der Arbeitnehmerüberlassung.[218] Daraus folgt, dass die gewerbe-rechtlichen Aspekte des deutschen AÜG unberührt weiter gelten. Hierunter fallen u.a. die Anforderungen zur Erteilung der Verleiherlaubnis i.S.d. §§ 2 ff. AÜG.

III. Zwischenergebnis: Anpassungsbedarf des AÜG

Die Richtlinie 2008/104/EG bringt keine grundlegende Veränderung des deutschen AÜG mit sich. Das Dreiecksverhältnis zwischen Verleiher, Entleiher und Leiharbeitnehmer existiert in allen Mitgliedstaaten,[219] dieser Zusammenhang wird nicht verändert. Wie bereits im AÜG verankert, geht ausschließlich der Verleiher eine arbeitsvertragliche Beziehung mit dem Leiharbeitnehmer ein (Art. 1 Nr. 1 RL 2008/104/EG).

Die nicht gewerbliche Arbeitnehmerüberlassung wird vom Anwendungsbereich des AÜG ausgenommen, in der Richtlinie über Leiharbeit wird sie hingegen berücksichtigt.[220] So wird in Art. 1 Abs. 2 festgelegt, dass die Regelungen der Richtlinie für alle Unternehmen gelten, die „[...] eine wirtschaftliche Tätigkeit ausüben, unabhängig davon, ob sie Erwerbszwecke verfolgen oder nicht." Um dieser europäischen Vorgabe gerecht zu werden, ist die analoge Anwendung einiger Vorschriften des AÜG für die nicht gewerbsmäßige Arbeitnehmerüberlassung zu empfehlen.

Da sich der deutsche Gesetzgeber bei dem ersten Gesetz für moderne Dienstleistungen am Arbeitsmarkt am Vorbild der Richtlinie orientiert hat, wurden bereits einige Regelungsinhalte vorweggenommen.[221] So auch die Klauselverbote, welche eine Übernahme des Leiharbeitnehmers durch den Entleiher nach Beendigung des

---

[217] Vgl. Erwägungsgrund Nr. 18 RL 2008/104/EG, ABl. EU vom 05.12.2008, Nr. L 327, S. 10.
[218] Vgl. hierzu bereits Wank, NZA 2003, S. 24ff. (22).
[219] Vgl. KOM (2002) 149 endgültig, S. 4.
[220] Vgl. hierzu bereits Thüsing, DB 2002, S. 2218ff. (2222).
[221] Vgl. Betram, ZESAR 2003, S. 205ff. m.w.N.

Überlassungsverhältnisses erleichtern sollen (§§ 9 Nr. 3 u. 4 AÜG). Diese Reglung entspricht dem Inhalt des Art. 6 Abs. 2 Satz 1 RL 2008/104/RL.[222] Die Zahlung einer Vermittlungsgebühr durch den Entleiher an den Verleiher ist in einem solchen Fall gem. § 9 Nr. 3, 2. Hs. AÜG und Art. 6 Abs. 2 Satz 2 der Richtlinie nicht verboten. Entscheidend ist jedoch, dass die Regelung der Richtlinie die Höhe dieser Gebühr beschränkt. Diese muss einen Ausgleich für die vom Verleiher erbrachten Dienstleistungen in Bezug auf Überlassung, Einstellung und Ausbildung des Leiharbeitnehmers darstellen (Art. 6 Abs. 2 Satz 2). Fraglich ist, ob sich nach der europarechtlichen Vorgabe pauschale Vermittlungsvergütungen in Zukunft rechtfertigen lassen.[223] Es wird im Einzelfall zu überprüfen sein, welche Höhe ein Vermittlungshonorar betragen muss, um den vom Verleiher erbrachten Dienstleistungen zu entsprechen. Das Verbot, ein Honorar von dem jeweiligen Leiharbeitnehmer zu verlangen, ist in der Richtlinie im Gegensatz zur deutschen Regelung ausdrücklich festgelegt (Art. 6 Abs. 3 RL/2008/104/EG).[224]

Gem. Art. 6 Abs. 1 der Richtlinie müssen Leiharbeitnehmer künftig über freie Stellen im Entleihbetrieb unterrichtet werden, um die gleiche Chance auf einen unbefristeten Arbeitsvertrag zu haben wie die Stammmitarbeiter des Entleihers. Der Wortlaut dieser Regelung lässt offen, wer diese Pflicht zu erfüllen hat. Der Inhalt des Art. 6 Abs. 1 Satz 2 RL 2008/104/EG deutet jedoch daraufhin, dass die Verpflichtung nur von dem Entleiher erfüllt werden kann.[225] Eine Regelung zur Unterrichtung über offene Stellen durch die allgemeine Bekanntmachung an geeigneter Stelle befindet sich bereits in § 18 TzBfG.[226] Hierdurch wird der Arbeitgeber verpflichtet, befristet Beschäftigte über unbefristete Arbeitsplätze zu informieren, die besetzt werden sollen. Da sowohl diese Regelung als auch die Richtlinie über Leiharbeit das Ziel verfolgen, den Übergang in ein unbefristetes Beschäftigungsverhältnis zu fördern, wird die analoge Anwendung des § 18 TzBfG auf Leiharbeitsverhältnisse zur Umsetzung der Richtlinie ausreichen.[227]

---

[222] Vgl. hierzu bereits Wank, NZA 2003, S. 24ff. (21).
[223] Vgl. Bertram, AIP 2008, S. 3ff.
[224] Vgl. hierzu bereits Raab, ZfA 2003, S. 389ff. (422f.).
[225] Vgl. hierzu bereits Wank, NZA 2003, S. 24ff. (21).
[226] Vgl. Raab, ZfA 2003, S. 389ff. (419).
[227] Vgl. Thüsing, DB 2002, S. 2218ff. (2221) m.w.N; a.A. Bertram, ZESAR 2003, S. 205ff. (212f.); Raab, ZfA 2003, S. 389ff. (419f.), die sich für eine Aufnahme einer entsprechenden Regelung in das AÜG aussprechen.

An vielen Stellen der Richtlinie wird auf nationale Vorschriften verwiesen, die unberührt bleiben sollen. Beispielhaft soll dies am 20. Erwägungsgrund[228] erläutert werden. Nach dessen Wortlaut findet Art. 4 RL 2008 /104/EG, wonach Einschränkungen und Verbote der Beschäftigung von Leiharbeitnehmer auf ihre Verhältnismäßigkeit und Angemessenheit überprüft werden sollen, keine Anwendung auf nationale Regelungen, die verhindern sollen, dass Leiharbeitnehmer streikende Arbeitnehmer ersetzen. Somit gelten weiterhin die Bestimmungen des bereits dargestellten § 11 Abs. 5 AÜG, wodurch verhindert wird, dass Leiharbeitnehmer gegen ihren Willen als Streikbrecher eingesetzt werden können.

Nach Art. 4 RL 2008 /104/EG sind Einschränkungen und Verbote der Beschäftigung von Leiharbeitnehmer nur noch aus Gründen des Allgemeininteresses gerechtfertigt. Im deutschen Recht muss sich das Verbot der Arbeitnehmerüberlassung im Bauhauptgewerbe gem. § 1 b AÜG an dieser Bestimmung messen lassen. Zu hinterfragen ist, ob diese Beschränkung der Arbeitnehmerüberlassung dem Arbeitnehmerschutz, dem Gesundheitsschutz oder der Sicherheit am Arbeitsplatz dient oder das reibungslose Funktionieren des Arbeitsmarktes sicherstellt.[229] Ziel des ursprünglichen Verbotes in § 1 b AÜG war es, die Arbeitnehmer im Baugewerbe vor einer Ausuferung der illegalen Beschäftigung durch den Missbrauch der Arbeitnehmerüberlassung zu schützen.[230] Vor dem Hintergrund der sozialen Schwierigkeiten der Baubranche, konnte dieses Verbot durch das Hartz-I-Gesetz lediglich gelockert und nicht aufgehoben werden.[231] Der deutsche Gesetzgeber wird vor dem Hintergrund der Leiharbeitsrichtlinie überprüfen müssen, ob diese Rechtfertigung noch Aktualität besitzt.

Den Kern der Richtlinie und somit auch die Basis für mögliche Veränderungen des nationalen Rechtes der Mitgliedstaaten bildet das Ziel, den Schutz der Leiharbeitnehmer und ihre Arbeitsqualität zu verbessern (Art. 2 RL 2008/104/EG). Um dieses Ziel zu erreichen, legt die Richtlinie einen „[...] diskriminierungsfreien, transparenten und verhältnismäßigen Rahmen [...]“[232] fest. Art. 9 RL 2008/104/EG ermöglicht den Mitgliedstaaten durch günstigere Regelungen hiervon abzuweichen, der Richtlinieninhalt stellt folglich einen umzusetzenden Mindeststandard für den

---

[228] Abl. EU Nr. L 327, S. 10.
[229] Vgl. Erwägungsgrund Nr. 18 RL 2008/104/EG, ABl. EU vom 05.12.2008, Nr. L 327, S. 10.
[230] Vgl. Hamann (2008), S. 64.
[231] Vgl. BGBl. 15/25, S. 24.
[232] Erwägungsgrund Nr. 12 RL 2008/104/EG, ABl. EU vom 05.12.2008, Nr. L 327, S. 10.

Arbeitnehmerschutz und die Arbeitsbedingungen dar. Die Bestimmungen des AÜG müssen nur geändert werden, wenn sie dieses Mindestniveau noch nicht gewährleisten. In den folgenden beiden Abschnitten soll vertiefend auf die Regelungen bezüglich der Arbeitsbedingungen von Leiharbeitnehmer eingegangen werden. In Abschnitt D) wird zunächst der Gleichbehandlungsgrundsatz dargestellt, unter Abschnitt E) erfolgt die Betrachtung der betriebsverfassungsrechtlichen Stellung der Leiharbeitnehmer.

D) Gleichbehandlungsgrundsatz

I. Regelung im AÜG

1. Grundsatz der Gleichbehandlung, § 3 Abs. 1 Nr. 3 AÜG

Der in § 3 Abs. 1 Nr. 3 AÜG normierte Gleichbehandlungsgrundsatz regelt Mindestbedingungen, zu denen Leiharbeitnehmer ab dem ersten Tag der Überlassung zu beschäftigen sind.[233] Folglich muss der Verleiher einem Leiharbeitnehmer die wesentlichen Arbeitsbedingungen einschließlich des Arbeitsentgelts gewähren, die ein vergleichbarer Arbeitnehmer des Entleihers enthält (sog. equal-pay- und equal-treatment-Gebot).[234] Ein Verstoß hiergegen führt gem. § 3 Abs. 1 Nr. 3 AÜG zur Versagung der Verleiherlaubnis. Vereinbarungen, die für die Zeiten der Überlassung an einen Entleiher schlechtere Arbeitsbedingungen des Leiharbeitnehmers vorsehen, sind unwirksam (§ 9 Nr. 2 AÜG). Als Rechtsfolge dieser Unwirksamkeit kann der Leiharbeitnehmer gem. § 10 Abs. 4 AÜG die Gewährung der im Betrieb des Entleihers für einen vergleichbaren Stammarbeitnehmer geltenden Arbeits-bedingungen von dem Verleiher verlangen.[235] Zur Erfüllung der Gleichbehandlungs-pflicht hat der Entleiher dem Verleiher die in seinem Betrieb für einen mit dem Leiharbeitnehmer vergleichbaren Arbeitnehmer geltenden Arbeitsbedingungen anzugeben (§ 12 AÜG).[236] Dem Leiharbeitnehmer werden die gleichen Auskunfts-ansprüche gegenüber dem Entleiher gewährt, um die Einhaltung des Gleichbehandlungsgrundsatzes sicherzustellen (§ 13 AÜG).[237]

a) Wesentliche Arbeitsbedingungen

Der Verleiher hat dem Leiharbeitnehmer für den Zeitraum der Überlassung die wesentlichen Arbeitsbedingungen zu gewähren, die ein vergleichbarer Stammarbeitnehmer im Entleihbetrieb erhält. Zu den wesentlichen Arbeitsbedingungen gehören die nach dem allgemeinen Arbeitsrecht vereinbarten Bedingungen, wozu die Dauer der Arbeitszeit, Urlaubsansprüche und die Nutzung von sozialen Einrichtungen zählen.[238] Zusätzlich wurde in der Literatur[239] bereits der Entwurf der Kommission einer

---

[233] Vgl. HK-ArbR/Lorenz, § 3 AÜG, Rn. 19.
[234] Vgl. ErfK-Wank, § 3 AÜG, Rn. 17.
[235] Vgl. Küttner/Röller, Personalbuch 2008, Leiharbeitnehmer, Rn. 3.
[236] Vgl. BT-Drucks. 15/25, S. 39.
[237] Vgl. ebd.
[238] Vgl. BT-Drucks. 15/25, S. 38.

Richtlinie über Leiharbeit[240] herangezogen, wonach Leiharbeit-nehmern der Zugang zu folgenden sozialen Einrichtungen im Entleihbetrieb zu gewähren ist: Gemeinschaftsverpflegungen, Kinderbetreuungseinrichtungen und Beförderungsmitteln.[241] Obwohl sich der Anspruch der Leiharbeitnehmer lediglich gegen den Verleiher richtet, muss auch der Entleiher dazu beitragen, den Leiharbeitnehmern den Zugang zu ermöglichen.[242] Zu den wesentlichen Arbeitsbedingungen gehört außerdem das Entgelt, also die Stundenvergütung des Arbeitnehmers.[243] Der Begriff des Arbeitsentgelts ist weit auszulegen[244] und umfasst nicht nur das laufende Entgelt, sondern auch Zuschläge, Ansprüche auf Entgeltfortzahlung und Sozialleistungen.[245] Auch Beiträge zur betrieblichen Altersvorsorge und Sachleistungen, wie z.B. die Nutzung eines Firmenwagens fallen darunter.[246] Diese Leistungen sind jedoch wirtschaftlich zu bewerten und dem Leiharbeitnehmer als Geldwert zu gewähren.[247]

Die Durchsetzung des Gleichbehandlungsgebotes gestaltet sich in einigen Fällen als problematisch, so z.B. bei der Gewährung von Leistungen, die an eine bestimmte Wartezeit im Unternehmen anknüpfen, wie die Zahlung von Gratifikationen und Jahressonderzahlungen, die die Betriebstreue honorieren und voraussetzen, dass der Arbeitnehmer auch noch im folgenden Jahr in dem Beschäftigungsverhältnis verbleibt.[248] Aufgrund der kurzen Einsatzdauer können Leiharbeitnehmer diese Wartezeit regelmäßig nicht erfüllen.[249] Hier ist zu prüfen, ob ein vergleichbarer befristetet beschäftigter Arbeitnehmer des Entleihers Anspruch auf die vollen oder partiellen Leistungen hat.[250] Ist dies der Fall, sind auch Leiharbeitnehmer anspruchsberechtigt.[251]

---

[239] Vgl. ErfK-Wank, § 3 AÜG, Rn. 13; Schüren/Schüren, § 9 AÜG, Rn. 137f.; Bauer/Krets, NJW 2003, S. 537ff. (539); Thüsing, DB 2003, S. 446ff.

[240] KOM (2002) 701 endgültig – 2002/0072 (COD).

[241] Vgl. Art. 6 Abs. 4 KOM (2002) 701 endgültig – 2002/0072 (COD).

[242] Vgl. Schüren/Schüren, § 9 AÜG, Rn. 138; Lembke, BB 2003, S. 98ff. (101); Thüsing, DB 2003, S. 446ff. (447).

[243] Vgl. Schüren/Schüren, § 9 AÜG, Rn. 129.

[244] Vgl. ErfK-Wank, § 10 AÜG, Rn. 13.

[245] Vgl. BT-Drucks. 15/25, S. 38.

[246] Vgl. HK-ArbR/Lorenz, § 3 AÜG, Rn. 23;Küttner/Röller, Personalbuch 2008, Leiharbeitnehmer, Rn. 4; Rieble/Klebeck (2003), S. 24f.; Röder/Krieger (2006), S.2122;

[247] Vgl. Schüren/Schüren, § 9 AÜG, Rn. 143; Lembke, BB 2003, S. 98ff. (101); Reim, ZTR 2003, S. 106ff. (108).

[248] Vgl. Schüren/Schüren, § 9 AÜG, Rn. 140.

[249] Vgl. ErfK-Wank, § 3 AÜG, Rn. 14.

[250] Vgl. Schüren/Schüren, § 9 AÜG, Rn. 140.

[251] Vgl. BAG, Urteil vom 08.11.1978 - 5 AZR 358/77, NJW 1979, S. 1221ff.

b) Vergleichbarer Arbeitnehmer

Als Vergleichsmaßstab zur Gewährung der wesentlichen Arbeitsbedingungen und des Arbeitsentgelts eines überlassenen Arbeitnehmers ist ein vergleichbarer Arbeitnehmer des Entleihers heranzuziehen. Der Gesetzgeber versteht darunter einen beim Entleiher, mit gleicher oder ähnlicher Tätigkeit, beschäftigten Stammmitarbeiter.[252] Weiterhin sind mit dem Arbeitnehmer vereinbarte Bedingungen wie die Dauer und Lage der Arbeitszeit zu beachten. Unter Einhaltung des § 4 Abs. 1 TzBfG ist ein in Teilzeit beschäftigter Leiharbeitnehmer nur mit einem in Teilzeit beschäftigten Stammarbeitnehmer des Entleihers vergleichbar.[253]

Für den Fall, dass der Leiharbeitnehmer nicht zur Vertretung eines bestimmten Arbeitnehmers des Entleihers eingesetzt wird, können sich Schwierigkeiten bei der Ermittlung eines vergleichbaren Arbeitnehmers ergeben. Fehlt es an einem vergleichbaren Arbeitnehmer, z.B. weil der Leiharbeitnehmer für Spezialaufgaben eingesetzt wird, ist entweder auf einen für den Entleih- oder den Verleihbetrieb geltenden Tarifvertrag oder die branchenüblichen Rechtsvorschriften abzustellen.[254] Gibt es in einem Entleihbetrieb hingegen mehrere vergleichbare Arbeitnehmer, die auf Grundlage individueller Vereinbarungen unterschiedlich entlohnt werden, ist auf das jeweilige Minimum abzustellen, um den Leiharbeitnehmer nicht besser zu stellen als einige Stammmitarbeiter.[255]

c) Exkurs: AGG

Auch im Allgemeinen Gleichbehandlungsgesetz[256] findet sich in § 8 Abs. 2 AGG ein Gebot der Entgeltgleichheit.[257] Fraglich ist, ob Leiharbeitnehmer auch nach dieser Regelung einen Anspruch auf den „equal-pay-Grundsatz" haben.

Das Ziel des AGG ist es, Diskriminierungen aufgrund der in § 1 AGG aufgeführten Merkmale und damit verbundene Benachteiligungen zu verhindern.[258] Die vom AGG geschützten Merkmale sind Rasse, ethnische Herkunft, Geschlecht, Religion oder

---

[252] Vgl. BT-Drucks. 15/25, S. 38.
[253] Vgl. Lembke, BB 2003, S. 98ff. (100).
[254] Vgl. ErfK-Wank, § 3 AÜG, Rn. 16; Lembke, BB 2003, S. 98ff. (100); Raab, ZfA 2003, S. 389ff. (405f.); a.A.: Bauer/Krets, NJW 2003, S. 537ff. (539); Rieble/Klebeck, NZA 2003, S. 24; Thüsing, DB 2003, S. 446ff. (447), nach denen der Gleichbehandlungsgrundsatz in diesem Fall leer läuft.
[255] Vgl. ErfK-Wank, § 3 AÜG, Rn. 15; Lembke, BB 2003, S. 98ff. (100f.); Röder/Krieger, DB 2006, S. 2122ff.; Thüsing, DB 2003, S. 446ff. (448).
[256] Allgemeines Gleichbehandlungsgesetz vom 14.08.2006, BGBl. I S. 1897, zuletzt geändert durch Art. 19 Abs. 10 des Gesetzes vom 12.12.2007, BGBl. I S. 2840.
[257] Vgl. Wendeling-Schröder/Stein (2008), § 8 AGG, Rn. 1.
[258] Vgl. BT-Drucks. 16/1780, S. 25.

Weltanschauung, Behinderung, Alter und sexuelle Identität.[259] § 7 Abs. 1 AGG enthält ein Benachteiligungsverbot von Beschäftigten aufgrund einer der Merkmale in § 1 AGG.[260] Darüber hinaus wird in § 2 Abs. 1 Nr. 2 AGG konkretisiert, dass sich das Benachteiligungsverbot auch auf Beschäftigungs- und Arbeitsbedingungen einschließlich des Arbeitsentgelts erstreckt.

Zu unterscheiden ist, ob eine Diskriminierung aufgrund einer mittelbaren oder einer unmittelbaren Benachteiligung erfolgt. Die unmittelbare Benachteiligung wegen einem der genannten Merkmale ist immer im Verhältnis zu mindestens einer Bezugsperson in vergleichbarer Lage zu sehen, gegenüber dieser der Merkmalsträger schlechter gestellt ist (§ 3 Abs. 1 AGG). Wenn eine scheinbar neutrale Maßnahme in ihren tatsächlichen Auswirkungen Merkmalsträger diskriminiert, handelt es sich um eine mittelbare Benachteiligung (§ 3 Abs. 2 AGG). § 8 Abs. 2 AGG erstreckt den Grundsatz der gleichen Vergütung auf alle in § 1 AGG genannten Merkmale.[261] Zu beachten ist, dass § 8 Abs. 2 AGG selbst keine Anspruchgrundlage darstellt und auch keine Verbotsregelung beinhaltet.[262] Der Anspruch auf gleiches Entgelt ergibt sich daraus, dass entgegenstehende Regelungen nichtig sind und der Arbeitgeber somit zur Zahlung einer gleichwertigen Vergütung für gleiche oder gleichwertige Arbeit verpflichtet wird.[263] Eine Lohndiskriminierung nach dem AGG liegt nur vor, wenn die Zahlung eines unterschiedlichen Entgelts aufgrund eines der geschützten Merkmale erfolgt und somit eine ungerechtfertigte Benachteiligung bewirkt.[264]

Da im Fall der Arbeitnehmerüberlassung keine Lohndifferenzierung aufgrund der in § 1 AGG aufgeführten Merkmale stattfindet,[265] liegt keine unmittelbare Benachteiligung vor. Wenn ein Leiharbeitnehmer nicht das gleiche Entgelt wie ein vergleichbarer Stammarbeitnehmer des Entleihers erhält, ist es fraglich ob darin eine mittelbare Benachteiligung zu sehen ist. In diesem Fall muss die Gewährung des geringeren Entgelts, die an eine scheinbar neutrale Maßnahme anknüpft (hier: Leiharbeit), in ihrer tatsächlichen Auswirkung überwiegend Personen treffen, die eines der geschützten Merkmale tragen. Es ist also zu prüfen, ob Leiharbeitnehmer überwiegend eine bestimmte Ausprägung der geschützten Merkmale (Rasse, ethnische

---

[259] Zur ausführlichen Darstellung der Merkmale im Einzelnen vgl. Wendeling-Schröder/Stein (2008), § 1 AGG, Rn. 8-82.

[260] Vgl. Wendeling-Schröder/Stein (2008), § 7 AGG, Rn. 5.

[261] Vgl. Nollert-Borasio/Perreng (2008), § 8 AGG, Rn. 18.

[262] Vgl. Wendeling-Schröder/Stein (2008), § 8 AGG, Rn. 34.

[263] Vgl. Palandt/Weidenkaff, § 8 AGG, Rn. 4, Wendeling-Schröder/Stein (2008), § 8 AGG, Rn. 34.

[264] Vgl. Wendeling-Schröder/Stein (2008), § 8 AGG, Rn. 34.

[265] Vgl. ebd.

Herkunft, Geschlecht, Religion oder Weltanschauung, Behinderung, Alter und sexuelle Identität) auf sich vereinen. In diesem Fall ist der Nachweis durch statistische Daten möglich aber nicht zwingend.[266] Da jedoch keine Daten darüber vorliegen, dass überwiegend Personen, die z.B. einer bestimmten Religion oder sexuellen Identität angehören, einem Leiharbeitsverhältnis nachgehen, ist auch eine mittelbare Benachteiligung i.S.d. § 3 Abs. 2 AGG ausgeschlossen. Somit ergeben sich aus dem Leiharbeitsverhältnis allein keine Ansprüche auf der Grundlage des AGG. Aus diesem Grund soll auf den Gleichbehandlungsgrundsatz nach dem AGG im weiteren Verlauf dieser Arbeit nicht näher eingegangen werden.

2. Abweichungsmöglichkeiten

Die Verschaffung der gleichen Arbeitsbedingungen eines vergleichbaren Arbeitnehmers bezieht sich auf den gesamten Zeitraum der Überlassung an einen Entleiher und umfasst dementsprechend auch Zeiten der Abwesenheit des Leiharbeitnehmers, z.B. infolge von Krankheit.[267] Mit jedem Wechsel des Entleihers sind stets andere Arbeitsbedingungen zu ermitteln.[268] Für verleihfreie Zeiten können Verleiher und Leiharbeitnehmer ein abweichendes Arbeitsentgelt vereinbaren,[269] sofern nicht ein nach § 3 Abs. 3 Nr. 1 AÜG einschlägiger Tarifvertrag gilt. Jedoch ist der Verleiher bei der Festsetzung der Höhe dieser Vergütung nicht vollkommen frei.[270] Zu beachten ist § 11 Abs. 4 Satz 2 AÜG, wonach § 615 BGB für Leiharbeitsverhältnisse nicht aufgehoben oder beschränkt werden kann. Durch diese Regelung soll verhindert werden, dass der Verleiher das Beschäftigungsrisiko auf den Leiharbeitnehmer abwälzt.[271] Die Höhe der Vergütung in verleihfreien Zeiten ist zwar nicht gesetzlich vorgeschrieben, der Verleiher hat jedoch die Grenzen der Sittenwidrigkeit und des Lohnwuchers zu beachten.[272] Der Gesetzgeber sieht zwei Abweichungsmöglichkeiten von dem Gleichbehandlungsgrundsatz vor, die im Folgenden dargestellt werden.

---

[266] Vgl. Schubert, NJ 2006, S. 481ff. (485).
[267] Vgl. HK-ArbR/Lorenz, § 3 AÜG, Rn. 31.
[268] Vgl. ErfK-Wank, § 3 AÜG, Rn. 17.
[269] Vgl. BT-Drucks. 15/25, S. 38.
[270] Vgl. ErfK-Wank, § 3 AÜG, Rn. 17; a.A.: Thüsing, DB 2003, S. 446ff. (447).
[271] Vgl. ErfK-Wank, § 3 AÜG, Rn. 17.
[272] Vgl. ErfK-Wank, § 3 AÜG, Rn. 24f.; Schüren/Schüren, § 9 AÜG, Rn. 155; ausführlich zu Sittenwidrigkeit und Lohnwucher: MünchKomm BGB, Armbrüster, § 138 BGB, Rn. 22ff., 148.

a) Einstellung eines Arbeitslosen als Leiharbeitnehmer

Eine Ausnahme vom Gleichbehandlungsgebot ergibt sich, wenn der Verleiher einen zuvor arbeitslosen Leiharbeitnehmer einstellt, dessen Arbeitsverhältnis nicht tariflich geregelt ist.[273] Diese Vorschrift soll als Anreiz zur Einstellung vormals Arbeitsloser dienen.[274] Der Verleiher kann gem. §§ 3 Abs. 1 Nr. 3 Satz 1, 9 Nr. 2 AÜG dem Leiharbeitnehmer bei der Überlassung an einen Entleiher für die maximale Dauer von sechs Wochen mindestens ein Netto-Arbeitsentgelt in der Höhe des zuvor bezogenen Arbeitslosengeld gewähren.[275] Der Begriff der Arbeitslosigkeit richtet sich nach den Begriffsmerkmalen des § 118 Abs. 1 SGB III und den Anspruchsvoraussetzungen des § 117 SGB III.[276] Es ist unerheblich, ob der Arbeitnehmer zuvor Arbeitslosengeld I oder Arbeitslosengeld II erhalten hat, dies ergibt sich aus dem Wortlaut des Gesetzes, wonach ausdrücklich auf das zuvor bezogene Arbeitslosengeld abgestellt wird.[277] Arbeitslose, die kein Arbeitslosengeld erhalten haben, sind von dieser Regelung ausgenommen.[278] Diese Abweichung vom Gleichbehandlungsgrundsatz ist jedoch nur möglich bei erstmaliger Einstellung des Leiharbeitnehmers, d.h. wenn zuvor noch kein Arbeitsverhältnis mit demselben Verleiher bestanden hat.[279] Laut Gesetzesbegründung können die sechs Wochen durch verleihfreie Zeiten unterbrochen und auf mehrere Einsätze bei unterschiedlichen Entleihern verteilt werden.[280]

b) Bezugnahme auf einen Tarifvertrag

Von den Regelungen in § 3 Abs. 1 Nr. 3 Satz 1 AÜG kann außerdem gem. Satz 2 durch einen Tarifvertrag abgewichen werden. Hierdurch soll den Tarifvertragsparteien ermöglicht werden, die Gewährung von Leistungen für Zeiten der Überlassung und verleihfreie Zeiten als Gesamtkonzept zu regeln.[281] In der Literatur wurden Bedenken gegen die Verfassungsmäßigkeit dieser Regelung geäußert, mit der Begründung, dass hierdurch die in Art. 9 Abs. 3 GG geschützte Koalitionsfreiheit verletzt werde und ein

---

[273] Vgl. Schüren/Schüren, § 9 AÜG, Rn. 147.
[274] Vgl. BT-Drucks. 15/25, S. 38.
[275] Vgl. Reim, ZTR 2003, S. 106ff. (111); Wank, NZA 2003, S. 14ff. (19).
[276] Vgl. Ulber, AuR 2003, S. 7ff. (11).
[277] Vgl. Schüren/Schüren, § 9 AÜG, Rn. 141.
[278] Vgl. HK-ArbR/Lorenz, § 3 AÜG, Rn. 34; Küttner/Röller, Personalbuch 2008, Leiharbeitnehmer, Rn. 8.
[279] Vgl. ErfK-Wank, § 3 AÜG, Rn. 21; Schüren/Schüren, § 9 AÜG, Rn. 131.
[280] Vgl. BT-Drucks. 15/25, S. 39; so auch: Kokemoor, NZA 2003, S. 238ff. (240); Ulber, AuR 2003, S. 7ff. (11); a.A. Schüren/Schüren, § 9 AÜG, Rn. 149, der §§ 3 Abs. 1 Nr. 3 Satz 1, 9 Nr. 2 AÜG so auslegt, dass die Ausnahme vom Gleichbehandlungsgrundsatz auf den Einsatz bei einem Entleiher beschränkt ist.
[281] Vgl. BT-Drucks. 15/25, S. 38.

Zwang zum Abschluss von Tarifverträgen entstehe.[282] Die vorgelegte Verfassungsbeschwerde gegen die Regelungen der §§ 3 Abs. 1 Nr. 3, 9 Nr. 2, 10 Abs. 4 AÜG wurde vom BVerfG jedoch mangels grundsätzlicher Bedeutung zurückgewiesen.[283]

Die tarifdispositive Regelung ermöglicht eine Abweichung von dem gesetzlich geregelten Gleichbehandlungsgrundsatz zu Gunsten oder zu Lasten der Leiharbeitnehmer.[284] In der Regel werden Tarifverträge mit der Absicht abgeschlossen, bessere als die gesetzlich geregelten Arbeitsbedingungen zu vereinbaren und Mindeststandards für die Vergütung der Arbeitnehmer zu vereinbaren.[285] Die in der Leiharbeitsbranche abgeschlossenen Tarifverträge weichen größtenteils nach unten vom Gleichbehandlungsgrundsatz ab. Somit hat sich die anfängliche Befürchtung, dass die Neuregelung des AÜG zu einer Verteuerung der Arbeitnehmerüberlassung führen wird,[286] nicht bestätigt. Auf die verschiedenen Tarifabschlüsse soll im Unterabschnitt 3 dieses Kapitels näher eingegangen werden.

Die Anwendung eines vom Gleichbehandlungsgrundsatz abweichenden Tarifvertrages kann durch unmittelbare Tarifbindung beider Parteien gem. § 3 Abs. 1 TVG[287] oder durch einzelvertragliche Inbezugnahme erfolgen. Letzteres kann einen Tarifvertrag auch auf nicht tarifgebundene Arbeitgeber oder Arbeitnehmer erstrecken, wenn dies im Arbeitsvertrag vereinbart wird.[288] Somit ist die Verbands- oder Gewerkschaftszugehörigkeit nicht zwingend erforderlich. In der Praxis liegt meist der Fall vor, dass die Leiharbeitnehmer nicht gewerkschaftlich organisiert sind und die arbeitsvertragliche Bezugnahme auf einen Tarifvertrag den Normalfall darstellt.[289]

Um den gesetzlichen Gleichbehandlungsgrundsatz zu verdrängen, muss ein für den Betrieb des Verleihers räumlich, fachlich und zeitlich geltender Tarifvertrag übernommen werden.[290] Tarifverträge, die einzelvertraglich übernommen werden, unterliegen keiner Inhaltskontrolle als Allgemeine Geschäftsbedingungen

---

[282] Vgl. Hümmerich/Holthausen/Welslau, NZA 2003, S. 7ff. (10); Rieble/Klebeck, NZA 2003, S. 23ff. (27); Thüsing, DB 2003, S. 446ff. (449f.).

[283] Somit wurde die Verfassungsmäßigkeit dieser Regelung bestätigt: BVerfG, Beschluss vom 29.12.2004, 1 BvR 2283/03, 1 BvR 2504/03, 1 BvR 2582/03, NZA 2005, S. 153-156.

[284] Vgl. Thüsing, DB 2003, S. 446ff. (448); Ulber, AuR 2003, S. 7ff. (11).

[285] Vgl. Steiner/Mittländer (2008), S. 30.

[286] Vgl. Bauer/Krets, NJW 2003, S. 537ff. (538); Hümmerich/Holthausen/Welslau, NZA 2003, S. 7ff. (10); Lembke, BB 2003, S. 98ff. (99); Rieble/Klebeck, NZA 2003, S. 23ff.

[287] Tarifvertragsgesetz in der Fassung vom 25.08.1969, BGBl. I S. 1323, zuletzt geändert durch Art. 223 der Verordnung vom 31.10.2006, BGBl. I S. 2407.

[288] Vgl. Schüren/Schüren, § 9 AÜG, Rn. 156.

[289] Vgl. ErfK-Wank, § 3 AÜG, Rn. 22.

[290] Vgl. Schüren/Schüren, § 9 AÜG, Rn. 156.

(§ 310 Abs. 4 BGB).[291] Begründet wird dies durch die den Tarifverträgen zukommende Richtigkeitsgewähr.[292] Die Einbeziehung eines branchenfremden Tarifvertrages sowie die Bezugnahme einzelner Reglungskomplexe reichen nicht aus. [293] Die Richtigkeitsgewähr kommt nur einem im Ganzen übernommenen Tarifvertrag zu.[294] Hierdurch wird garantiert, dass nur die vollständige Übernahme der tarifvertraglich geregelten wesentlichen Arbeitsbedingungen möglich ist.[295]

3. Überblick: Tarifabschlüsse in der Leiharbeitsbranche

Vor dem Jahr 2003 gab es in der Leiharbeitsbranche, abgesehen von einzelnen Haustarifverträgen, kaum Tarifabschlüsse.[296] Die Reform des AÜG durch die oben dargestellten Hartz-Gesetze hat zur Entstehung einer Vielzahl von Tarifverträgen geführt, so dass mittlerweile nahezu die ganze Branche tarifgebunden ist.[297] Da der gesetzliche Gleichbehandlungsgrundsatz dauerhaft nur unter Bezugnahme auf Tarifverträge umgangen werden kann, wurde den Gewerkschaften eine starke Verhandlungsposition bei den Tarifverhandlungen zugeschrieben.[298]
Die Arbeitgeberverbände iGZ (Interessenverband Deutscher Zeitarbeitsunternehmen e.V.) und BZA (Bundesverband Zeitarbeit Personal-Dienstleistungen e.V.) haben Flächentarifverträge mit einer Tarifgemeinschaft des Deutschen Gewerkschafts-bundes (DGB) abgeschlossen. Außerdem existiert ein Flächentarifvertrag zwischen dem Arbeitgeberverband AMP (Arbeitgeberverband Mittelständischer Personal-dienstleister) und der Tarifgemeinschaft Christliche Gewerkschaften Zeitarbeit und PSA (CGZP), welche einen Zusammenschluss von Einzelgewerkschaften des Christlichen Gewerkschaftsbunds Deutschland (CGM) darstellt.[299] Bereits am 24.02.2003 wurde durch die CGZP der erste Flächentarifvertrag der Leiharbeitsbranche abgeschlossen.[300] Dieser Tarifvertrag hatte eine Pilotfunktion inne und die Mitgliedsgewerkschaften des DGB mussten sich an dessen niedrigem Tarifniveau orientieren, um ihre

[291] Vgl. Palandt/Grüneberg, § 310 BGB, Rn. 51; Schüren/Schüren, § 9 AÜG, Rn. 113.
[292] Vgl. BAG, Urteil vom 24.03.2004 - 5 AZR 303/03, NZA 2004, S. 971ff.
[293] Vgl. Hamann, BB 2005, S. 2185ff.
[294] Vgl. BAG, Urteil vom 27.07.2005 - 7 AZR 486/04; NZA 2006, S. 40ff.
[295] Vgl. ErfK-Wank, § 3 AÜG, Rn. 24; Melms/Lipinski (2004), S. 2412.
[296] Vgl. Thüsing, DB 2003, S. 446ff. (449).
[297] Vgl. Hamann, BB 2005, S. 21885ff. (2188).
[298] Vgl. Bauer/Krets, NJW 2003, S. 537ff. (539); Hümmerich/Holthausen/Welslau, NZA 2003, S. 7ff. (10); Lembke, BB 2003, S. 98ff. (102f.); Thüsing, DB 2003, S. 446ff. (448).
[299] Vgl. ausführlich hierzu: Martin, AuR 2004, S. 247ff.
[300] Vgl. Martin, AuR 2004, S. 247ff. (248).

Verhandlungspartner nicht an die Christlichen Gewerkschaften zu verlieren.[301] Alle Flächentarifverträge weichen von dem gesetzlichen Grundsatz des „equal pay" ab. Die drei aktuell geltenden Flächentarifverträge[302] bestehen jeweils aus einem Mantel-, Entgelt-, und Entgeltrahmentarifvertrag,[303] wobei zwischen CGZP und AMP je ein Entgelttarifvertrag West und Ost vereinbart wurde. Die Tarifverträge enthalten Regelungen, die eine bestimmte Dauer des Leiharbeitsverhältnisses voraussetzen, hierunter fallen z.B. Jahressonderzahlungen.[304] Aufgrund der kurzen Vertragslaufzeiten werden diese Regelungen in der Praxis lediglich von geringer Bedeutung sein. Interessant sowohl für Verleiher als auch für den Entleiher sind Vereinbarungen wie Arbeitszeitkonten und verringerte Kündigungsfristen in der Probezeit.[305] Hierdurch erhöhen sich Flexibilität und Attraktivität der Arbeitnehmerüberlassung.

Die folgende Tabelle stellt die in den drei Entgelttarifverträgen vereinbarten Stundenlöhne für die verschiedenen Entgeltgruppen gegenüber. Als Grundlage zur Eingruppierung verweisen alle Entgeltrahmentarifverträge auf die für die Tätigkeit im Entleihbetrieb erforderliche Qualifikation[306], so dass es nicht zwangsläufig auf die Ausbildung des jeweiligen Leiharbeitnehmers ankommt.[307]

	Westdeutschland			Ostdeutschland		
Entgeltgruppe	DGB/BZA	DGB/iGZ	CGZP/AMP	DGB/BZA	DGB/iGZ	CGZP/AMP
M	7,31 €	7,31 €		6,36 €	6,36 €	
1	7,38 €	7,51 €	7,21 €	6,42 €	6,50 €	6,00 €
2	7,81 €	7,73 €	7,79 €	6,79 €	6,69 €	6,61 €
3	9,37 €	8,48 €	8,45 €	8,15 €	7,34 €	6,97 €
4	9,91 €	9,52 €	9,07 €	8,62 €	8,23 €	7,94 €
5	11,20 €	10,80 €	10,83 €	9,74 €	9,34 €	8,82 €
6	12,38 €	12,09 €	12,24 €	10,77 €	10,46 €	9,53 €
7	13,46 €	13,36 €	14,28 €	11,71 €	11,56 €	10,40 €
8	14,54 €	14,63 €	15,36 €	12,65 €	12,65 €	11,46 €
9	16,69 €	17,38 €	16,23 €	14,52 €	15,03 €	12,43 €

Tabelle 4: Tarifvergleich für die Leiharbeitsbranche nach Entgeltgruppen für West- und Ostdeutschland; Stand: Januar 2009
Quelle: Eigene Zusammenstellung auf Grundlage der Tarifverträge im Anhang.

[301] Vgl. ebd.
[302] Siehe Anhang: Aktuelle Flächentarifverträge der Leiharbeitsbranche.
[303] Der Beschäftigungssicherungstarifvertrag von DGB und BZA ist Teil des MTV DGB/BZA.
[304] Vgl. § 15 MTV DGB/BZA; § 8 MTV DGB/iGZ; § 14 MTV CGZP/AMP.
[305] Vgl. zur Regelung der Arbeitszeitkonten: § 4 MTV DGB/BZA; § 3 Abs. 2 MTV DGB/iGZ; § 3 Abs. 7 MTV CGZP/AMP; zur Regelung der Kündigungsfristen: § 9 Abs. 3 MTV DGB/BZA; § 2 Abs. 2 MTV DGB/iGZ; § 20 Abs.1 MTV CGZP/AMP.
[306] Vgl. § 2 ERTV DGB/iGZ, § 2 ERTV DGB/BZA, § 2 ERTV CGZP/AMP.
[307] Vgl. Böhm/Hennig, Rn. 442.

Aus Gründen der Übersichtlichkeit berücksichtigt die Gegenüberstellung der verschiedenen Stundenlöhne in Tabelle 4 keinerlei Zuschläge, die in den einzelnen Entgelt- und Entgeltrahmentarifverträgen aufgeführt werden. Zu beachten ist, dass der Stundenlohn des Tarifvertrages zwischen DGB und iGZ jeweils die Eingangsstufe darstellt, welche nach einer bestimmten Überlassungsdauer durch eine einsatzbezogene Zulage erhöht wird.[308] Die Entgeltsätze des Entgelttarifvertrages zwischen CGZP und AMP können in den ersten vier, teilweise sogar sechs Monaten der Überlassung um 9,5 % gesenkt werden.[309] Aus Tabelle 4 ist außerdem zu entnehmen, dass alle drei Tarifwerke grundsätzlich zwischen neun Entgeltgruppen unterscheiden, wobei sich die Tätigkeitsbeschreibung zur Eingruppierung in den einzelnen Tarifverträgen unterscheiden.[310] Die DGB-Tarifwerke enthalten zusätzlich die Entgeltgruppe M, wobei die Eingruppierung bei dem Tarifvertrag des BZA erst möglich ist, wenn der Tarifvertrag zur Regelung von Mindestarbeitsbedingungen in der Zeitarbeit[311] allgemeinverbindlich wird.[312] Diese Regelung bezieht sich auf einen zwischen DGB, BZA und iGZ abgeschlossenen Tarifvertrag, welcher erst Allgemeinverbindlichkeit erlangen kann, wenn die Arbeitnehmerüberlassung in das Arbeitnehmerentsendegesetz[313] aufgenommen wird. Anschließend müsste dieser Tarifvertrag kraft Rechtsverordnung gem. § 1 Abs. 3 a AEntG[314] als allgemeinverbindlich erklärt werden. Unter Betrachtung der aktuellen politischen Entwicklung scheint dieser Sachverhalt jedoch in naher Zukunft nicht einzutreten. Am 13.01.2009 einigte sich die Bundesregierung auf eine im AÜG regelbare Lohnuntergrenze in der Leiharbeitsbranche.[315]

Neben den drei Flächentarifverträgen existieren zahlreiche Haustarifverträge zwischen einzelnen Arbeitgebern und Gewerkschaften. Hierunter sind wenige, überwiegend durch die IG Metall oder ver.di abgeschlossene Haustarifverträge zu finden, die ein an den Entleihbetrieb angepasstes Tarifniveau garantieren und über den Flächentarifverträgen

---

308 Vgl. § 5 ERTV DGB/iGZ.

309 Vgl. § 4 ERTV GZP/AMP.

310 Vgl. § 3 ERTV DGB/BZA; § 3 ERTV DGB/iGZ; § 3 ERTV CGZP/AMP .

311 Dieser Tarifvertrag ist unter: http://www.dgb.de/themen/tarifpolitik/zeitarbeit/index_html?-C= abrufbar; Stand: 30.05.2006; abgerufen am 22.01.2009.

312 Vgl. § 3 ERTV DGB/BZA.

313 Arbeitnehmer-Entsendegesetz vom 26. Februar 1996, BGBl. I S. 227, zuletzt geändert durch das Gesetz vom 21. Dezember 2007, BGBl. I S. 3140.

314 Arbeitnehmer-Entsendegesetz vom 26.02.996, BGBl. I S. 227, zuletzt geändert durch das Gesetz vom 21.12.2007, BGBl. I S. 3140.

315 Vgl. Financial Times Deutschland vom 13.01.2009: Einigung zur Zeitarbeit – Mindestlohn entzürnt Gewerkschaften unter: http://www.ftd.de/politik/deutschland/:Einigung-zur-Zeitarbeit- Mindestlohn-erz%FCrnt-Gewerkschaften/460269.html, abgerufen am 13.01.2009.

liegen.[316] In den Haustarifverträgen der CGZP ist hingegen überwiegend ein niedrigeres Tarifniveau vereinbart worden.[317]

a) Tariffähigkeit der CGZP

Die Wirksamkeit einer vertraglichen Inbezugnahme der durch die CGZP abgeschlossenen Tarifverträge ist in der Literatur umstritten. Hierbei wird zumeist die Tariffähigkeit dieser Tarifgemeinschaft in Frage gestellt.[318] Die Rechtssprechung zielt bei der Ermittlung der Tariffähigkeit darauf ab, ob eine hinreichende organisatorische Leistungsfähigkeit und eine gewisse Durchsetzungskraft gegenüber dem sozialen Gegner bestehen.[319] Als Indizien für die Durchsetzungsfähigkeit zieht das BAG einerseits bereits abgeschlossene Tarifverträge und andererseits die Anzahl der Mitglieder heran.[320] Sowohl die Christlichen Gewerkschaften als auch die Gewerkschaften des DGB verfügen über eine sehr geringe Mitgliederbasis in der Leiharbeitsbranche.[321] Dies ist u.a. durch die überwiegend kurze Dauer der Leiharbeitsverhältnisse zu erklären. Im Gegensatz zu den Christlichen Gewerkschaften verfügen die DGB-Gewerkschaften jedoch über eine breite Mitgliederbasis in nahezu allen anderen Branchen und können somit durch zahlreiche Arbeitnehmer in Schlüsselpositionen Druck auf die Arbeitgeber ausüben. Aufgrund der bestehenden sozialen Mächtigkeit wird ihre Tariffähigkeit auch im Bereich der Arbeitnehmerüberlassung weitestgehend bejaht.[322] Die CGZP hat in der Leiharbeitsbranche zahlreiche Tarifverträge abgeschlossen, wobei es fraglich ist, ob sie dadurch die Interessen der Arbeitnehmer vertreten hat.[323] Die abgeschlossenen Tarifwerke weichen nach unten von den gesetzlichen Regelungen ab, so dass keine Durchsetzungsfähigkeit seitens der Gewerkschaft erforderlich war. Somit ist

---

[316] Vgl. u.a. den Ferchau-Haustarifvertrag und den Tarifvertrag des HKM, beide mit der IG Metall, unter: http://www.ferchau.de/inc/events/539/dl/ferchau_fc31_kundenbroschuere_qualitaet.pdf und http://www2.igmetall.de/homepages/bzl-nrw/presse/pm19-08.html, abgerufen am 23.01.2009.

[317] Vgl.Wiedemuth/Dombre (2008), S. 159ff. (164); Schüren, NZA 2008, S. 453ff. (455).

[318] Vgl. Böhm, DB 2003, S. 2598; Ulber, AuR 2008, S. 297ff. (298); Schüren, NZA 2007, S. 1213, welcher als Ergebnis einer Umfrage an deutschen Arbeitsgerichten vorstellt, dass Zweifel an der Tariffähigkeit bestehen; a.A. Ankersen, NZA 2003, S. 241ff. (424); Lembke, NZA 2007, S. 1333ff. (1337); Rieble, BB 2004, S. 885ff., die die Tariffähigkeit bejahen.

[319] Vgl. BAG, Beschluss vom 28.03.2006 - 1 ABR 58/04, NZA 2006, S. 1112ff.

[320] Vgl. BAG, a.a.O.

[321] Vgl. Schüren/Schüren, § 9 AÜG, Rn. 115.

[322] Vgl. Schüren/Schüren, § 9 AÜG, Rn. 115; Böhm, DB 2003, S. 2598; Melms/Lipinski, BB 2004, S. 2409ff. (2411).

[323] Vgl. Schüren/Schüren, § 9 AÜG, Rn. 113ff.

fragwürdig, ob die Anzahl der abgeschlossenen Tarifverträge in der Leiharbeitsbranche als Indiz für die Tariffähigkeit eines Verbandes gewertet werden kann.[324]

Mittlerweile wurde die Christliche Gewerkschaft Metall (CGM), ein Mitglied der Tarifgemeinschaft CGZP, vom BAG als tariffähig erklärt.[325] Die gerichtliche Entscheidung zur Tariffähigkeit der CGZP steht jedoch noch aus.[326] Die Feststellung der Gewerkschaftseigenschaften erfolgt durch ein gerichtliches Statusverfahren nach §§ 2 a Abs. 1 Nr. 4, 97 ArbGG[327]. Aktuell ist auf die Entscheidung über den vom Land Berlin und der Gewerkschaft ver.di eingereichten Antrag zur Feststellung der Tariffähigkeit der CGZP zu warten.[328]

b) Folgen unwirksamer Tarifregelungen

Für den Fall, dass die Tariffähigkeit der CGZP verneint wird, sind die von ihr abgeschlossenen Tarifverträge als nichtig anzusehen.[329] Die Abweichung vom gesetzlichen Gleichbehandlungsgrundsatz kann nicht durch die Inbezugnahme eines unwirksamen Tarifvertrages erreicht werden.[330] Im Fall einer unwirksamen Vergütungsgestaltung zwischen Verleiher und Leiharbeitnehmer, also auch der Inbezugnahme eines unwirksamen Tarifvertrages, kann der Leiharbeitnehmer gem. §§ 9 Nr. 2, 10 Abs. 4 AÜG seinen Anspruch auf Gleichbehandlung geltend machen. Leiharbeitnehmer, die die Wirksamkeit der CGZP-Tarifverträge anzweifelten und ihre Ansprüche bereits geltend gemacht haben, hatten damit Erfolg.[331] Durch die Gegenseite wurde meist ein Vergleich angestrebt,[332] womöglich um der Entscheidung über die Tariffähigkeit zu entgehen.

Fraglich ist darüber hinaus, ob die Nichtigkeit der Tarifverträge von Anfang an (ex tunc) oder mit Zeitpunkt der Feststellung (ex nunc) durch das BAG eintritt. Der Verleiher wäre im Fall der Nichtigkeit von Anfang an mit erheblichen

---

[324] Vgl. Brors, BB 2006, S. 101ff. (102); Schüren/Behrend, NZA 2003, S. 521ff. (525).

[325] BAG, Beschluss vom 28.03.2006 - 1 ABR 58/04, NZA 2006, S. 1112ff.

[326] Die CGZP ist keine echte Tarifgemeinschaft, sondern eine Spitzenorganisation, in der alle Mitglieder tariffähig sein müssen um wirksame Tarifverträge abschließen zu können. Vgl. ausführlich hierzu: Schindele, AuR 2008, S. 31ff. (35f.); Ulber, NZA 2008, S. 438ff.

[327] Arbeitsgerichtsgesetz in der Fassung vom 02.07.1979, BGBl. I, S. 853, 1036, zuletzt geändert durch Art. 4 des Gesetzes vom 30.10.2008, BGBl. I, S. 2122.

[328] Vgl. Pressemitteilung der CGZP unter: http://www.cgb.info/aktuell/p_cgzp_taffae.php, Stand: 27.10.2008, abgerufen am: 26.01.2009.

[329] Vgl. BAG, Beschluss vom 27.11.1964 - 1 ABR 13/63, BB 1965, S. 331.

[330] Vgl. BAG, Urteil vom 15.11.2006 - 10 AZR 665/05, NZA 2007, S. 448ff.

[331] Vgl. Schüren/Schüren, § 9 AÜG, Rn. 122 m.w.N.

[332] ArbG Osnabrück, Beschluss vom 15.01.2007 - 3 Ca 535/06, AuR 2007, S. 182; ArbG Berlin, Beschluss vom 16.01.2007 - 81 Ca 27913/05, AuR 2007, S. 182; ArbG Berlin, Beschluss vom 05.02.2008 - 54 BV 13961/06, AuR 2008, S. 314f.

Nachzahlungsverpflichtungen konfrontiert, da er als Arbeitgeber das finanzielle Risiko eines unwirksamen Tarifvertrages trägt.[333] Somit hätte er in diesem Fall die Differenz der tatsächlich gezahlten und der aus dem Gleichbehandlungsgrundsatz resultierenden Entgelte nachträglich zu entrichten.[334] Außerdem wäre er zur Nachzahlung der darauf entfallenden Steuern und Sozialabgaben verpflichtet.[335] Der jeweilige Entleiher wäre dem Haftungsrisiko für die Differenz der ausstehenden Sozialversicherungsbeiträge ausgesetzt.[336] Um den genannten Folgen der Bezugnahme auf einen möglicherweise unwirksamen Tarifvertrag zu entgehen, verweisen einige Verleihunternehmen hilfsweise auf die DGB-Tarifverträge. Eine solche gestaffelte Verweisung wird jedoch für unzulässig gehalten.[337] Da sich die Rückabwicklung wie dargestellt als äußerst schwierig erweist, ist von der Nichtigkeit ab Feststellung der Tarifunfähigkeit und einer vermuteten Tariffähigkeit für die Vergangenheit auszugehen, so dass Ansprüche nur bis zum Feststellungszeitpunkt geltend gemacht werden können.[338] Dies wird in der Literatur vor allem durch den Vertrauensschutz begründet, wonach sich die Unwirksamkeit eines Tarifvertrages auf die Zukunft beschränkt.[339]

II. Regelung in der Richtlinie über Leiharbeit

1. Grundsatz der Gleichbehandlung, Art. 5 RL 2008/104/EG

Der deutsche Gesetzgeber orientiert sich bei der Einführung des Gleichbehandlungsgrundsatzes an dem Entwurf der Richtlinie über Leiharbeit.[340] Mit einigen Veränderungen zur Entwurfsfassung[341] ist der Grundsatz der Gleichbehandlung nun in Art. 5 RL 2008/104/EG normiert. Hiernach sind einem Leiharbeitnehmer während der Dauer der Überlassung an einen Entleiher mindestens die wesentlichen Arbeits- und Beschäftigungsbedingungen zu gewähren, die für ihn gelten würden, wenn er unmittelbar von dem entleihenden Unternehmen für den gleichen Arbeitsplatz eingestellt worden wäre. In ihrem Wortlaut folgt diese Regelung dem

333 Vgl. Reipen, NZS 2005, S. 407ff. (410).
334 Vgl. Böhm, DB 2003, S. 2598ff. (2599).
335 Vgl. ausführlich hierzu: Reipen, NZS 2005, S. 407ff.
336 Vgl. zur Subsidiärhaftung des Entleihers: Schüren/Rieder von Paar, AuR 2004, S. 241ff. (246).
337 Vgl. ausführlich hierzu: Brors, BB 2006, S. 101ff. (103ff.).
338 Vgl. Schüren/Schüren, § 9 AÜG, Rn. 123f.; Buchner, DB 2004, S. 1042ff.; Schöne, DB 2004, S. 136ff.
339 Vgl. Schöne, DB 2004, S. 136ff. (137).
340 Vgl. Betram, ZESAR 2003, S. 205ff. m.w.N.
341 Art. 5 KOM (2002) 701 endgültig – 2002/0072 (COD).

14. Erwägungsgrund[342] der Richtlinie über Leiharbeit. Somit werden durch diesen Grundsatz in Art. 5 RL 2008/104/EG Mindestbedingungen, zu denen der Leiharbeitnehmer zu beschäftigen ist, geregelt. Wie auch im AÜG stehen die wesentlichen Arbeitsbedingungen eines vergleichbaren Arbeitnehmers des Entleihbetriebes im Mittelpunkt des Gleichbehandlungsgrundsatzes der Richtlinie. Um eine missbräuchliche Anwendung zu verhindern, bekommen die Mitgliedstaaten gem. Art. 5 Abs. 5 RL 2008/104/EG die Aufgabe, erforderliche Maßnahmen hiergegen zu treffen.

a) Wesentliche Arbeitsbedingungen

Art. 3 der Richtlinie über Leiharbeit enthält eine Reihe von Begriffsbestimmungen, wovon auch die wesentlichen Arbeits- und Beschäftigungsbedingungen erfasst werden. Nach Art. 3 lit. f RL 2008/104/EG gelten als wesentliche Arbeits- und Beschäftigungsbedingungen diejenigen Bedingungen, „[…] die durch Gesetz, Verordnung, Verwaltungsvorschrift, Tarifvertrag und/oder sonstige verbindliche Bestimmungen allgemeiner Art […] festgelegt sind und sich auf […] die Dauer der Arbeitszeit, Überstunden, Pausen, Ruhezeiten, Nachtarbeit, Urlaub, arbeitsfreie Tage [und] Arbeitsentgelt [beziehen].“ Des Weiteren wird in Art. 5 Abs. 1 Satz 2 hervorgehoben, dass im Entleihbetrieb geltende Regelungen bezüglich des Mutter-, Kinder- und Jugendschutzes sowie der Gleichbehandlung von Männern und Frauen, der Bekämpfung von Diskriminierung aufgrund des Geschlechts, der Rasse oder ethnischen Herkunft, der Religion oder Weltanschauung, einer Behinderung, des Alters oder der sexuellen Orientierung auch für Leiharbeitnehmer gelten müssen. Diese konkrete Aufzählung in der Richtlinie ist abschließend zu werten.[343] Die eher offene Definition in der deutschen Gesetzesbegründung[344] geht folglich weit über die europäischen Vorgaben hinaus.[345] In Bezug auf den Begriff des Arbeitsentgelts verweist Art. 5 Abs. 2 der Richtlinie auf die jeweiligen Regelungen im nationalen Recht der Mitgliedstaaten.

In Art. 6 Abs. 4 RL 2008/104/EG ist explizit aufgeführt, dass Leiharbeitnehmern der Zugang zu den sozialen Einrichtungen im Entleihbetrieb insbesondere zu Gemeinschaftsverpflegungen, Kinderbetreuungseinrichtungen und Beförderungsmitteln zu gewähren ist. Eine unterschiedliche Behandlung der Leiharbeitnehmer ist nur

---

[342] Abl. EU, Nr. L 327, S. 10.
[343] Vgl. Wank, NZA 2003, S. 14ff. (17).
[344] Vgl. BT-Drucks. 15/25, S. 38.
[345] Vgl. Bertram, AIP 2008, S. 3ff.

beim Vorliegen von objektiven Gründen gerechtfertigt. Da die Richtlinie auf eine Konkretisierung der objektiven Gründe verzichtet, werden die einzelnen Mitgliedstaaten hierfür eine Definition entwickeln müssen. Konsequenzen ergeben sich vor allem für den jeweiligen Entleiher, da nur er den Leiharbeitnehmern subventioniertes Kantinenessen oder die Nutzung einer Werks-Kita in seinem Betrieb ermöglichen kann.[346]

b) Vergleichbarer Arbeitnehmer

Zur Gewährung der wesentlichen Arbeits- und Beschäftigungsbedingungen bedarf es eines Vergleichmaßstabes. Der Begriff des vergleichbaren Arbeitnehmers im Entleihbetrieb stellte im Entstehungsprozess der Richtlinie über Leiharbeit einen Problemfall dar, wegen dem lange Zeit keine Einigung der Sozialpartner möglich war.[347] In der ursprünglichen Entwurfsfassung der Richtlinie[348] war eine konkrete Definition vorgesehen, welche jedoch in der verabschiedeten Richtlinie nicht mehr vorhanden ist. Nach Art. 5 Abs. 1 RL/2008/104/EG müssen die Arbeits- und Beschäftigungsbedingungen des Leiharbeitnehmers mindestens denjenigen entsprechen, die für ihn gelten würden, wenn er von dem Entleiher unmittelbar für den gleichen Arbeitsplatz eingestellt worden wäre. Durch die hypothetische Formulierung wird sichergestellt, dass sowohl tätigkeitsbezogene als auch in der Person des Leiharbeitnehmers begründete Merkmale erfasst werden.[349] Dies bestätigt auch ein Blick auf den vorherigen Richtlinienentwurf, welcher in Art. 3 Abs. 1 b eine Unterscheidung zwischen arbeitsplatz- und personenbezogenen Komponenten vorsah.[350]

Bei der Gewährung der wesentlichen Arbeitsbedingungen ist auf diejenigen Arbeitsbedingungen abzustellen, die der Leiharbeitnehmer erhalten würde, wenn er von dem Entleiher unmittelbar für den gleichen Arbeitsplatz eingestellt worden wäre. Durch diese Formulierung ist gewährleistet, dass bei dem Nichtvorhandensein eines vergleichbaren Stammarbeitnehmers, auf einen für den Entleihbetrieb geltenden Tarifvertrag oder die branchenüblichen Rechtsvorschriften und Gepflogenheiten zurückzugreifen ist.

---

[346] Vgl. Bertram, AIP 2008, S. 3ff.
[347] Vgl. hierzu Fuchs, NZA 2009, S. 57ff. (58).
[348] Art. 3 Abs. 1 lit b KOM(2002) 149 endgültig.
[349] Vgl. Bertram, AIP 2008, S. 3ff.
[350] KOM (2002) 149 endgültig, S. 22.

2. Abweichungsmöglichkeiten

Unter der Berücksichtigung von drei Einschränkungen sieht Art. 5 Abs. 2 RL 2008/140/EG Ausnahmen von der Anwendung des Gleichbehandlungsgebotes vor. Die Abweichung vom Gleichbehandlungsgrundsatz darf nur in Bezug auf das Arbeitsentgelt erfolgen und zusätzlich muss ein unbefristeter Arbeitsvertrag zwischen Verleiher und Leiharbeitnehmer abgeschlossen worden sein, worin die Bezahlung des Leiharbeitnehmers auch zwischen zwei Kundeneinsätzen festgelegt ist.

Abweichungen vom Gleichbehandlungsgrundsatz einschließlich der Arbeitsbedingungen können i.S.d. Art. 5 Abs. 3 auch durch tarifvertragliche Regelungen erfolgen. Hierbei müssen die nationalen Sozialpartner dafür Sorge tragen, dass dies nur unter der Wahrung des Gesamtschutzes von Leiharbeitnehmern geschieht. Aufgrund der Streichung der ursprünglichen Formulierung, wonach ein „angemessenes Schutzniveau"[351] zu wahren war, scheinen keine konkreten inhaltlichen Anforderungen an die Tarifverträge der Leiharbeitsbranche zu bestehen.[352] Für die tarifdispositive Regelung im AÜG und die bereits abgeschlossenen Tarifverträge der Leiharbeitsbranche in Deutschland ergeben sich hierdurch keinerlei Konsequenzen.

Etwas anderes ergibt sich für die zweite Abweichungsmöglichkeit nach dem deutschen Recht. Die in §§ 3 Abs. 1 Nr. 3 Satz 1, 9 Nr. 2, 2. Hs. AÜG vorgesehene Regelung bei Einstellung eines zuvor Arbeitslosen ermöglicht dem Verleiher für die Dauer von sechs Wochen weder die gleichen Arbeitsbedingungen noch das gleiche Arbeitsentgelt eines vergleichbaren Stammarbeitnehmers des Entleihers gewähren zu müssen. Dieser Ausnahmetatbestand hat seinen Ursprung in einer früheren Entwurfsfassung der Richtlinie, worin vorgesehen war, dass bei kurzfristigen Verträgen mit einer Höchstdauer von sechs Wochen vom Gleichbehandlungsgrundsatz abgewichen werden konnte.[353] Diese Vorschrift wurde jedoch vom Rat als unangebracht erachtet und somit gestrichen, um die Wahrung des Gleichbehandlungsgrundsatzes vom ersten Tag der Überlassung an zu bekräftigen.[354] Von daher ist diese Abweichungsmöglichkeit nicht länger zulässig und aus dem AÜG zu streichen.

---

[351] Art. 5 Abs. 3 des geänderten Richtlinienvorschlags, KOM (2002) 701 endgültig, S. 12.

[352] Vgl. Bertram, AIP 2008, S. 3ff.

[353] Vgl. Art. 5 Abs. 4 in KOM(2002) 701 endgültig, S. 12.

[354] Vgl. die Begründung des Rates zum gemeinsamen Standpunkt (EG) Nr. 24/2008, Abl. C 254E vom 07.10.2008, S. 36-45.

III. Zwischenergebnis: Anpassungsbedarf des Gleichbehandlungsgrundsatzes

Die Richtlinie 2008/140/EG lässt den Mitgliedstaaten einen beträchtlichen Spielraum zur Umsetzung des Gleichbehandlungsgrundsatzes. Da sich die letzte Reform des AÜG bereits an dem Richtlinienentwurf orientierte,[355] sind eine Vielzahl der Inhalte bereits im AÜG enthalten. Den Kern der Richtlinie bildet der in Art. 5 enthaltene Gleichbehandlungsgrundsatz, wodurch die Arbeitsbedingungen von Leiharbeitnehmern verbessert werden sollen. Diesem Ziel soll auch der in § 3 Abs. 1 Nr. 3 AÜG normierte Gleichbehandlungsgrundsatz des AÜG gerecht werden.[356]

Die Richtlinie über Leiharbeit legt fest, dass der unbefristete Leiharbeitsvertrag den Normalfall darstellen soll, dies bestätigt der folgende Ausnahmetatbestand. Keine Pflicht zur Gleichbehandlung der Leiharbeitnehmer mit vergleichbaren Stammarbeitnehmern des Entleihers besteht nach Art. 5 Abs. 2 RL/2008/140/EG für Arbeitnehmer, die einen unbefristeten Arbeitsvertrag haben und auch zwischen den Verleihphasen bezahlt werden. Unbefristete Arbeitsverträge und eine Vergütung in überlassungsfreien Zeiten stellen auch nach dem geltenden deutschen Recht der Arbeitnehmerüberlassung den Normalfall dar, somit gehen die Regelungen des AÜG teilweise über den Richtlinieninhalt hinaus.[357] Hierdurch sind jedoch keine praktischen Konsequenzen zu erwarten, da Art. 9 RL 2008/104/EG den Mitglied-staaten das Recht gibt, für die Leiharbeitnehmer günstigere Regelungen zu schaffen. Auch bei der Auslegung der Begriffsbestimmungen der „wesentlichen Arbeitsbedingungen" und des „vergleichbaren Arbeitnehmers" sind keine grund-legenden Änderungen zu erwarten. Da im AÜG keine Definition der wesentlichen Arbeitsbedingungen erfolgt, orientierte sich das deutsche Arbeitsrecht schon vor dem in Kraft treten der RL 2008/104/EG an dem Wortlaut des Richtlinienentwurfes.[358] Sowohl die Definition der Richtlinie als auch die Regelung des AÜG zielen auf einen Stammmitarbeiter des Entleihbetriebes als Vergleichsmaßstab ab. Es bleibt abzuwarten, in wie weit zukünftig durch die Rechtsprechung auch individuelle Merkmale, die sich in der Person des Leiharbeitnehmers begründen, herangezogen werden.

---

355 Vgl. Betram, ZESAR 2003, S. 205ff. m.w.N.

356 Vgl. BT-Drucks. 15/25, S. 24.

357 Vgl. Hümmerich/Holthausen/Welslau, NZA 2003, S. 7ff. (9); Rieble/Klebeck, NZA 2003, S. 23ff. (25); Thüsing, DB 2002, S. 2218ff. (2219); a.A. Fuchs, NZA 2009, S. 57ff. (61), nach dem diese Vorschrift im AÜG fehlt und ergänzt werden muss.

358 Vgl. ErfK-Wank, § 3 AÜG, Rn. 13.

Aus den zuvor dargestellten Gründen ist die in §§ 3 Abs. 1 Nr. 3 Satz 1, 9 Nr. 2, 2. Hs. AÜG vorgesehene Regelung aus dem AÜG zu streichen. Die Abweichung vom Gleichbehandlungsgrundsatz für die Dauer von sechs Wochen bei Einstellung eines zuvor Arbeitslosen ist nicht mehr mit der Richtlinie über Leiharbeit vereinbar.[359] Praktisch ist dieser Ausnahmetatbestand ohnehin von geringer Bedeutung, da auch für zuvor arbeitslose Leiharbeitnehmer in der Regel ein tarifliches Entgelt vereinbart wird.[360]

[359] Vgl. Fuchs, NZA 2009, S. 57ff. (63).
[360] Vgl. Schüren/Schüren, § 9 AÜG, Rn. 152.

E) Betriebsverfassungsrechtliche Zuordnung der Leiharbeitnehmer

I. Regelung im BetrVG und AÜG

1. Betriebsverfassungsrechtliche Stellung im Verleihbetrieb

Durch das typische Dreiecksverhältnis der Arbeitnehmerüberlassung hat ein Leiharbeitnehmer eine enge Bindung zu zwei unterschiedlichen Betrieben. Mit dem Verleiher besteht eine arbeitsvertragliche Beziehung. Bei der Erbringung seiner Arbeitsleistung wird der Leiharbeitnehmer zusätzlich in die Betriebsorganisation des Entleihers eingegliedert. Zusätzlich unterliegt er sowohl den Weisungs- und Direktionsbefugnissen des Verleihers als auch des Entleihers, wodurch eine Aufspaltung der Arbeitgeberbefugnisse stattfindet.[361] Für die Betriebsratszuständigkeit und die Wahrnehmung der betriebsverfassungsrechtlichen Rechte ergeben sich hierdurch Besonderheiten, die in diesem Kapitel dargestellt werden.

Die Mitwirkungs- und Mitbestimmungsrechte von Leiharbeitnehmern sind in § 14 AÜG geregelt, darüber hinaus findet das BetrVG Anwendung. Grundsätzlich regelt das AÜG nur die gewerbsmäßige Arbeitnehmerüberlassung.[362] Für die betriebsverfassungsrechtliche Zuordnung ist es jedoch unerheblich, ob eine gewerbsmäßige oder nichtgewerbsmäßige Arbeitnehmerüberlassung vorliegt.[363] Mittlerweile hat das BAG bestätigt, dass die Regelungen des § 14 AÜG auf die nichtgewerbsmäßige Arbeitnehmerüberlassung[364] sowie die Überlassung durch konzerninterne Personalführungsgesellschaften[365] entsprechend anwendbar sind. Auch in den Zeiten der Überlassung an einen Entleiher bleiben Leiharbeitnehmer Arbeitnehmer des Verleihers (§ 14 Abs. 1 AÜG). Obwohl zum Verleihbetrieb während des Einsatzes im Entleihbetrieb nur noch eine geringe Bindung besteht, werden Leiharbeitnehmer betriebsverfassungsrechtlich nicht ausgegliedert.[366]

a) Wahlrecht der Leiharbeitnehmer

Ein Betriebsrat kann in Betrieben errichtet werden, in denen ständig mindestens fünf wahlberechtigte Arbeitnehmern beschäftigt sind. Außerdem müssen gem. § 1 Abs. 1 Satz 1 BetrVG drei dieser fünf Arbeitnehmer wählbar sein. Der gewählte

---

[361] Vgl. Schüren/Hamann, § 14 AÜG, Rn. 16.
[362] Vgl. Richardi/Richardi, § 5, Rn. 99; Ulber, § 14 Rn. 1 m.w.N.
[363] Vgl. ErfK-Eisemann/Koch, § 7 BetrVG, Rn. 6; Richardi/Richardi, § 5, Rn. 99.
[364] BAG, Beschluss vom 18.01.1989 - 7 ABR 62/87, DB 1989, S. 1419f.
[365] BAG, Beschluss vom 20.04.2005 - 7 ABR 20/04, BB 2006, S. 383ff.
[366] Vgl. Schüren/Hamann, § 14 AÜG, Rn. 112.

Betriebsrat hat die Aufgabe, die gesetzlichen Interessen der Arbeitnehmer gegenüber dem Arbeitgeber zu vertreten.[367] Damit die Belegschaft des Verleihers angemessen repräsentiert wird, sind Leiharbeitnehmer im Verleihbetrieb gem. § 7 Satz 1 BetrVG wahlberechtigt, wenn sie das 18. Lebensjahr vollendet haben.[368] Neben dem aktiven Wahlrecht steht ihnen nach einer sechsmonatigen Betriebszugehörigkeit auch das passive Wahlrecht zu (§ 8 Abs. 1 BetrVG). Somit sind Leiharbeitnehmer im Verleihbetrieb berechtigt, an der Wahl einer Arbeitnehmervertretung teilzunehmen und sich zum Betriebsrat wählen zu lassen. Eine Vielzahl von Vorschriften über die Organisation der Arbeitnehmervertretung und Mitbestimmungsrechte des Betriebsrates sind an eine bestimmte Anzahl von Arbeitnehmern im jeweiligen Betrieb oder Unternehmen gebunden.[369] Aus der Zuordnung zum Verleihbetrieb folgt, dass Leiharbeitnehmer überall dort zu berücksichtigen sind, wo das BetrVG auf eine bestimmte Anzahl von Beschäftigten abzielt, dies ist u.a. bei der Feststellung der Betriebsratsfähigkeit (§ 1 BetrVG) oder der Anzahl der Freistellungen (§ 38 BetrVG) der Fall.[370]

b) Rechte der Leiharbeitnehmer

Aufgrund der arbeitsvertraglichen Beziehung zum Verleiher und der Regelung des § 14 Abs. 1 AÜG hat der Leiharbeitnehmer im Verleihbetrieb die vollen betriebsverfassungsrechtlichen Rechte.[371] In diesem Abschnitt soll auf Besonder-heiten, die sich durch das Leiharbeitsverhältnis ergeben, eingegangen werden.

Leiharbeitnehmern können auch während des Einsatzes bei einem Entleiher an Sprechstunden (§§ 39, 69 BetrVG) und Betriebs- oder Abteilungsversammlungen (§§ 42ff. BetrVG) im Verleihbetrieb teilnehmen. Der jeweilige Entleiher hat die Leiharbeitnehmer wie seine Stammmitarbeiter freizustellen.[372] Über das Aufsuchen der Sprechstunde müssen die Leiharbeitnehmer sowohl den Verleiher als auch den Entleiher informieren. Dies ist u.a. von Bedeutung, da der Verleiher gem. § 39 Abs. 3 BetrVG die Zeit des Sprechstundenbesuches vergüten muss.[373] Außerdem stehen überlassenen Arbeitnehmern die Individualrechte gem. §§ 81 ff. BetrVG im Verleihbetrieb in vollem

[367] Vgl. DKK/Wedde, Einleitung, Rn. 112.
[368] Vgl. Hamann, NZA 2003, S. 526ff.
[369] Vgl. Löwisch, BB 2001, S. 1733ff. (1737), Däubler, AiB 2001, S. 684ff. (687) mit Beispielen.
[370] Vgl. Schüren/Hamann, § 14 AÜG, Rn. 112b.
[371] Vgl. ErfK-Wank, § 14 AÜG, Rn. 4.
[372] Vgl. Schüren/Hamann, § 14 AÜG, Rn. 117.
[373] Vgl. Schüren/Hamann, § 14 AÜG, Rn. 118ff.

Umfang zu.[374] Einige dieser Rechte können sie zusätzlich im Entleihbetrieb wahrnehmen. Davon ausgenommen ist das Erörterungsrecht bezüglich der Berechnung und Zusammensetzung des Arbeitsentgelts i.S.d. § 82 Abs. 2 BetrVG. Die Erörterung kann nur durch den Verleiher erfolgen, da dieser dem Leiharbeitnehmer die Vergütung seiner Arbeitsleistung schuldet.[375] Bezüglich des Beschwerderechts der §§ 84 ff. BetrVG besteht eine Besonderheit aufgrund des Leiharbeitsverhältnisses. Beschwerden über Vorgänge im Entleihbetrieb können Leiharbeitnehmer auch an den Verleiher oder den dort eingerichteten Betriebsrat richten.[376] Der Verleiherbetriebsrat hat der ihm offenbarten Beschwerde entgegenzuwirken und falls nötig beim Verleiher auf Abhilfe zu drängen (§ 85 Abs. 1 BetrVG).[377]

c) Beteiligungsrechte des Betriebsrates

Ähnlich wie die Leiharbeitnehmer hat auch der Betriebsrat im Verleihbetrieb grundsätzlich die vollen betriebsverfassungsrechtlichen Beteiligungsmöglichkeiten.[378] Es ergeben sich auch hier Eigenheiten, die aus dem Leiharbeitsverhältnis resultieren. Grundsätzlich ist zu prüfen, ob die Ausübung des Mitbestimmungsrechtes eine arbeitsvertragliche Beziehung voraussetzt. Da diese nur mit dem Verleiher besteht, ist in solchen Fällen ausschließlich der Verleiher-betriebsrat zuständig.[379] Keine Möglichkeit zur Einflussnahme besteht hingegen bei Angelegenheiten, die aus dem Direktionsrecht des Entleihers resultieren.[380]

Die sich aus den §§ 75 und 80 BetrVG ergebenden allgemeinen Aufgaben des Betriebsrates beziehen sich sowohl auf Leiharbeitnehmer als auch auf Stammmitarbeiter im Verleihunternehmen, z.B. Disponenten.[381] Wie bei einem Normalarbeitsverhältnis erhält der Verleiherbetriebsrat bei der Einstellung, Eingruppierung oder Versetzung eines Leiharbeitnehmers ein Mitbestimmungsrecht nach § 99 BetrVG.[382] Die Eingruppierung ergibt sich durch die Anwendung des beim Verleiher bestehenden Entgeltschemas, welches in der Praxis zumeist durch einen Tarifvertrag geregelt

---

[374] Vgl. Schüren/Hamann, § 14 AÜG, Rn. 115; ErfK-Wank, § 14 AÜG, Rn. 4.
[375] Vgl. Schüren/Hamann, § 14 AÜG, Rn. 129.
[376] Vgl. ErfK-Wank, § 14 AÜG, Rn. 12.
[377] Vgl. Schüren/Hamann, § 14 AÜG, Rn. 103
[378] Vgl. Schüren/Hamann, § 14 AÜG, Rn. 332.
[379] Vgl. ErfK-Wank, § 14 AÜG, Rn. 14.
[380] Vgl. Schüren/Hamann, § 14 AÜG, Rn. 333.
[381] Vgl. ausführlich hierzu: Schüren/Hamann, § 14 AÜG, Rn. 347ff.
[382] Vgl. ausführlich hierzu: Richardi/Thüsing, § 99, Rn. 130ff.

wird.[383] Da die Vergütung des Leiharbeitnehmers ausschließlich durch den Verleiher vorgenommen wird, ist nur dessen Betriebsrat zu beteiligen.[384] Sind einem Leiharbeitnehmer gem. §§ 3 Abs. 1 Nr. 3, 9 Nr. 2 AÜG die wesentlichen Arbeitsbedingungen eines vergleichbaren Arbeitnehmer des Entleihers zu gewähren, handelt es sich hierbei um eine beteiligungspflichtige Umgruppierung.[385] Damit der Betriebsrat hierzu sein Überwachungsrecht i.S.d. § 80 Abs. 1 BetrVG wahrnehmen kann, hat der Verleiher ihn über die Arbeitsbedingungen des jeweiligen Entleihers zu unterrichten.[386]

Die Zuweisung eines neuen Kundeneinsatzes stellt keine Versetzung i.S.d. § 95 Abs. 3 Satz 2 BetrVG dar, da Leiharbeitnehmer aufgrund der Eigenart ihrer Tätigkeit ständig an wechselnden Arbeitsplätzen beschäftigt sind.[387] Hieraus ergibt sich kein Mitbestimmungsrecht für den Verleiherbetriebsrat nach § 99 BetrVG.[388] Bei der Umwandlung eines Stammarbeitsverhältnisses in ein Leiharbeitsverhältnis stattfindet, wie es z.B. bei Mischbetrieben vorkommen kann, liegt hingegen eine mitbestimmungspflichtige Versetzung gem. § 95 Abs. 3 BetrVG vor. Die Zuweisung eines anderen Arbeitsbereiches geht in diesem Fall mit erheblichen Veränderungen der Arbeitsumstände einher.[389]

Vor der Beendigung eines Leiharbeitsverhältnisses ist der Betriebsrat im Verleihbetrieb anzuhören (§ 102 Abs. 1 BetrVG). Eine Abweichung zum Normal-arbeitsverhältnis ergibt sich, wenn der Betriebsrat dieser Kündigung mit der Begründung widerspricht, dass ein freier Arbeitsplatz in einem Betrieb desselben Unternehmens zur Verfügung steht, auf dem der Leiharbeitnehmer weiterbeschäftigt werden kann (§ 102 Abs. 3 Nr. 3 BetrVG). Grundsätzlich wäre hierbei nur auf den Betrieb oder das Unternehmen des Verleihers abzuzielen, durch die Besonderheit des Leiharbeitsverhältnisses kommt zusätzlich ein entsprechender Arbeitsplatz bei einem anderen Entleiher in Frage.[390] Dagegen besteht kein Mitbestimmungsrecht gem.

---

[383] Vgl. ErfK-Kania, § 99 BetrVG, Rn. 11; Schüren/Hamann, § 14 AÜG, Rn. 345a.
[384] BAG, Beschluss vom 14.05.1974 - 1 ABR 40/73, BB 1974, S. 1071; LAG Düsseldorf, Beschluss vom 26.01.2007 - 17 TaBV 109/06, jurisPR-ArbR 32/2007 Anm. 3, mit Anmerkung Kloppenburg.
[385] Vgl. Fitting, § 99, Rn. 83f.; Hamann, NZA 2003, S. 526ff. (531f.).
[386] Vgl. HK-ArbR/Lorenz, § 14 AÜG, Rn. 26.
[387] Vgl. Fitting, § 99, Rn. 156; Schüren/Hamann, § 14 AÜG, Rn. 342.
[388] Vgl. BAG, Beschluss vom 19.06.2001 - 1 ABR 43/00, BB 2001, S. 2582ff.
[389] Vgl. Kittner/Zwanziger, Bachner, § 131, Rn. 177; Hamann, NZA 2003, S. 526ff. (532).
[390] Vgl. Schüren/Hamann, § 14 AÜG, Rn. 398.

§§ 102, 103 BetrVG, wenn der Einsatz des Leiharbeitnehmers bei einem Entleiher beendet wird, da das Leiharbeitsverhältnis dadurch nicht beendet wird.[391]

In sozialen Angelegenheiten können bestimmte Sachverhalte durch den Verleiherbetriebsrat auch mit Wirkung für Einsätze bei einem Entleiher geregelt werden. Hierfür sind die Mitbestimmungsrechte des § 87 Abs. 1 BetrVG heranzuziehen.[392] Der Verleiher kann mit seinem Betriebsrat Regelungen vereinbaren, die sich auch auf das Verhalten der Arbeitnehmer im Entleihbetrieb beziehen (§ 87 Abs. 1 Nr. 1 BetrVG), als Beispiel sind hier Fragen zur Meldung bei Arbeitsunfähigkeit zu nennen.[393]

Für die Lage der Arbeitszeit im Entleihbetrieb ist ausschließlich der Betriebsinhaber zuständig, so dass sich ein Mitbestimmungsrecht gem. § 87 Abs. 1 Nr. 2 BetrVG nur für den Entleiherbetriebsrat ergibt.[394] Soweit beim Verleiher grundsätzlich eine geringere Arbeitszeit vorgesehen ist, führt der Einsatz im Entleihbetrieb für den Leiharbeitnehmer zu Mehrarbeit. Da der Verleiher durch die Zuweisung eines Kundeneinsatzes sein Weisungsrecht ausübt, ist dessen Betriebsrat in diesem Fall des § 87 Abs. 1 Nr. 3 BetrVG zu beteiligen.[395] Verändert der Entleiher die betriebliche Arbeitszeit erst während des Leiharbeitnehmereinsatzes, ist nur der dort gewählte Betriebsrat zu beteiligen.[396] Angelegenheiten bezüglich der Urlaubsgewährung oder des Arbeitsentgeltes betreffen die alleinige Kompetenz des Verleihers, so dass in den Fällen des § 87 Abs. 1 Nr. 4, 5, 10, 11 BetrVG das Mitbestimmungsrecht nur bei dem Verleiherbetriebsrat liegt.[397]

2. Betriebsverfassungsrechtliche Stellung im Entleihbetrieb

Die betriebsverfassungsrechtliche Stellung von Leiharbeitnehmern im Entleihbetrieb ist umstritten.[398] Gem. § 14 Abs. 1 AÜG bleiben Leiharbeitnehmer auch während der Überlassung an einen Entleiher Arbeitnehmer des Verleihers. Hieraus folgern die Rechtsprechung und die h.M. der Literatur, dass Leiharbeitnehmer allein dem

[391] Vgl. Unger-Hellmich, AuA 2008, S. 660ff. (661).
[392] Vgl. ausführlich zu den einzelnen Rechten: Schüren/ Hamann, § 14 AÜG, Rn. 354ff.
[393] Vgl. HK-ArbR/Lorenz, § 14 AÜG, Rn. 11.
[394] Vgl. BAG, Beschluss vom 15.12.1992 - 1 ABR 38/92, NZA 1993, S. 513ff.
[395] Vgl. BAG, Beschluss vom 19.06.2001 - 1 ABR 43/00, BB 2001, S. 2582ff. mit Anmerkung Ankersen.
[396] Vgl. Böhm/Böhm, Rn. 936, Dörner, FS-Wissmann 2005, S. 286ff. (291); Hayen, AiB 2003, S. 527ff. (534).
[397] Vgl. Böhm/Böhm, Rn. 918.
[398] Vgl. zum aktuellen Meinungsstand: Schüren/Hamann, § 14 AÜG, Rn. 19ff.

Verleihbetrieb angehören.[399] Dies wird jedoch von einem anderen Teil der Literatur kritisiert.[400] Die alleinige Zuordnung zum Verleihbetrieb ist danach nicht mit der Schutzfunktion des BetrVG vereinbar, da bestimmte Mitbestimmungsrechte nur durch den Betriebsrat des Entleihbetriebes wahrgenommen werden können.[401] Die Vertreter dieser Meinung bejahen aufgrund der für die Arbeitnehmerüberlassung typischen Aufspaltung der Arbeitgeberbefugnisse eine doppelte Betriebszugehörigkeit der Leiharbeitnehmer.[402] Für die betriebsverfassungsrechtliche Zuordnung ist der Arbeitnehmerbegriff des § 5 BetrVG heranzuziehen.[403] Die daraus folgende sog. „Zwei-Komponenten-Lehre“ oder „Kumulationstheorie“ verlangt neben der Eingliederung in die Betriebsorganisation eine arbeitsvertragliche Beziehung zum Betriebsinhaber.[404] Letzteres fehlt im Entleihbetrieb. Leiharbeit-nehmer bleiben gem. § 14 Abs. 2 Satz 1 AÜG auch während der Überlassung dem Verleihbetrieb zugeordnet und sind somit keine Arbeitnehmer des Entleihers.[405] Die Mindermeinung, die lediglich auf die Eingliederung in die Betriebsorganisation des Entleihers und das damit verbundene Direktionsrecht abzielen,[406] überzeugt nicht. Der h.M. folgend, regelt §§ 14 Abs. 2 Satz 2 und 3 AÜG Betriebsverfassungsrechte im Entleihbetrieb, die Leiharbeitnehmern aufgrund mangelnder Betriebs-zugehörigkeit nicht zustehen würden.[407] Somit ergeben sich die im folgenden Abschnitt dargestellten zusätzlichen Rechte für Leiharbeitnehmer und Betriebsräte im Entleihbetrieb.

a) Wahlrecht der Leiharbeitnehmer

Durch das Betriebsverfassungsreformgesetz[408] wurde im Jahr 2001 § 7 BetrVG geändert. Ziel dieser Reform war es, der Erosion der betrieblichen Mitbestimmung durch den zunehmenden Einsatz von Leiharbeitnehmern entgegenzuwirken und den

---

[399] BAG, Beschluss vom 22.03.2000 - 7 ABR 34/98, BB 2000 S. 2098ff.; BAG, Beschluss vom 20.04.2005 - 7 ABR 20/04, BB 2006, S. 383ff.; ErfK-Wank, § 14 AÜG, Rn. 4; Brors, NZA 2002, S. 123ff. (124).

[400] Vgl. Schüren/Hamann, § 14 AÜG, Rn. 28ff.; Ulber, § 14, Rn. 9; Hamann, NZA 2003, S. 526ff.

[401] Vgl. Schüren/Hamann, § 14 AÜG, Rn. 39.

[402] Vgl. ausführlich hierzu: Schüren/Hamann, § 14 AÜG, Rn. 29ff. m.w.N.

[403] Vgl. ErfK-Eisemann/Koch, § 7 BetrVG, Rn. 1.

[404] BAG, Beschluss vom 16.04.2003 - 7 ABR 53/02, NZA 2003, S. 1345ff.; BAG, Beschluss vom 10.03.2004 - 7 ABR 49/03, DB 2004, S. 1836ff., mit Anmerkung Hamann; ErfK-Eisemann/Koch, § 7 BetrVG, Rn. 2; Richardi/Richardi, § 5, Rn. 89ff.; Kreutz, FS-Wissmann 2005, S. 364ff. (366ff.).

[405] Vgl. BAG, Beschluss vom 16.04.2003 - 7 ABR 53/02, NZA 2003, S. 1345ff.; BAG, 10.03.2004 - 7 ABR 49/03, DB 2004, S. 1836.

[406] Vgl. Schüren/Hamann, § 14 AÜG, Rn. 28ff.; Ulber, § 14, Rn. 9; Hamann, NZA 2003, S. 526ff.

[407] Vgl. ErfK-Wank, § 14 AÜG, Rn. 5.

[408] BetrVG-Reformgesetz vom 23.07.2001: BGBl. I, S.1852 ff.

betriebsverfassungsrechtlichen Schutz der Leiharbeitnehmer zu verbessern.[409] Aus diesem Grund wurde ein neuer § 7 Abs. 2 BetrVG erschaffen, der sich auf Arbeitnehmer bezieht, die in keinem Arbeitsverhältnis mit dem Betriebsinhaber stehen und somit auch für Leiharbeitnehmer gilt.[410] Daraus und aus der Regelung in § 14 Abs. 2 Satz 1 AÜG geht hervor, dass Leiharbeitnehmer nicht im Entleihbetrieb zum Betriebsrat wählbar sind, aber nach dreimonatiger Betriebszugehörigkeit über ein aktives Wahlrecht verfügen. Entsprechendes gilt für die Aufsichtsratswahlen.[411] Das aktive und passive Wahlrecht im Verleihbetrieb wird hiervon nicht berührt und besteht weiterhin.[412] Maßgeblich für das aktive Wahlrecht im Entleihbetrieb ist die mindestens dreimonatige Überlassung eines Leiharbeitnehmers an denselben Entleiher. Heranzuziehen ist die Vereinbarung im Arbeitnehmerüberlassungsvertrag oder eine entsprechende Prognose.[413] Da das aktive Wahlrecht ab dem ersten Tag der Überlassung besteht, ist es unerheblich ob die vollen drei Monate am Wahltermin bereits ausgeschöpft sind.[414] Auch einem Leiharbeitnehmer, der am Wahltermin erst eine Woche im Betrieb ist, steht das aktive Wahlrecht zu, wenn sein Einsatz im Entleihbetrieb für mindestens drei Monate geplant ist.[415] Wird ein ursprünglich für die Einsatzdauer von vier Monaten eingesetzter Leiharbeitnehmer nach zwei Monaten durch einen anderen Leiharbeitnehmer ausgetauscht, kann keiner der beiden Leiharbeitnehmer den Betriebsrat mitwählen, wenn die Wahl im dritten Monat stattfindet.[416] Dies folgt daraus, dass das Wahlrecht ein personenbezogenes Recht ist und keiner der beiden Leiharbeitnehmer die dreimonatige Betriebszugehörigkeit erfüllt.[417] Die Unterbrechung der Überlassung an einen Entleiher führt jedoch nicht in jedem Fall zum Wegfall des Wahlrechts. Wenn zwischen den verschiedenen Einsätzen des Leiharbeitnehmers ein Sachzusammenhang besteht, können die jeweiligen Einsatzdauern zusammengerechnet werden.[418] Ferner steht das aktive Wahlrecht auch streikenden Leiharbeitnehmern im Entleihbetrieb zu.[419]

---

[409] Vgl. BT-Drucks. 14/5741, S. 1, 36.
[410] Vgl. ErfK-Eisemann/Koch, § 7 BetrVG, Rn. 6; Kreuz (2005), S. 364ff.
[411] Vgl. BT-Drucks. 14/5741, S. 56; ausführlich hierzu: Schüren/Hamann, § 14 AÜG, Rn. 63ff.
[412] Vgl. BT-Drucks. 14/5741, S. 36; Löwisch, BB 2001, S. 1733ff. (1737); Maschmann, DB 2001, S. 2446ff.
[413] Vgl. Schüren/Hamann, § 14 AÜG, Rn. 52ff., Däubler, AiB 2001, S. 684ff. (686).
[414] Vgl. BT-Drucks. 14/5741, S. 36; Däubler, AiB 2001, S. 684ff. (686).
[415] Vgl. ArbG Düsseldorf, Beschluss vom 02.06.2006 - 13 BV 55/06, juris.
[416] Vgl. Klebe BetrVG, § 7 BetrVG, Rn. 5.
[417] Vgl. Fitting, § 7, Rn. 61.
[418] Vgl. ausführlich hierzu und mit weiteren Beispielen: Fitting, § 7, Rn. 60ff.
[419] Vgl. ArbG Düsseldorf, Beschluss vom 02.06.2006 - 13 BV 55/06, juris.

Eine Ausnahme hiervon ergibt sich lediglich in Bezug auf das fingierte Arbeitsverhältnis zwischen Entleiher und Leiharbeitnehmer gem. §§ 9 Nr. 1, 10 Abs. 1 AÜG.[420] Durch die Rechtsfolge der unerlaubten gewerbsmäßigen Arbeitnehmerüberlassung wird der Leiharbeitnehmer zu einem Arbeitnehmer des Entleihers i.S.d. § 5 BetrVG. Da es unerheblich ist, ob das Arbeitsverhältnis zum Entleiher durch Vertrag oder kraft Gesetz zustande gekommen ist[421], ist der ehemalige Leiharbeitnehmer auch zum Betriebsrat wählbar, die Einschränkung des § 7 Abs. 2 BetrVG findet keine Anwendung.[422]

Bei der für die Anzahl der Mandate des Betriebsrates maßgeblichen Ermittlung der Betriebsgröße i.S.d. § 9 BetrVG werden Leiharbeitnehmer im Entleihbetrieb nicht berücksichtigt.[423] Auch § 38 Abs. 1 BetrVG gilt nicht für Leiharbeitnehmer, sie zählen nicht mit bei der Ermittlung der Schwellenwerte für die Anzahl der Freistellung von Betriebsratsmitgliedern.[424] Zur Bemessung der genannten Werte ist der Arbeitnehmerbegriff des § 5 BetrVG heranzuziehen, wovon Leiharbeitnehmer im Entleihbetrieb nicht erfasst werden.[425] Die daraus folgende Formel „Leiharbeitnehmer wählen ohne zu zählen“[426] wird in der Literatur häufig kritisiert.[427] Der Entleiherbetriebsrat repräsentiert zusätzlich zur Stammbelegschaft auch die Leiharbeitnehmer im Betrieb und ist dadurch einem erhöhten Arbeitsaufwand ausgesetzt.[428] Als Hauptkritikpunkt wird angeführt, dass diesem Umstand nicht durch die Berücksichtigung der Beschäftigten bei den Schwellenwerten Rechnung getragen wird.[429] Es besteht keine Beschränkung der Überlassungsdauer mehr, Leiharbeitnehmer können zumindest theoretisch auf unbegrenzte Dauer an einen Entleiher überlassen werden und weisen somit eine stärkere Bindung zum Entleih- als zum Verleihbetrieb auf. Aus diesem Grund wird kritisiert, dass die Rechtsprechung zur Nichtberücksichtigung von Leiharbeitnehmern bei den Schwellenwerten nicht mehr

---

420 Vgl. Richardi/Richardi, § 5, Rn. 98; Brors, NZA 2002, S. 123ff. (125).
421 Vgl. Fitting, § 5, Rn. 18f.; § 7 Rn. 19.
422 Vgl. Richardi/Richardi, § 5, Rn. 98.
423 BAG, Beschluss vom 16.04.2003 - 7 ABR 53/02, NZA 2003, S. 1345ff.
424 BAG, Beschluss vom 22.10.2003 - 7 ABR 3/03, DB 2004, S. 939ff.
425 Vgl. ErfK-Wank, § 14 AÜG, Rn. 7, Brose, NZA 2005, S. 797ff. (798).
426 Vgl. Brors, NZA 2003, S. 1380ff.; so auch bereits: Hanau, NJW 2001, S. 2513ff. (2515); Maschmann, DB 2001, S. 2446ff. (2448).
427 Vgl. HK-ArbR/Lorenz, § 14 AÜG, Rn. 36; Schüren/Hamann, § 14 AÜG, Rn. 110; Däubler, AuR 2004, S. 81ff.; Reichold, NZA 2001, S. 857ff. (861); so auch: Brors/Schüren, BB 2004, S. 2745ff. (2751), wonach Leiharbeitnehmer, die zeitlich unbegrenzt überlassen werden, mitzählen.
428 Siehe hierzu E) I. 3) Die betriebliche Praxis.
429 Vgl. HK-ArbR/Lorenz, § 14 AÜG, Rn. 36; Schüren/Hamann, § 14 AÜG, Rn. 110; Däubler, AuR 2004, S. 81ff.

aktuell ist.[430] Hinsichtlich des zunehmenden Einsatzes von Leiharbeitnehmern wird von einem Teil der Literatur angenommen, dass die betriebsverfassungsrechtliche Zuordnung von Leiharbeitnehmer eine Änderung erfahren wird.[431]

b) Rechte der Leiharbeitnehmer

§ 14 Abs. 2 Satz 2 und 3 AÜG enthält nicht abschließende[432] betriebsverfassungsrechtliche Möglichkeiten, die Leiharbeitnehmer im Entleihbetrieb wahrnehmen können. Der Rechtsprechung ist es freigestellt, diese beispielhafte Aufzählung zu ergänzen und somit den betriebsverfassungsrechtlichen Schutz der Leiharbeitnehmer im Entleihbetrieb auszuweiten.[433]

Leiharbeitnehmer sind berechtigt, die Sprechstunden des Betriebsrates im Entleihbetrieb aufzusuchen und an Betriebs- und Jugendversammlungen teilzunehmen (§ 14 Abs. 2 Satz 2 AÜG). Dies schränkt das Recht, an den jeweiligen Veranstaltungen im Verleihbetrieb teilzunehmen, nicht ein.[434] Da Leiharbeitnehmer die Sprechstunden des Betriebsrates (§ 39 BetrVG) oder der Jugend- und Auszubildendenvertretung (§ 69 BetrVG) während der Arbeitszeit aufsuchen können, haben sie auch für diese Zeit einen Vergütungsanspruch, wenn der Besuch erforderlich war.[435] Auf der Grundlage des Leiharbeitsvertrages ist der Verleiher Schuldner dieser Vergütung.[436] Grundsätzlich hat der Entleiher in diesem Fall die Überlassungsvergütung zu zahlen, da er die Wahrnehmung von Betriebsverfassungsrechten wie bei seinen Stammarbeitnehmern als Teil der Arbeitsleistung hinnehmen muss.[437] Im Überlassungsvertrag mit dem Verleiher können jedoch hiervon abweichende Vereinbarungen getroffen werden.[438]

Durch den Verweis in § 14 Abs. 2 Satz 3 AÜG kommen Leiharbeitnehmern auch im Entleihbetrieb die betriebsverfassungsrechtlichen Individualrechte i.S.d. §§ 81, 82 Abs. 1, 84, 85, 86 BetrVG zu. Hieraus folgt beispielsweise, dass den Entleiher die entsprechenden Unterrichtungs- und Erörterungspflichten des § 81 BetrVG treffen. Von besonderer Bedeutung ist die Belehrung über Schutzmaßnahmen im Entleihbetrieb

---

430 Vgl. Schüren/Hamann, § 14 AÜG, Rn. 107a; Brors, NZA 2003, S. 1380ff. (1381f.); Däubler AuR 2004, S. 81ff. (82).

431 Vgl. Blanke, DB 2008, S. 1153ff. (1158f.); Dörner, FS-Wissmann 2005, S. 286ff. (296), der einen Abschied von der Kumulationstheorie für möglich hält.

432 Vgl. Schüren/Hamann, § 14 AÜG, Rn. 73 m.w.N.

433 Vgl. ebd.

434 Vgl. ErfK-Wank, § 14 AÜG, Rn. 9.

435 Vgl. zur Erforderlichkeit des Besuches: Fitting, § 39, Rn. 29f.

436 Vgl. Schüren/Hamann, § 14 AÜG, Rn. 80.

437 Vgl. ErfK-Wank, § 14 AÜG, Rn. 9; Schüren/Hamann, § 14 AÜG, Rn. 81.

438 Vgl. ebd.

zur Abwendung von Unfall- und Gesundheitsgefahren nach § 81 Abs. 1 Satz 2 BetrVG, da der Verleiher regelmäßig nicht in der Lage ist, diese Unterrichtungspflicht im Entleihbetrieb wahrzunehmen.[439]

Der Leiharbeitnehmer hat die Möglichkeit, bei betrieblichen Angelegenheiten, die seine Person betreffen, initiativ zu werden (§ 82 Abs. 1 BetrVG).[440] Bezüglich der daraus resultierenden Anhörungs- und Vorschlagsrechte ist zwischen der Zuständigkeit des Verleih- und des Entleihbetriebes zu differenzieren. An den Verleiher sind beispielsweise Fragen bezüglich des Urlaubs oder der Vergütung zu stellen, wohingegen der Entleiher ausschließlich für Fragen, die mit dem Arbeits-einsatz in seinem Betrieb zusammenhängen zuständig ist.[441] Außerdem stehen Leiharbeitnehmern, wenn sie sich während des Fremdfirmeneinsatzes benachteiligt oder ungerecht behandelt fühlen, Beschwerderechte gegenüber dem Entleiher und dem Entleiherbetriebsrat zu (§ 84-86 BetrVG). Darüber hinaus ist der Entleiher gem. § 75 BetrVG verpflichtet, Leiharbeitnehmer nach den Grundsätzen von Recht und Billigkeit zu behandeln und die Entfaltung ihrer Persönlichkeit zu schützen und zu fördern.[442]

c) *Beteiligungsrechte des Betriebsrates*

Nach § 80 Abs. 2 Satz 1 BetrVG ist der Betriebsrat auch über Beschäftigte zu unterrichten, die nicht in einem Arbeitsverhältnis mit dem Betriebsinhaber stehen. Dies gilt auch für Leiharbeitnehmer.[443] Der Betriebsrat hat nach § 80 Abs. 1 Nr. 4 BetrVG auch deren Eingliederung in den Entleihbetrieb zu fördern. Darüber hinaus regelt § 14 Abs. 3 AÜG weitere Rechte im Zusammenhang mit dem Einsatz von Leiharbeitnehmern.

Gem. § 99 BetrVG i.V.m. § 14 Abs. 3 Satz 1 AÜG ist der Betriebsrat des Entleihers bei jeder Übernahme eines Leiharbeitnehmers zu beteiligen. Übernahme bedeutet in diesem Fall die Eingliederung des Leiharbeitnehmers in die Betriebsorganisation des Entleihers durch Zuweisung eines Arbeitsbereiches.[444] Mitbestimmungspflichtig ist demnach erst die konkrete Arbeitsaufnahme durch den Leiharbeitnehmer, nicht bereits die Aufnahme

---

[439] Vgl. Schüren/Hamann, § 14 AÜG, Rn. 75.
[440] Vgl. ErfK-Wank, § 14 AÜG, Rn. 11.
[441] Vgl. Schüren/Hamann, § 14 AÜG, Rn. 91.
[442] Vgl. Schüren/Hamann, § 14 AÜG, Rn. 106.
[443] Vgl. HK-ArbR/Lorenz, § 14 AÜG, Rn. 47.
[444] Vgl. ErfK-Kania, § 99 BetrVG, Rn. 7f.; Hamann, NZA 2003, S. 526ff. (533); Wensing/Freise, BB 2004, S. 2238ff. (2239).

in einen Stellenpool.[445] Umstritten ist, ob es sich bei dem Verweis in § 14 Abs. 3 Satz 1 AÜG auf § 99 BetrVG um eine Rechtsgrund- oder eine Rechtsfolgenverweisung handelt. Bei Annahme einer Rechtsgrundverweisung besteht das Beteiligungsrecht des Betriebsrates nur, wenn im Unternehmen des Entleihers mindestens 20 wahlberechtigte Arbeitnehmer beschäftigt werden.[446]

Der Entleiher muss seinen Betriebsrat umfassend über jeden geplanten Leiharbeitnehmereinsatz unterrichten. Hierzu gehören Angaben über Person (soweit bereits bekannt) und Anzahl der Leiharbeitnehmer, Einsatzdauer und Arbeitszeit, den vorgesehenen Arbeitsplatz, die Art der Tätigkeit, die berufliche Qualifikation der Leiharbeitnehmer und die Auswirkungen der geplanten Übernahme.[447] Der Entleiher kann seinem Betriebsrat jedoch nur das mitteilen, was ihm selbst bekannt ist.[448] Daraus ergibt sich, dass die Vorlage der Bewerbungsunterlagen oder die Dokumentation der Höhe des Arbeitsentgeltes oftmals nicht erforderlich ist, da diese Unterlagen allein das Verhältnis zwischen Leiharbeitnehmer und Verleiher betreffen und dem Entleiher regelmäßig nicht vorliegen.[449] Außerdem ist dem Betriebsrat gem. § 14 Abs. 3 Satz 2 AÜG die schriftliche Erklärung des Verleihers über den Besitz der Verleiherlaubnis vorzulegen, was in der Regel durch die Vorlage des Arbeitnehmerüberlassungsvertrages geschieht.[450] Mitteilungen des Verleihers über den Wegfall der Erlaubnis muss der Entleiher unverzüglich an seinen Betriebsrat weiterleiten (§ 14 Abs. 3 Satz 3 AÜG). Das Mitbestimmungsrecht ergibt sich erneut bei der Verlängerung des Einsatzes oder beim Austausch durch einen anderen Leiharbeitnehmer.[451] Bei der Übernahme des Leiharbeitnehmers in ein festes Arbeitsverhältnis ist § 99 BetrVG direkt anzuwenden.[452] Wird der Betriebsrat nur unzureichend oder überhaupt nicht informiert, greifen die allgemeinen Rechtsfolgen des § 99 BetrVG.[453]

---

[445] BAG, Beschluss vom 23.01.2008 - 1 ABR 74/06, NZA 2008, S. 603ff.

[446] Vgl. Schüren/Hamann, § 14 AÜG, Rn. 144; Wensing/Freise, BB 2004, S. 2238ff.; für eine Rechtsfolgenverweisung: ErfK-Wank, § 14 AÜG, Rn. 18; Kittner/Zwanziger, Bachner, § 131, Rn. 167.

[447] Vgl. DKK/Bearbeiter, § 99, Rn. 133; Fitting, § 99, Rn. 178 m.w.N.

[448] Vgl. Richardi/Thüsing, § 99, Rn. 137.

[449] Vgl. BAG, Beschluss vom 18.10.1988 - 1 ABR 33/87, DB 1989, S. 530ff.; ErfK-Wank, § 14 AÜG, Rn. 22 m.w.N.

[450] Vgl. ErfK-Wank, § 14 AÜG, Rn. 21; Schüren/Hamann, § 14 AÜG, Rn. 164.

[451] Vgl. Schüren/Hamann, § 14 AÜG, Rn. 149ff. m.w.N.

[452] Vgl. Schüren/Hamann, § 14 AÜG, Rn. 152.

[453] Vgl. ausführlich hierzu: Schüren/Hamann, § 14 AÜG, Rn. 171ff.

Nach erfolgter Anhörung kann der Betriebsrat binnen einer Woche seine Zustimmung zu der geplanten Einstellung verweigern, wenn einer der in § 99 Abs. 2 BetrVG abschließend aufgezählten Gründe vorliegt.[454] Folglich kann er sein Zustimmungsverweigerungsrecht u.a. geltend machen, wenn durch den Einsatz des Leiharbeitnehmers gegen ein Gesetz, einen Tarifvertrag oder eine Betriebsvereinbarung verstoßen wird (§ 99 Abs. 2 Nr. 1 BetrVG). Mögliche Verweigerungsgründe sind das Fehlen der Überlassungserlaubnis des Verleihers oder z.B. ein Verstoß gegen ein Schutzgesetz.[455] Vorausgesetzt wird hierbei, dass die Beschäftigung eines Leiharbeitnehmers als solche einen Normenverstoß darstellt. Einzelne unzulässige Vertragsbedingungen begründen keinen Widerspruch des Betriebsrates.[456] Daraus folgt, dass der Entleiherbetriebsrat bei einem Verstoß gegen den Gleichbehandlungsgrundsatz seine Zustimmung zur geplanten Einstellung eines Leiharbeitnehmers nicht verweigern kann.[457] Hat sich der Entleiher mit seinem Betriebsrat auf eine bestimmte Auswahlrichtlinie i.S.d. § 95 BetrVG geeinigt, wie z.B. nur ein bestimmtes Kontingent an Leiharbeitnehmern zu beschäftigen, berechtigt ein Verstoß hiergegen den Betriebsrat zum Widerspruch (§ 99 Abs. 2 Nr. 2 BetrVG).[458] Ein weiteres Recht zur Zustimmungsverweigerung ergibt sich, wenn andere Arbeitnehmer durch die Einstellung des Leiharbeitnehmers benachteiligt werden (§ 99 Abs. 2 Nr. 3 BetrVG). Die bloße Besorgnis, dass der Entleiher durch den dauerhaften Einsatz von Leiharbeitnehmern Stammpersonal abbauen will, berechtigt jedoch den Betriebsrat nicht zum Widerspruch.[459] Die Möglichkeit der Einstellung zu widersprechen besteht außerdem, wenn der Leiharbeitnehmer im Entleihbetrieb für Arbeiten eingesetzt werden soll, die wegen ihrer Schwere und Unbequemlichkeit nicht von Stammarbeitnehmern ausgeführt werden.[460] In diesem Fall liegt eine unberechtigte Benachteiligung des Leiharbeit-nehmers i.S.d § 99 Abs. 2 Nr. 4 BetrVG vor. Darüber hinaus kann der Betriebsrat die Zustimmung zum Einsatz eines Leiharbeitnehmers verweigern, wenn der

[454] Vgl. Wensing/Freise, BB 2004, S. 2238ff. (2241).

[455] Vgl. Fitting, § 99, Rn. 188ff. mit weiteren Beispielen.

[456] Das Zustimmungsverweigerungsrecht stellt dem Betriebsrat kein Mittel zur Inhaltskontrolle des Leiharbeitsvertrages zur Verfügung. So auch: BAG, Beschluss vom 28.03.2000, 1 ABR 16/99, BB 2000, S. 2311ff.; BAG, Beschluss vom 14.12.2004, 1 ABR 54/03, DB 2005, S. 729ff.

[457] BAG, Beschluss vom 25.01.2005 - 1 ABR 61/03, BB 2005, S. 2189ff.; diese Entscheidung bezog sich auf die nicht gewerbsmäßige Arbeitnehmerüberlassung, im Ergebnis wird dies jedoch auch auf die gewerbsmäßige Arbeitnehmerüberlassung übertragen, so auch: Schüren/Hamann, § 14 AÜG, Rn. 191 m.w.N.

[458] Vgl. HK-ArbR/Lorenz, § 14 AÜG, Rn. 51; Wensing/Freise, BB 2004, S. 2238ff. (2242).

[459] Vgl. LAG Niedersachsen, Beschluss vom 20.02.2007 - 9 TaBV 107/05, EzAÜG § 1 AÜG Konzerninterne Arbeitnehmerüberlassung Nr. 18.

[460] Vgl. ErfK-Wank, § 14 AÜG, Rn. 24; Schüren/Hamann, § 14 AÜG, Rn. 204.

Entleiher die zu besetzende Position nicht vorher gem. § 93 BetrVG intern ausgeschrieben hat (§ 99 Abs. 2 Nr. 5 BetrVG).[461]

Da auch § 14 Abs. 3 AÜG keine abschließende Aufzählung der Befugnisse enthält,[462] ist der Entleiherbetriebsrat immer auch dann für Leiharbeitnehmer zuständig, wenn mitbestimmungspflichtige Maßnahmen vorliegen, die aus dem Direktionsrecht des Entleihers resultieren.[463] Somit verfügt er nur über Mitbestimmungsrechte, wenn diese an die Eingliederung des Leiharbeitnehmers in den Entleihbetrieb anknüpfen oder wenn die Betriebsordnung des Entleihers betroffen ist.[464] Dieser Grundsatz bezieht sich u.a. auf die in § 87 Abs. 1 BetrVG geregelten Mitbestimmungsrechte in sozialen Angelegenheiten.[465] Dem Entleiherbetriebsrat stehen in der Regel Beteiligungsrechte bezüglich der Zuweisung bestimmter Arbeitsbereiche, der Lage der Arbeitszeit oder der Nutzung von Sozialeinrichtungen im Entleihbetrieb zu.[466] Die Wahrnehmung des betriebs-verfassungsrechtlichen Schutzes bei der Festlegung von Lage und Verteilung der Arbeitszeit gem. § 87 Abs. 1 Nr. 2 BetrVG steht im Entleihbetrieb nur dem dort ansässigen Betriebsrat zu, da der Verleiherbetriebsrat über keine betriebsverfassungsrechtlichen Befugnisse im Entleihbetrieb verfügt.[467] Bei der Einführung von technischen Überwachungseinrichtungen i.S.d. § 87 Abs. 1 Nr. 6 BetrVG erstreckt sich das Mitbestimmungsrecht des Entleiherbetriebsrates auch auf die dort eingesetzten Leiharbeitnehmer.[468] Außerdem kann der Betriebsrat in Bezug auf die überlassenen Leiharbeitnehmer bei Fragen des Arbeitschutzes, des betrieblichen Umweltschutzes und der Gestaltung von Arbeitsplatz und Arbeitsbedingungen mitbestimmen (§§ 87 Abs. 1 Nr. 7, 89, 90, 91 BetrVG).[469]

Darüber hinaus ist der Entleiherbetriebsrat bei den allgemeinen personellen Angelegenheiten der §§ 92 - 95 BetrVG zu beteiligen. So kann er beispielhaft im Rahmen der Personalplanung Vorschläge zur Sicherung und Förderung der Beschäftigung machen, welche auch die Übernahme von Leiharbeitnehmern beinhalten

---

[461] Vgl. Melms/Lipinski, BB 2004, S. 2409ff. (2414); Wensing/Freise, BB 2004, S. 2238ff. (2243).

[462] Vgl. BT-Drucks. 9/847, S. 9.

[463] Vgl. BAG, Beschluss vom 15.12.1992 - 1 ABR 38/92, NZA 1993, S. 513ff.; BAG, Beschluss vom 19.06.2001 - 1 ABR 43/00, DB 2001, S. 2301ff.

[464] Vgl. Böhm/Böhm, Rn. 918.

[465] Vgl. ErfK-Kania, § 87 BetrVG, Rn. 5; Schüren/Hamann, § 14 AÜG, Rn. 233ff.

[466] Vgl. zur Darstellung aller Angelegenheiten des § 87 Abs. 1 BetrVG: Schüren/Hamann, § 14 AÜG, Rn. 233ff.

[467] Vgl. BAG, Beschluss vom 19.06.2001 - 1 ABR 43/00, DB 2001, S. 2301ff.

[468] Vgl. Schüren/Hamann, § 14 AÜG, Rn. 259.

[469] Vgl. HK-ArbR/Lorenz, § 14 AÜG, Rn. 64.

können. Der Entleiher muss gem. § 92 a BetrVG mit seinem Betriebsrat über diese Vorschläge beraten und kann sie nur begründet ablehnen.[470]

Nicht mitbestimmungspflichtig ist die vorzeitige Beendigung des Arbeitseinsatzes eines Leiharbeitnehmers, die §§ 102, 103 BetrVG kommen nur bei der Beendigung des Leiharbeitsverhältnisses im Verleihbetrieb zur Anwendung. Der Entleiherbetriebsrat kann jedoch bei Störung des Betriebsfriedens durch einen Leiharbeitnehmer nach § 104 BetrVG die vorzeitige Beendigung der Überlassung verlangen.[471] Auch bei der Mitbestimmung in wirtschaftlichen Angelegenheiten nach §§ 106-113 BetrVG ist eine arbeitsvertragliche Beziehung zum Betriebsinhaber maßgeblich, so dass Leiharbeitnehmer z.B. im Rahmen einer Betriebsänderung nur vom Betriebsrat im Verleihbetrieb vertreten werden.[472]

3. Die betriebliche Praxis

Aufgrund der hohen Fluktuation und der ständig wechselnden Einsätze bei verschiedenen Entleihern kommt es selten zur Bildung eines Betriebsrates in Verleihbetrieben.[473] Die Möglichkeit sich zum Betriebsrat wählen zu lassen, ist gem. § 8 Abs. 1 BetrVG an eine mindestens sechsmonatige Betriebszugehörigkeit geknüpft. Aufgrund der kurzen Vertragsdauer zwischen Verleiher und Leiharbeitnehmer ist die Ausübung des passiven Wahlrechts praktisch von geringer Bedeutung.[474] Vereinzelte Verleihbetriebe können einen Betriebsrat vorweisen,[475] wobei die Mehrzahl über keine Arbeitnehmervertretung verfügt.[476] Dies erklärt auch, warum die Zusammenarbeit von Verleiher- und Entleiherbetriebsrat in der Praxis keine große Rolle spielt.[477]

In einer Studie der Hans Böckler Stiftung aus dem Jahr 2007 wurde die betriebliche Mitbestimmung von Leiharbeitnehmern in Entleihbetrieben untersucht.[478] Grundlage dieser Auswertung von Wassermann und Rudolph ist eine sowohl schriftliche als auch teilweise mündliche Befragung von Entleiherbetriebsräten.[479] Da der Fokus dieser Umfrage auf Betrieben liegt, die einen überdurchschnittlich hohen

[470] Vgl. Hayen, AiB 2003, S. 527ff. (533).
[471] Vgl. Schüren/Hamann, § 14 AÜG, Rn. 318.
[472] Vgl. Unger-Hellmich, AuA 2008, S. 660ff. (662).
[473] Vgl. BT-Drucks. 14/4220, S. 20; Schüren/Hamann, § 14 AÜG, Rn. 113.
[474] Vgl. Schüren/Hamann, § 14 AÜG, Rn. 113.
[475] Dies ist z.B. bei den Marktführern Randstad oder Adecco der Fall.
[476] Vgl. Böhm/Böhm, Rn. 940; Promberger (2006), S. 137.
[477] Vgl. Wassermann/Rudolph (2007), S. 21.
[478] Wassermann/Rudolph (2007), Leiharbeit als Gegenstand betrieblicher Mitbestimmung.
[479] Vgl. zur Methodik der Studie: Wassermann/Rudolph (2007), S. 7f.

Leiharbeitnehmeranteil[480] aufweisen, stellen die Ergebnisse keine statistisch repräsentativen Werte dar.[481] Die Studie bietet jedoch Aufschlüsse über die Problematik der betrieblichen Mitbestimmung und Interessenvertretung von Leiharbeitnehmern in Entleihbetrieben.

Entleiherbetriebsräte agieren in einem Spannungsfeld, da sie einerseits den Einsatz von Leiharbeitnehmern zu beschränken versuchen, um Arbeitsplätze der Stammarbeitnehmer zu erhalten. Andererseits müssen zunehmend die Interessen der überlassenen Arbeitnehmer mitberücksichtigt werden, weil diese einen immer größeren Anteil der Wählerschaft ausmachen. Die Ausübung des aktiven Wahlrechtes von Leiharbeitnehmer in Entleihbetrieben hat eine geringe, aber dennoch wachsende Bedeutung. Der Anteil der an der Wahl eines Betriebsrates teilnehmenden Leiharbeitnehmer in Bezug auf alle Wahlberechtigten ist im Laufe der Jahre gestiegen und lag im Jahr 2006 bei 3,6%.[482] Zu beachten ist hierbei, dass die Mehrzahl der Leiharbeitnehmer unter drei Monate bei einem Entleiher beschäftigt ist und somit das Wahlrecht i.S.d. § 7 Abs. 2 BetrVG nicht erlangen können.

Ein weiteres Ergebnis der Studie ist, dass viele Leiharbeitnehmer und Betriebsräte ihre betriebsverfassungsrechtlichen Möglichkeiten womöglich durch Unkenntnis nicht in vollem Umfang ausschöpfen. Nur etwa die Hälfte der befragten Betriebsräte wird regelmäßig über den Umfang und die Art der Leiharbeitnehmereinsätze vom Arbeitgeber informiert.[483] Knapp 20% der Betriebsräte gaben an, gar keine Informationen über den Einsatz von Leiharbeitnehmern zu erhalten.[484] Es ist außerdem auffällig, dass Leiharbeitnehmer die Angebote der Entleiherbetriebsräte, wie z.B. Sprechstunden, ohne gezielte Ansprache nur selten wahrnehmen.[485] Die häufigsten Probleme, mit denen sich Leiharbeitnehmer an die Interessenvertretung im Entleihbetrieb wenden, sind die ungleiche Entlohnung im Vergleich zur Stammbelegschaft und die Hoffnung auf eine spätere Festanstellung im Entleihbetrieb.[486] Abweichend hierzu befassen sich in Entleihbetrieben abgeschlossene Betriebsvereinbarungen, die den Einsatz von Leiharbeitnehmern regeln, hauptsächlich mit

[480] Es wurden ausschließlich Betriebe berücksichtigt, in denen der Anteil der Leiharbeitnehmer an allen Wahlberechtigten bei der Betriebsratswahl im Jahr 2006 über 25% lag.
[481] Vgl. Wassermann/Rudolph (2007), S. 8.
[482] Vgl. Wassermann/Rudolph (2007), S. 5f.; diese Daten beziehen sich nur auf den Organisationsbereich der IG Metall.
[483] Vgl. Wassermann/Rudolph (2007), S. 23.
[484] Vgl. ebd.
[485] Vgl. Wassermann/Rudolph (2007), S. 18.
[486] Vgl. Wassermann/Rudolph (2007), S. 19.

anderen Themen.[487] So haben spezielle Vereinbarungen zwischen Betriebsrat und Arbeitgeber über den Einsatz von Leiharbeitnehmern häufig das Ziel, den Einsatz von Leiharbeitnehmern, z.B. durch Festlegen einer Höchstgrenze, zu beschränken.[488] Vereinbarungen, die auf die Übernahme der Leiharbeitnehmer in die Stammbelegschaft oder eine Angleichung der Entlohnung abzielen, sind weitaus seltener zu finden.[489]

Ob die Nichtberücksichtigung von Leiharbeitnehmern bei den betriebsverfassungsrechtlichen Schwellenwerten auch zukünftig aufrechterhalten wird ist umstritten.[490] In der Rechtsprechung[491] wird angeführt, dass Leiharbeitnehmer einen geringeren Arbeitsaufwand für Betriebsräte im Entleihbetrieb verursachen als Stammmitarbeiter und deshalb nicht zu berücksichtigen sind. Im Zuge der Studie von Wassermann und Rudolph konnte dies widerlegt werden. 60% der befragen Betriebsräte bestätigten, dass sie mit einem erhöhten Arbeitsaufwand konfrontiert sind, der aus dem Einsatz von Leiharbeitnehmern resultiert.[492] Da Leiharbeitnehmer teilweise eingesetzt werden, um Stammarbeitsplätze abzubauen, sinkt gleichzeitig die Zahl der Arbeitnehmer im Betrieb, die für die Berechnung der Größe des Betriebsrates und die Anzahl der Freistellungen herangezogen werden können.[493] Somit fehlen vor allem Betriebsräten, die sich zunehmend professionell und intensiv mit der Vertretung von Leiharbeitnehmern auseinandersetzen, die nötigen Mandate bzw. Freistellungen.[494] Vor allem in Betrieben des verarbeitenden Gewerbes lässt sich beobachten, dass die verstärkte Nutzung der Arbeitnehmerüberlassung mit einem Rückgang der Betriebsräte einhergeht.[495] Rund 30% der befragten Betriebsräte ist es gelungen, mit den Arbeitgebern zu vereinbaren, Leiharbeitnehmer bei der Berechnung der Mandatsgröße zu berücksichtigen.[496] Bei der Berücksichtung von Leiharbeitnehmern für die Anzahl der Freistellungen hatten nur 8% der befragten Betriebsräte Erfolg bei der Verhandlung mit den jeweiligen Entleihern.[497] Da von der Umfrage ausschließlich Betriebe mit einen hohen Leiharbeitnehmeranteil eingeschlossen wurden, in denen die Berücksichtigung der Leiharbeitnehmer bis zu

---

[487] Vgl. hierzu auch schon Zumbeck: Zeitarbeit und befristete Beschäftigung, Betriebs- und Dienstvereinbarungen, Hamburg 2005.

[488] Vgl. Wassermann/Rudolph (2007), S. 24f.

[489] Vgl. ebd.

[490] Vgl. zum aktuellen Diskussionsstand und Lösungsvorschlägen: Blanke, DB 2008, S. 1153ff.

[491] BAG, Beschluss vom 16.04.2003 - 7 ABR 53/02, NZA 2003, S. 1345ff.; BAG, Beschluss vom 10.03.2004 - 7 ABR 49/03, DB 2004, S. 1836.

[492] Vgl. Wassermann/Rudolph (2007), S. 26.

[493] Vgl. Brors/Schüren, BB 2004, S. 2745ff. (2751); Melms/Lipinski, BB 2004, S. 2409ff.

[494] Vgl. Wassermann/Rudolph (2007), S. 26.

[495] Vgl. Bellmann/Kühl (2007), S.46f.

[496] Vgl. Wassermann/Rudolph (2007), S. 14.

[497] Vgl. Wassermann/Rudolph (2007), S. 14.

zwei zusätzliche Mandate ermöglicht,[498] ist dies lediglich als ein geringer Verhandlungserfolg für die Betriebsräte zu werten.

II. Regelung in der Richtlinie über Leiharbeit

Durch die letzte Reform des AÜG wurden Regelungsinhalte der Richtlinie über Leiharbeit vorweggenommen.[499] Dies bezieht sich hauptsächlich auf den eingeführten Gleichbehandlungsgrundsatz. In diesem Kapitel wurde aufgezeigt, dass das BetrVG bereits im Jahr 2001 umfassend reformiert wurde und somit keine Inhalte des Kommissionsentwurfes der Richtlinie über Leiharbeit berücksichtigt wurden. Die Richtlinie 2008/104/EG enthält in ihrem zweiten Kapitel Ausführungen zu den Arbeits- und Beschäftigungsbedingungen von Leiharbeitnehmern. Hierunter fallen neben dem Grundsatz der Gleichbehandlung (Art. 5) und der Regelung des Zuganges zu Beschäftigung, Gemeinschaftseinrichtungen und beruflicher Bildung (Art. 6) auch Bestimmungen zur betrieblichen Interessenvertretung der Leiharbeitnehmer. Art. 7 der Richtlinie über Leiharbeit regelt die Vertretung der Leiharbeitnehmer, in Art. 8 finden sich Unterrichtungsrechte der Arbeitnehmer-vertretungen. Diese Bestimmungen sollen im folgenden Abschnitt erläutert werden und anschließend bezüglich ihrer Auswirkungen auf das deutsche Recht überprüft werden.

1. Vertretung der Leiharbeitnehmer, Art. 7 RL 2008/104/EG

Gem. Art. 7 Abs. 1 sind Leiharbeitnehmer im Verleihbetrieb bei der Berechnung der Schwellenwerte zu berücksichtigen, die für die Errichtung einer Arbeitnehmervertretung nach einzelstaatlichen und gemeinschaftlichen Regelungen maßgeblich sind. Darüber hinaus wird den Mitgliedstaaten durch die fakultative Regelung in Art. 7 Abs. 2 ermöglicht, diese Berücksichtigung bei der Schwellenberechnung auch auf den Entleihbetrieb auszuweiten.[500] In seinem Wortlaut zielt Art. 7 Abs. 2 ähnlich wie Art. 5 darauf ab, dass für Leiharbeitnehmer die gleichen Bedingungen gelten müssen, als wären sie unmittelbar im Entleihbetrieb beschäftigt.

Durch den Zusatz in Abs. 3 besteht außerdem die Möglichkeit, Leiharbeitnehmer nur im Entleihbetrieb bei den Schwellenwerten zu berücksichtigen. Daraus ergibt sich für die Mitgliedstaaten, dass Leiharbeitnehmer entweder im Verleih- oder im Entleihbetrieb bei

---

[498] In 43% der befragten Betriebe hätte sich durch die Berücksichtigung von Leiharbeitnehmern eine größere Mandatszahl ergeben.

[499] Vgl. Betram, ZESAR 2003, S. 205ff. m.w.N.

[500] Vgl. hierzu bereits Bertram, ZESAR 2003, S. 205ff. (213).

der Berechnung des Schwellenwertes zur Errichtung einer Arbeitnehmer-vertretung mitgezählt werden müssen. Darüber hinaus ist es freigestellt, Leiharbeitnehmern dieses Recht in beiden Betrieben zukommen zu lassen.

2. Unterrichtung der Arbeitnehmervertreter, Art. 8 RL 2008/104/EG

Art. 8 der Richtlinie über Leiharbeit schreibt vor, dass die Arbeitnehmervertretungen in entleihenden Unternehmen im Zuge der Unterrichtung über die Beschäftigungslage auch über den Einsatz von Leiharbeitnehmern in ihrem Betrieb zu informieren sind. Den Mitgliedstaaten steht es frei, strengere oder spezifischere Vorschriften zur Unterrichtung und Anhörung der Arbeitnehmervertreter zu erlassen. In diesem Zusammenhang wird auf die Richtlinie 2002/14/EG[501] zur Festlegung eines allgemeinen Rahmens für die Unterrichtung und Anhörung der Arbeitnehmer in der Europäischen Gemeinschaft verwiesen. Durch diese im Jahr 2002 verabschiedete Richtlinie bekamen die Mitgliedstaaten die Aufgabe, Mindestvorschriften für die Unterrichtung und Anhörung der Arbeitnehmer festzulegen, um die Arbeitnehmer stärker in die Gestaltung der Zukunft ihres Arbeitsplatzes mit einzubeziehen.[502] In Art. 2 lit. f dieser Richtlinie wird Unterrichtung definiert als „[…] Übermittlung von Informationen durch den Arbeitgeber an die Arbeitnehmervertreter, um ihnen die Gelegenheit zur Kenntnisnahme und Prüfung der behandelten Fragen zu geben." Hier wird darauf abgezielt, dass die Arbeitnehmervertreter rechtzeitig ausführliche Auskünfte erhalten, um bereits Einsichten in die Planungen des Arbeitgebers zu erhalten und nicht erst nach Umsetzung der geplanten Maßnahmen informiert werden.[503] Auch die Unterrichtung der Arbeitnehmervertreter gem. Art. 8 der Richtlinie über Leiharbeit wird sich an dieser Definition orientieren müssen. Welche speziellen Daten der Arbeitnehmervertretung vorgelegt werden müssen, wird jedoch nicht durch die Richtlinie über Leiharbeit vorgegeben. Art. 8 RL 2008/104/EG verlangt „angemessene Informationen", da diese jedoch nicht näher definiert werden, steht der Rechtsprechung in den Mitgliedstaaten ein gewisser Spielraum bei der Auslegung zu.

---

[501] Richtlinie 2002/14/EG des Rates zur Festlegung eines allgemeinen Rahmens für die Unterrichtung und Anhörung der Arbeitnehmer in der Europäischen Gemeinschaft, vom 11.03.2002, Abl. EG Nr. L 80 vom 23.03.2002, S. 29ff.

[502] Vgl. Erwägungsgrund 7 RL 2002/14/EG, Abl. EG Nr. L 80 vom 23.03.2002, S. 29.

[503] Vgl. Reichold, NZA 2003, S. 289ff. (295).

III. Zwischenergebnis: Anpassungsbedarf der betriebsverfassungsrechtlichen Stellung der Leiharbeitnehmer

Nach Art. 7 der Richtlinie über Leiharbeit müssen die Mitgliedstaaten dafür Sorge tragen, dass Leiharbeitnehmern entweder im Verleih- oder im Entleihbetrieb bei der Berechnung des Schwellenwertes zur Errichtung einer Arbeitnehmervertretung mitgezählt werden. Nach deutschem Recht gelten Leiharbeitnehmer auch während der Überlassung an einen Entleiher als Arbeitnehmer des Verleihbetriebes (§ 14 Abs. 1 AÜG). Wie bereits in diesem Kapitel dargestellt wurde, sind sie dort nach den Bestimmungen des BetrVG wahlberechtigt und wählbar (§§ 7, 8 BetrVG). Darüber hinaus werden sie bei der Berechnung der betriebsverfassungsrechtlichen Schwellenwerte berücksichtigt. Hierzu zählt gem. § 1 BetrVG auch die Errichtung einer Arbeitnehmervertretung in Form eines Betriebsrates.

Auch im Entleihbetrieb steht Leiharbeitnehmern gem. § 7 BetrVG nach drei-monatiger Überlassungsdauer das aktive Wahlrecht zu. Ein passives Wahlrecht steht ihnen gem. § 14 Abs. 2 Satz 1 AÜG nicht zu und die Berücksichtigung von Leiharbeitnehmern bei der Berechnung der betriebsverfassungsrechtlichen Schwellenwerte wurde von der Rechtsprechung verneint. Die Diskussion über die Berücksichtigung bei den Schwellenwerten im Entleihbetrieb wird sich auch durch die Richtlinie nicht lösen lassen. Der deutsche Gesetzgeber ist nach den europäischen Vorgaben nicht verpflichtet, Leiharbeitnehmer zusätzlich bei den Schwellenwerten im Entleihbetrieb zu berücksichtigen oder ihnen auch dort ein passives Wahlrecht zukommen zu lassen. Somit ist der Inhalt des Art. 7 RL 2008/104/EG im deutschen Arbeitsrecht bereits ausreichend berücksichtigt.

Durch Art. 8 der Richtlinie werden die Mitgliedstaaten verpflichtet dafür zu sorgen, dass Entleiher ihre Arbeitnehmervertretungen über den Einsatz von Leiharbeitnehmern informieren. Im BetrVG findet sich bereits eine solche Vorschrift. Nach deutschem Recht muss sich die Unterrichtungspflicht auch auf Beschäftigte beziehen, die keinen Arbeitsvertrag zum Entleiher haben (§ 80 Abs. 2 BetrVG). Auch die Einbeziehung in die Personalplanung, wozu der mögliche Rückgriff auf Leiharbeitnehmer gehören kann, ist in § 92 BetrVG geregelt. Darüber hinaus hat der Betriebsrat bei Übernahme eines Leiharbeitnehmers die dargestellten Mitbestimmungs- und Zustimmungsverweigerungsrechte gem. § 99 BetrVG.

Die deutschen Regelungen zur betriebsverfassungsrechtlichen Stellung der Leiharbeitnehmer entsprechen bereits den europäischen Vorgaben und gehen an einigen Stellen sogar darüber hinaus. Insbesondere Begriffsbestimmungen werden durch die Richtlinie konkretisiert. Eine Änderung des BetrVG wird durch die Richtlinie nicht erforderlich sein.

F) Fazit

Das Ziel der vorliegenden Studie bestand darin, das derzeit geltende Recht der Arbeitnehmerüberlassung und die aktuell verabschiedete Richtlinie über Leiharbeit gegenüberzustellen. Die Richtlinie ist adressiert an alle Mitgliedstaaten der EU (Art. 14 RL 2008/104/EG). Diese müssen die Richtlinien hinsichtlich des zu erreichenden Zieles verbindlich in nationales Recht umsetzen.[504] Als Richtliniengeber haben das Europäische Parlament und der Rat den Mitgliedstaaten in Art. 11 RL 2008/104/EG eine Umsetzungsfrist von drei Jahren eingeräumt. Für den deutschen Gesetzgeber ergibt sich hieraus, dass bis zum 05.12.2011 alle erforderlichen nationalen Vorkehrungen zur Umsetzung der Richtlinie über Leiharbeit getroffen werden müssen. Die Wahl der Mittel und Wege zur Umsetzung werden durch die Richtlinie nicht vorgeschrieben.[505] Trotz dieser Freiheit hat der deutsche Gesetzgeber die zur Gewährleistung der praktischen Wirksamkeit der Richtlinie am besten geeigneten Maßnahmen zu ergreifen.[506] Im Rahmen dieser Untersuchung wurde der hieraus folgende Anpassungsbedarf des deutschen Arbeitsrechts herausgearbeitet.
Es wurde ersichtlich, dass die Mehrzahl der Vorschriften im AÜG und BetrVG bereits dem Richtlinieninhalt entsprechen. Für die Arbeitsbedingungen von Leiharbeitnehmern in Deutschland ergeben sich somit keine wesentlichen Verbesserungen. Ein kleiner Fortschritt ist in dem eindeutig formulierten Recht auf den Zugang zu sozialen Einrichtungen im Entleihbetrieb nach Art. 6 Abs. 1 RL 2008/104/EG zu sehen. Hierdurch wird die Integration der Leiharbeitnehmer im Entleihbetrieb verbessert. Die Ausführungen in Abschnitt B) haben gezeigt, dass Arbeitnehmerüberlassung für viele Leiharbeitnehmer eine Möglichkeit zum erneuten oder erstmaligen Eintritt in den Arbeitsmarkt darstellt. Der Wunsch in ein festes Arbeitsverhältnis mit dem Entleiher übernommen zu werden ist ein Anliegen, mit denen sich Leiharbeitnehmer häufig an die betriebliche Interessenvertretung im Entleihbetrieb wenden.[507] Aus diesem Grund ist die neue Informationspflicht über freie Stellen im Entleihbetrieb nach Art. 6 Abs. 4 RL 2008/104/EG zu begrüßen. Für die betroffenen Leiharbeitnehmer stellt diese Regelung eine verbesserte Chance auf eine Festanstellung im ehemaligen Entleihbetrieb dar.

---

[504] Vgl. Schulze/Zuleeg, König, § 2, Rn. 32.
[505] Vgl. Schulze/Zuleeg, König, § 2, Rn. 32.
[506] Vgl. EuGH, Urteil vom 08.04.1976 - Az. 48/75, Slg. 1976, S. 497ff.
[507] Siehe hierzu: E) I. 3. Die betriebliche Praxis.

Die in § 3 Abs. 1 Nr. 3 AÜG geregelte Pflicht zur Gleichbehandlung von Leiharbeitnehmern mit vergleichbaren Arbeitnehmern im Betrieb des Entleihers bezüglich der Arbeitsbedingungen und des Arbeitsentgeltes wird auch weiterhin durch die Anwendung der bereits bestehenden Tarifverträge umgangen werden können. Unklar ist lediglich, ob sich diese Tarifwerke inhaltlich in Zukunft daran messen lassen müssen, ein angemessenes Schutzniveau der Leiharbeitnehmer zu garantieren. Da fast alle der bestehenden Tarifverträge zu Ungunsten der Leiharbeitnehmer vom Gleichbehandlungsgrundsatz abweichen, würde sich die Wahrung eines angemessenen Schutzniveaus nur schwer behaupten lassen.

Aus Unternehmersicht ändert sich durch die Verabschiedung der Richtlinie nichts Grundlegendes in der deutschen Leiharbeitsbranche.[508] Unabhängig von den europäischen Vorgaben wird die Entscheidung des BAG über die Tariffähigkeit der CGZP von zukünftigem Interesse sein. Für den Fall, dass diese verneint wird, ergeben sich Konsequenzen für die Leiharbeitsbranche, da anstelle der nichtigen Tarifverträge der Gleichbehandlungsgrundsatz gelten würde. Das BAG wird sich außerdem klar dazu äußern müssen, wie die Rückabwicklung dieser Tarifverträge zu handhaben wäre. Dem DGB würde eine stärkere Position bei den Verhandlungen der Anschlusstarifverträge zukommen, da kein Unterbietungswettbewerb mit den Christlichen Gewerkschaften mehr möglich wäre. Des Weiteren bleibt abzuwarten, wie der deutsche Gesetzgeber die angekündigte Einführung einer im AÜG geregelten Lohuntergrenze für die Leiharbeitsbranche gestaltet.[509]

Festzuhalten ist demnach, dass es innerhalb der nächsten drei Jahre eine erneute Reform des AÜG geben wird. Der Gesetzgeber wird die in dieser Arbeit aufgezeigten Änderungen einpflegen müssen, um die RL 2008/104/EG in deutsches Recht umzusetzen. Da das in Art. 2 RL 2008/104/EG formulierte Ziel der Richtlinie, die Einhaltung des Gleichbehandlungsgrundsatzes, bereits weitgehend durch das AÜG gewährleistet wird, sind im Vergleich zu den Reformen der Vergangenheit keine grundlegenden Änderungen zu erwarten. Eine Anpassung des BetrVG ist, wie aufgezeigt, nicht erforderlich.

Für den Fall, dass die Inhalte der Richtlinie nicht ordnungs- oder fristgemäß umgesetzt werden, können die Europäische Kommission und der EuGH im Rahmen des

---

[508] Vgl. Furkel/Münster, Personalmagazin 2008, S. 44ff.

[509] Vgl. Financial Times Deutschland vom 13.01.2009: Einigung zur Zeitarbeit – Mindestlohn entzürnt Gewerkschaften unter: http://www.ftd.de/politik/deutschland/:Einigung-zur-Zeitarbeit- Mindestlohn-erz%FCrnt-Gewerkschaften/460269.html, abgerufen am 13.01.2009.

Vertragsverletzungsverfahrens Sanktionen gem. Art. 226 und 228 EGV verhängen.[510] Nach Ablauf der Umsetzungsfrist im Dezember des Jahres 2011 sind die mitgliedstaatlichen Organe auch bei einer noch nicht erfolgten Umsetzung verpflichtet, nationale Regelungen richtlinienkonform auszulegen.[511] Es ist umstritten, in welchem Ausmaß eine Richtlinie bereits vor ihrer Umsetzung Rechtswirkung erlangt.[512] Eine Vorwirkung entfaltet die Richtlinie über Leiharbeit bereits insofern, als dass keine nationale widersprechende Regelung erlassen werden darf.[513] Dies bedeutet für den deutschen Gesetzgeber, dass er z.B. keine Änderungen des AÜG vornehmen darf, die der Verbesserung der Qualität der Leiharbeit als Zielsetzung der Richtlinie,[514] entgegenstehen. Im Rahmen der „Adeneler-Entscheidung“ gab der EuGH den nationalen Gerichten die Empfehlung, innerstaatliches Recht bereits ab Inkrafttreten einer Richtlinie so auszulegen, dass es zur Zielerreichung der Richtlinie beiträgt. Daraus folgt, dass sich die deutschen Arbeitsgerichte bereits zum jetzigen Zeitpunkt an den Richtlinieninhalten orientieren können. Von Bedeutung wird dies vor allem bei der Auslegung im Rahmen von Begriffsbestimmungen sein. Da die Richtlinie konkretere Definitionen als das AÜG vorsieht, ermöglicht sie in jedem Fall eine erhöhte Rechtssicherheit.[515]

---

[510] Vgl. ausführlich hierzu: Hobe (2009), § 10, Rn. 384-389.
[511] Vgl. EuGH, Urteil vom 04.07.2006 - Rs. C-212/04, Slg. 2006, S. 6057.
[512] Vgl. zum aktuellen Stand der Diskussion: Hobe (2009), § 9, Rn. 286.
[513] Vgl. EuGH, Urteil vom 18.12.1997 - Rs. C-129/96, Slg. 1997, S. 7411.
[514] EuGH, Urteil vom 04.07.2006 - Rs. C-212/04, Slg. 2006, S. 6057.
[515] Vgl. Bertram, AIP 2008, S. 3ff.

Literaturverzeichnis

Ankersen, Per: Neues AÜG seit 01.03.2003 bundesweit in Kraft, NZA 8/2003, S. 421-425.

Antoni, Manfred/*Jahn*, Elke: Arbeitnehmerüberlassung – Boomende Branche mit hoher Fluktuation, IAB Kurzbericht Ausgabe Nr. 14, Aktuelle Analysen aus dem Institut für Arbeitsmarkt- und Berufsforschung der Bundesagentur für Arbeit, Nürnberg 2006.

Bauer, Jobst-Hubertus/*Krets*, Jérôme: Gesetze für moderne Dienstleistungen am Arbeitsmarkt, NJW 8/2003, S. 537-545.

Behrend, Britta: Arbeitnehmerüberlassung bis zu 24 Monaten – Job-AQTIV mit Hindernissen, NZA 7/2002, S. 372-374.

Bellmann, Lutz/*Kühl*, Alexander: Weitere Expansion der Leiharbeit? Eine Bestandsaufnahme auf Basis des IAB-Betriebspanels Abschlussbericht, Frankfurt am Main 2007.

Benkert, Daniel: Änderungen im AÜG durch „Hartz III", BB, 18/2004, S. 998-1001.

Bertram, Oliver: Die AÜG-Reform im Spiegel des EG-Richtlinienentwurfs zur Leiharbeit, ZESAR 6/2003, S. 205-214.

Bertram, Oliver: Neue Impulse oder neue Einschränkungen? Die EU-Richtlinie zur Zeitarbeit, AIP 11/2008, S. 3ff.

Blanke, Thomas: Die betriebsverfassungsrechtliche Stellung der Leiharbeit, DB 21/2008, S. 1153-1159.

Boemke, Burkhard/*Lembke*, Mark: Änderungen im AÜG durch das „Job-Aqtiv-Gesetz", DB 17/2002, S. 893-899.

Böhm, Wolfgang: „Billig-Tarifverträge" in der Zeitarbeit – Risiken für die Kunden, DB 48/2003, S. 2598-2601.

Böhm, Wolfgang/*Hennig*, Jörg/*Popp*, Cornelius: Zeitarbeit – Leitfaden für die Praxis, Köln 2008. (zit.: Böhm/Bearbeiter, Rn.)

Brenke, Karl/*Eichhorst*, Werner: Leiharbeit breitet sich rasant aus, Wochenbericht des Deutschen Instituts für Wirtschaftsforschung Berlin, Nr. 19/2008, S. 242-252.

Brors, Christiane: „Fremdpersonaleinsatz" – Wer ist gemäß § 7 S. 2 BetrVG wahlberechtigt?, NZA 3/2002, S. 123-126.

Brors, Christiane: „Leiharbeitnehmer wählen ohne zu zählen" – eine kurzlebige Entscheidung, NZA 24/2003, S. 1380-1383.

Brors, Christiane: Zweifelhafte Zulässigkeit der gestaffelten individualvertraglichen Verweisung auf die Zeitarbeitstarifverträge der Christlichen Gewerkschaften und des DGB, BB 2/2006, S. 101-105.

Brors, Christiane/Schüren, Peter: Konzerninterne Arbeitnehmerüberlassung zur Kostensenkung, BB 50/2004, S. 2745-2752.

Brose, Wiebke: Die betriebsverfassungsrechtliche Stellung von Leiharbeitnehmern nach den Änderungen des AÜG, NZA 14/2005, S. 797-800.

Buchner, Herbert: Leiharbeit: Ablösung der Verpflichtung zur Gewährung der im Entleiherbetrieb geltenden Arbeitsbedingungen (§ 10 Abs. 4 AÜG) durch Tarifregelungen, DB 19/2004, S. 1042-1044.

Bundesagentur für Arbeit: Arbeitsmarktberichterstattung Branchen und Berufe in Deutschland – Entwicklung Dezember 1997 – Dezember 2007, Zeitarbeit, Nürnberg 2008.

Bundesagentur für Arbeit: Arbeitsmarkt in Zahlen, Arbeitnehmerüberlassung, 1. Halbjahr 2008, Nürnberg 2008. (zit.: ANÜSTAT (2008), Tabelle:)

Däubler, Wolfgang: Die veränderte Betriebsverfassung, Erste Anwendungs-probleme, AuR 8/2001, S. 285-291.

Däubler, Wolfgang: Das Wahlrecht der „überlassenen Arbeitnehmer“ nach dem neuen § 7 Satz 2 BetrVG, AiB 12/2001, S. 684-689.

Däubler, Wolfgang: Wählen, aber nicht zählen – vermeidbare Rigiditäten im Betriebsverfassungsrecht, AuR 3/2004, S. 81-83.

Däubler, Wolfgang/*Hjort*, Jens Peter/*Hummel*, Dieter/*Wolmerath*, Martin (Hrsg.): Arbeitsrecht – Individualarbeitsrecht mit kollektivrechtlichen Bezügen, Handkommentar, Baden-Baden 2008. (zit.: HK-ArbR/Bearbeiter, § Gesetz, Rn.)

Däubler, Wolfgang/*Kittner*, Michael/*Klebe*, Thomas (Hrsg.): BetrVG: Betriebsverfassungsgesetz mit Wahlordnung und EBR-Gesetz, 11. Auflage, Frankfurt am Main 2008. (zit.: DKK/Bearbeiter, §, Rn.)

Dieterich, Thomas/*Hanau*, Peter/*Schaub*, Günther: Erfurter Kommentar zum Arbeitsrecht, 9. Auflage, München 2009. (zit.: ErfK-Bearbeiter, § Gesetz, Rn.)

Dörner, Hans-Jürgen: Der Leiharbeitnehmer in der Betriebsverfassung, in: Arbeitsrecht im sozialen Dialog, Festschrift für Hellmut Wissmann zum 65. Geburtstag, München 2005, S. 286-301.

Düwell, Josef: Änderungen im Arbeitsrecht durch das Job-Aqtiv-Gesetz, BB 2/2002, S. 98-100.

Düwell, Franz Josef/*Dahl*, Holger: Arbeitnehmerüberlassung und Befristung, NZA 16/2007, S. 889-893.

Eifler, Timm: Sektorale Deregulierung im Bereich des Arbeitnehmerüberlassungsgesetzes – Herausnahme der speziellen Gruppe der Studenten, Hamburg 2008.

Fitting, Karl: Betriebsverfassungsgesetz: Handkommentar, 24. Auflage, München 2008. (zit.: Fitting § , Rn.)

Fuchs, Maximilian: Das Gleichbehandlungsgebot in der Leiharbeit nach der neuen Leiharbeitsrichtlinie, NZA 2/2009, S. 57-63.

Furkel, Daniela/*Münster*, Bernhard: „Jetzt mit Flexibilität punkten", Personal-magazin 12/2008, S. 44-47.

Hamann, Wolfgang: Werkvertrag oder Arbeitnehmerüberlassung?, AuA 4/2003, S. 20-25.

Hamann, Wolfgang: Betriebsverfassungsrechtliche Auswirkungen der Reform der Arbeitnehmerüberlassung, NZA 10/2003, S. 526-534.

Hamann, Wolfgang: Gleichbehandlungsgrundsatz im AÜG, BB 40/2005, S. 2185-2189.

Hamann, Wolfgang: Fremdpersonal im Unternehmen – Alternativen zum Arbeitsvertrag, 3. Auflage, Stuttgart 2008.

Hanau, Peter: Die Reform der Betriebsverfassung, NJW 35/2001, S. 2513-2519.

Hayen, Ralf-Peter: Zeitarbeit als neues Mittel der Personalarbeit, AiB 9/2003, S. 527-535.

Hobe, Stephan: Europarecht, 4. Auflage, Köln 2009.

Hümmerich, Klaus/*Holthausen*, Joachim/*Welslau*, Dietmar: Arbeitsrechtliches im Ersten Gesetz für moderne Dienstleistungen am Arbeitsmarkt, NZA 1/2003, S. 7-14.

Jahn, Elke/*Antoni*, Manfred: Zeitarbeit: Kräftiges Wachstum aber kurze Beschäftigungsdauer, BABl. 12/2006, S. 4-9.

Kittner, Michael/*Zwanziger*, Bertram (Hrsg.): Arbeitsrecht – Handbuch für die Praxis, 4. Auflage, Frankfurt am Main 2007.
(zit.: Kittner/Zwanziger, Bearbeiter, §, Rn.)

Klebe, Thomas/*Ratayczak*, Jürgen/*Heilmann*, Micha/*Spoo*, Sibylle: Betriebsverfassungsgesetz Basiskommentar mit Wahlordnung, 14. Auflage, Frankfurt am Main 2007. (zit.: Klebe BetrVG, §, Rn.)

Kokemoor, Axel: Neuregelung der Arbeitnehmerüberlassung durch die Hartz-Umsetzungsgesetze – Überblick über das seit dem 01.01.2003 geltende Recht der Arbeitnehmerüberlassung, NZA 5/2003, S. 238-244.

Kreutz, Peter: Leiharbeitnehmer wählen – nur Argumente zählen, in: Arbeitsrecht im sozialen Dialog, Festschrift für Hellmut Wissmann zu 65. Geburtstag, München 2005, S. 364-377.

Küttner, Wolfdieter/*Röller*, Jürgen (Hrsg.): Personalbuch 2008, Arbeitsrecht-Lohnsteuerrecht-Sozialversicherungsrecht, 15. Auflage, München 2008.
(zit.: Küttner/Verfasser, Personalbuch 2008 Stichwort, Rn.)

Lembke, Mark: Die „Hartz-Reform" des Arbeitnehmerüberlassungsgesetzes, BB 2/2003, S. 98-104.

Lembke, Mark: Befristung von Arbeitsverträgen mit Leiharbeitnehmern nach „Hartz I", DB 50/2003, S. 2702-2706.

Lembke, Mark: Die Tariffähigkeit und Tarifzuständigkeit der Tarifgemeinschaft Christlicher Gewerkschaften für Zeitarbeit und Personalserviceagenturen, NZA 23/2007, S. 1333-1337.

Lembke, Mark/*Distler*, Eva-Maria: Die Bezugnahme auf Tarifverträge der Zeitarbeitsbranche durch Unternehmen mit Mischbetrieben, NZA 17/2006, S. 952-959.

Lembke, Mark/*Fesenmeyer*, Julia: Abreden über Vermittlungsprovisionen in Arbeitnehmerüberlassungsverträgen, DB 14/2007, S. 801-804.

Löwisch, Manfred: Änderung der Betriebsverfassung durch das Betriebsverfassungs-Reformgesetz, BB 34/2001, S. 1733-1746.

Martin, Peter: Tarifverträge in der Leiharbeit (Übersicht), AuR 7/2004, S. 247-249.

Maschmann, Frank: Leiharbeitnehmer und Betriebsratswahl nach dem BetrVG-Reformgesetz, DB 46/2001, S. 2446-2450.

Melms, Christopher/*Lipinski*, Wolfgang: Absenkung des Tarifniveaus durch die Gründung von AÜG-Gesellschaften als alternative oder flankierende Maßnahme zum Personalabbau, BB 46/2004, S. 2409-2417.

Neumann, Michael: Das Erste und das Zweite Gesetz für moderne Dienstleistungen am Arbeitsmarkt im Überblick, NZS 3/2003, S. 113-119.

Nollert-Borasio, Christiane/*Pereng*, Martina: Allgemeines Gleichbehandlungsgesetz, Basiskommentar zu den arbeitsrechtlichen Regelungen, 2. Auflage, Frankfurt 2008.

Palandt, Otto (Hrsg.): Bürgerliches Gesetzbuch, 68. Auflage, München 2009.
(zit.: Palandt/Bearbeiter, §, Rn.)

Promberger, Markus: Leiharbeit im Betrieb, Strukturen, Kontext und Handhabung einer atypischen Beschäftigungsform, Nürnberg 2006.

Promberger, Markus: Leiharbeit-Flexibilität und Prekarität in der betrieblichen Praxis, WSI-Mitteilungen 5/2006, S. 263-269.

Puch, Katharina: Zeitarbeit, Ergebnisse des Mikrozensus, Destatis vom 18.03.2008, Statistisches Bundesamt, Wiesbaden 2008.

Raab, Thomas: Europäische und nationale Entwicklung im Recht der Arbeitnehmerüberlassung, ZfA 3/2003, S. 389-446.

Reichold, Hermann: Die reformierte Betriebsverfassung 2001 – Ein Überblick über die neuen Regelungen des Betriebsverfassungs-Reformgesetzes, NZA 16/2001, S. 857-865.

Reichold, Hermann: Durchbruch zu einer europäischen Betriebsverfassung – Die Rahmen-Richtlinie 2002/14/EG zur Unterrichtung und Anhörung der Arbeitnehmer, NZA 6/2003, S. 289-299.

Reim, Uwe: Neue Flexibilität bei der Leiharbeit, ZTR 3/2003, S. 106-113.

Reipen, Markus: Dubiose Gewerkschaften – Sozialversicherungsrechtliche Risiken für Zeitarbeitsunternehmen und ihre Kunden, NZS 8/2005, S. 407-411.

Richardi, Reinhard: Betriebsverfassungsgesetz mit Wahlordnung, 11. Auflage, München 2008. (zit.: Richardi/Bearbeiter, §, Rn.)

Rieble, Volker: Der CGM-Beschluss des ArbG Stuttgart, BB 16/2004, S. 885-892.

Rieble, Volker/*Klebeck*, Ulf: Lohngleichheit für Leiharbeit, NZA 1/2003, S. 23-29.

Röder, Gerhard/*Krieger*, Steffen: Arbeitnehmerüberlassung: Kein Ausweg aus der equal-pay-Falle?, DB 39/2006, S. 2122-2125.

Säcker, Franz Jürgen/*Rixecker*, Roland (Hrsg.): Münchener Kommentar zum Bürgerlichen Gesetzbuch, 5. Auflage, München 2009.
(zit.: MünchKomm BGB, Bearbeiter, §, Rn.)

Schindele, Fritz: Tarifpolitik auf den Kopf gestellt – Tarifliche Abweichung von equal pay in der Leiharbeit, AuR 1-2/2008, S. 31-36.

Schöne, Steffen: „Billig-Tarifverträge" in der Zeitarbeit – Wo genau liegt das Risiko?, DB 3/2004, S. 136-137.

Schröder, Edgar: Zeitarbeit – Chancen und Risiken für Zeitarbeitnehmer und Kundenunternehmen, 2. Auflage, Berlin 2005.

Schubert, Jens: Die Auswirkungen des Allgemeinen Gleichbehandlungsgesetzes auf das Arbeits- und Zivilrecht, NJ 11/2006, S. 481-528.

Schulze, Reiner/*Zuleeg*, Manfred (Hrsg.): Europarecht – Handbuch für die deutsche Rechtspraxis, Baden-Baden 2006. (zit.: Schulze/Zuleeg, Bearbeiter, §, Rn.)

Schüren, Peter: Die Tariffähigkeit der Tarifgemeinschaft Christlicher Gewerk-schaften für Zeitarbeit und PSA vor den deutschen Arbeitsgerichten – Ergebnisse einer Umfrage, NZA 21/2007, S. 1213-1215.

Schüren, Peter: Kostensenkung durch konzerneigene Verleihunternehmen, zugleich Anmerkung zur Entscheidung des LAG Niedersachsen vom 28.02.2006, 13 Ta BV 56/05, BB 43/2007, S. 2346-2352.

Schüren, Peter: Arbeitnehmerüberlassungsgesetz – Kommentar, 3. Auflage, München 2007. (zit.: Schüren/Bearbeiter, §, Rn.)

Schüren, Peter: Tarifunfähigkeit der Tarifgemeinschaft Christlicher Gewerkschaften für die Leiharbeitsbranche, NZA 8/2008, S. 453-456.

Schüren, Peter/*Behrend*, Britta: Arbeitnehmerüberlassung nach der Reform – Risiken der Neuen Freiheit, NZA 10/2003, S. 521-526.

Schüren, Peter/*Riederer von Paar*, Britta: Gefährliche Tarifverträge – Risiken nichtiger Tarifverträge in der Leiharbeit, AuR 7/2004, S. 241-246.

Seifert, Hartmut/*Brehmer*, Wolfgang: Leiharbeit: Funktionswandel einer flexiblen Beschäftigungsform, WSI-Mitteilungen 6/2008, S. 335-341.

Steiner, Regina/*Mittländer*, Silvia: Prekäre Beschäftigungsverhältnisse – Handlungshilfen für Betriebsräte, Frankfurt am Main 2008.

Stück, Volker: Was der Entleiher beachten muss, AuA 6/2005, S. 336-339.

Thüsing, Gregor: Europäische Impulse im Recht der Arbeitnehmerüberlassung, DB 42/2002, S. 2218-2223.

Thüsing, Gregor: Equal pay bei Leiharbeit – Zur Reichweite der Gleichbehandlungspflicht nach dem AÜG, DB 8/2003, S. 446-450.

Ulber, Jürgen: Personal-Service-Agenturen und Neuregelung der Arbeitnehmerüberlassung, AuR 1/2003, S. 7-15.

Ulber, Jügen: Tariffähigkeit und Tarifzuständigkeit der CGZP als Spitzenorganisation?, NZA 8/ 2008, S. 438-442.

Ulber, Jürgen: Tariffähigkeit und Tarifzuständigkeit der CGZP, AuR 9/2008, S. 297-299.

Ulber, Jürgen: Arbeitnehmerüberlassungsgesetz: Basiskommentar zum AÜG, Frankfurt am Main 2008. (zit.: Ulber, §, Rn.)

Unger-Hellmich, Dagmar: Welcher Betriebsrat ist zuständig? Mitbestimmung bei der Arbeitnehmerüberlassung, AuA 11/2008, S. 660-663.

Vitols, Katrin: Zwischen Stabilität und Wandel: Die Sozialpartnerschaft in Deutschland und die atypische Beschäftigungsform Zeitarbeit, Hamburg 2008.

Wank, Rolf: Der Richtlinienvorschlag der EG-Kommission zur Leiharbeit und das „Erste Gesetz für moderne Dienstleistungen am Arbeitsmarkt“, NZA 1/2003, S. 14-23.

Wassermann, Wolfram/*Rudolph*, Wolfgang: Leiharbeit als Gegenstand betrieblicher Mitbestimmung, Arbeitspapier 148 der Hans Böckler Stiftung, Düsseldorf 2007.

Weinkopf, Claudia/*Vanselow*, Achim: (Fehl-)Entwicklungen in der Zeitarbeit?, Bonn 2008.

Wendeling-Schröder, Ulrike/*Stein*, Axel: Allgemeines Gleichbehandlungsgesetz: Kommentar, München 2008.

Wensing, Hans-Hubert/*Freise*, Agnes: Beteiligungsrechte des Betriebsrates bei der Übernahme von Leiharbeitnehmern, BB 41/2004, S. 2238-2245.

Wiedemuth, Jörg/*Dombre*, Reinhard: Regulierung der Zeitarbeit durch Tarifpolitik – Eine Zwischenbilanz, in: Bispinck, Reinhard (Hrsg.): Verteilungskämpfe und Modernisierung: aktuelle Entwicklung in der Tarifpolitik, S. 159-181, Hamburg 2008.

Zumbeck, Christine: Zeitarbeit und befristete Beschäftigung, Betriebs- und Dienstvereinbarungen, Analyse und Handlungsempfehlungen, Hamburg 2005.

Anhang: Aktuelle Flächentarifverträge der Leiharbeitsbranche

I. Tarifverträge Zeitarbeit BZA – DGB

1. Manteltarifvertrag Zeitarbeit

- vom 22.07.2003
- geändert durch Änderungstarifvertrag vom 22.12.2004
- geändert durch Änderungstarifvertrag vom 30.05.2006

Abgeschlossen am 22. Juli 2003 zwischen dem

- Bundesverband Zeitarbeit Personaldienstleistungen e.V. (BZA)
  Prinz-Albert-Straße 73, 53113 Bonn

und den unterzeichnenden Mitgliedsgewerkschaften des DGB

- Industriegewerkschaft Bergbau, Chemie, Energie (IG BCE)
  Königsworther Platz 6, 30167 Hannover
- Gewerkschaft Nahrung – Genuss – Gaststätten (NGG)
  Haubachstraße 76, 22765 Hamburg
- IG Metall
  Lyoner Straße 32, 60528 Frankfurt am Main
- Gewerkschaft Erziehung und Wissenschaft (GEW)
  Reifenbergerstraße 21, 60489 Frankfurt am Main
- Vereinte Dienstleistungsgewerkschaft e.V. (ver.di)
  Potsdamer Platz 10, 10785 Berlin
- Industriegewerkschaft Bauen – Agrar – Umwelt (IG BAU)
  Lyoner Straße 32, 60528 Frankfurt am Main
- TRANSNET
  Weilburger Straße 24, 60326 Frankfurt am Main
- Gewerkschaft der Polizei (GdP)
  Forststraße 3a, 40721 Hilden

§ 1 Geltungsbereich

Dieser Tarifvertrag gilt

§ 1.1 *räumlich:* für die Bundesrepublik Deutschland;

§ **1.2** *fachlich:* für die tarifgebundenen Mitgliedsunternehmen des Bundesverbandes Zeitarbeit Personal-Dienstleistungen e.V. (einschließlich ihrer Hilfs- und Nebenbetriebe);

§ **1.3** *persönlich:* für die Arbeitnehmer (Mitarbeiter), die von dem Zeitarbeitunternehmen (Arbeitgeber) einem Entleiher (Kundenbetrieb) im Rahmen des Arbeitnehmerüberlassungsgesetzes (AÜG) überlassen werden und Mitglieder einer der vertragsschließenden Gewerkschaften sind. Einzelvertraglich können von den Regelungen dieses Tarifvertrages abweichende Vereinbarungen getroffen werden mit Mitarbeitern, die außertariflich beschäftigt sind, wenn ihr Jahresverdienst den tariflichen Jahresverdienst der höchsten tariflichen Entgeltgruppe übersteigt. Die in diesem Tarifvertrag verwendeten männlichen Bezeichnungen dienen ausschließlich der besseren Lesbarkeit und gelten für beide Geschlechter.

§ 2 Dauer der Arbeitszeit/Vollzeitarbeit

Die individuelle regelmäßige monatliche Arbeitszeit beträgt 151,67 Stunden; dies entspricht einer durchschnittlichen wöchentlichen Arbeitszeit von 35 Stunden. Diese muss im Durchschnitt von 12 Kalendermonaten nach Maßgabe des § 4 erreicht werden. In den Fällen, in denen ein Mitarbeiter dauerhaft in ein Unternehmen mit längerer Arbeitszeitdauer überlassen wird, können die Arbeitsvertragsparteien eine entsprechend längere Arbeitszeit (max. 40 Stunden/Woche) vereinbaren. Die Vergütung wird in diesem Fall entsprechend angepasst. Die individuelle regelmäßige jährliche Arbeitszeit ergibt sich aus der monatlichen Arbeitszeit gem. Satz 1 multipliziert mit 12.

§ 3 Teilzeitarbeit

Teilzeitarbeit liegt vor, wenn die vereinbarte individuelle regelmäßige monatliche Arbeitszeit des Mitarbeiters geringer ist als 151,67 Stunden.

§ 4 Verteilung der Arbeitszeit/Flexibilisierung

§ **4.1** Die tatsächliche Lage der Arbeitszeit wird an die des Kundenbetriebes angepasst. Beginn und Ende der täglichen Arbeitszeit einschließlich der Pausen und die Verteilung der Arbeitszeit auf die einzelnen Wochentage richten sich nach den im jeweiligen Kundenbetrieb gültigen Regelungen bzw. Anforderungen des Kundenbetriebes. Umkleiden, Waschen sowie Ruhepausen im Sinne des Arbeitszeitgesetzes (z.B.

Frühstücks-, Mittags-, Kaffeepausen) gelten nicht als Arbeitszeit, es sei denn, für die Arbeitnehmer im Entleihbetrieb gelten abweichende Regelungen.

§ 4.2 Zum Ausgleich der monatlichen Abweichungen zwischen der nach § 2/§ 3 vereinbarten individuellen regelmäßigen Arbeitszeit des Mitarbeiters und der tatsächlichen Arbeitszeit nach § 4.1 wird ein Arbeitszeitkonto eingerichtet. In das Arbeitszeitkonto können Plus- und Minusstunden eingestellt werden.

§ 4.3[516] Plusstunden sind die über die individuelle regelmäßige monatliche Arbeitszeit hinaus entstandenen Arbeitsstunden. Minusstunden sind die unter der individuellen regelmäßigen monatlichen Arbeitszeit liegenden Arbeitsstunden. Das Arbeitszeitkonto darf max. 200 Plusstunden umfassen. Zur Beschäftigungssicherung kann das Arbeitszeitkonto bei saisonalen Schwankungen im Einzelfall bis zu 230 Plusstunden umfassen. Beträgt das Guthaben mehr als 150 Stunden, ist der Arbeitgeber verpflichtet, die über 150 Stunden hinausgehenden Plusstunden inklusive der darauf entfallenden Sozialversicherungsabgaben gegen Insolvenz zu sichern und die Insolvenzsicherung dem Mitarbeiter nachzuweisen. Ohne diesen Nachweis darf das Arbeitszeitkonto abweichend von Abs. 2 und 3 max. 150 Stunden umfassen und der Mitarbeiter ist nicht verpflichtet, über 150 Stunden hinausgehende Plusstunden zu leisten. Durch Feiertage ausgefallene Arbeitsstunden werden in Höhe der ausgefallenen Arbeitszeit entsprechend der Arbeitszeitverteilung gemäß § 4.1 auf das Arbeitszeitkonto gebucht.

§ 4.4 Das Arbeitszeitkonto ist spätestens nach 12 Monaten auszugleichen. Ist der Zeitausgleich in diesem Zeitraum nicht möglich, ist er in den folgenden 3 Monaten vorzunehmen. Dazu hat der Arbeitgeber mit dem betroffenen Mitarbeiter spätestens nach Ablauf der 12 Monate gemäß Abs. 1 eine entsprechende Vereinbarung zu treffen mit dem Ziel, einen vollständigen Zeitausgleich vorzunehmen. Ist auch in diesem Zeitraum der Zeitausgleich aus betrieblichen Gründen nicht möglich, kann ein Übertrag in den nächsten Ausgleichszeitraum mit maximal 150 Stunden erfolgen. Die darüber hinaus gehenden Stunden sind in Geld auszugleichen. Die Übertragung dieser Zeitguthaben erfolgt im Rahmen der Zeitkontengrenzen gemäß § 4.3 und weitet diese nicht aus.

[516] Protokollnotiz zu § 4.3: Die Tarifvertragsparteien werden zu Beginn des Jahres 2005 auf Antrag einer Seite auf Basis der bis dahin gemachten Erfahrungen in Verhandlungen darüber eintreten, ob die o. a. Stundengrenzen entfallen oder neu festgelegt werden und ob eine Begrenzung von Minusstunden vorgenommen wird.

§ 4.5 Der Ausgleich der Zeitkonten erfolgt in der Regel durch Freizeitentnahme nach folgenden Maßgaben:

a) Nach Vereinbarung mit dem Mitarbeiter ist jederzeit ein Ausgleich der Plusstunden durch Freizeit möglich.
b) Der Mitarbeiter kann verlangen, während der Einsatzzeit beim Kunden je 35 Plusstunden einen Arbeitstag aus dem Zeitkonto in Freizeit zu erhalten. Dieser Anspruch kann nur einmal je Kalendermonat für max. zwei Arbeitstage geltend gemacht werden. Voraussetzung für diesen Anspruch ist die Einhaltung einer Ankündigungsfrist von einer Woche. Der Arbeitgeber ist berechtigt, dem Freizeitverlangen aus dringenden betrieblichen Gründen zu widersprechen. Als dringender betrieblicher Grund in diesem Sinne gilt die Ablehnung des Kundenbetriebes, soweit kein Ersatzmitarbeiter zur Verfügung steht. Im Falle der Ablehnung des Freistellungsantrags hat der Mitarbeiter Anspruch auf eine verbindliche Vereinbarung über die spätere Lage der beantragten Freistellungstage.
c) Aufgrund einer Vereinbarung zwischen Mitarbeiter und Arbeitgeber können weitere Freistellungstage in einem Monat festgelegt oder Freistellungstage mehrerer Monate zusammengefasst werden.
d) Durch Vereinbarung zwischen Mitarbeiter und Arbeitgeber können im Ausgleichszeitraum bis zu 70 Stunden aus dem Zeitkonto in Geld ausgeglichen werden. Ist der Mitarbeiter an einem festgelegten Freistellungstag arbeitsunfähig erkrankt, bleibt dieser Tag ein Freistellungstag und wird nicht zum Entgeltfortzahlungstag; eine Rückübertragung in das Zeitguthaben erfolgt nicht.

§ 4.6 Im Falle des Ausscheidens des Mitarbeiters ist der Saldo auf dem Arbeitszeitkonto wie folgt auszugleichen: Plusstunden werden abgegolten, Minusstunden werden bei Eigenkündigung des Mitarbeiters bzw. außerordentlicher Kündigung bis zu 35 Stunden verrechnet, soweit eine Nacharbeit betrieblich nicht möglich ist.

§ 5 Arbeitsbereitschaft/Bereitschaftsdienst/Rufbereitschaft/Ruhezeiten

Soweit Mitarbeiter in Kundenbetrieben mit Arbeitsbereitschaft oder Bereitschaftsdienst oder in Rufbereitschaft eingesetzt werden und für den Kundenbetrieb entsprechend § 7 ArbZG betriebliche und/oder tarifliche Sonderregelungen zur Arbeitszeit und Ruhezeit gelten, gelten diese entsprechend mit der Maßgabe, dass die jeweilige Regelung vollumfänglich für den Mitarbeiter zur Anwendung kommt.

§ 6 Mehrarbeit

Mehrarbeitstunden sind die Arbeitsstunden, die zusätzlich geleistet werden und die nicht an der tatsächlichen Arbeitszeit im Kundenbetrieb orientiert über die nach §§ 2 bis 4 festgelegte individuelle regelmäßige Arbeitszeit hinaus angeordnet werden.

§ 7 Nacht-, Sonntags- und Feiertagsarbeit/Zuschläge

§ 7.1 Zuschlagspflichtig sind die vollen Arbeitsstunden, durch die die vereinbarte individuelle regelmäßige monatliche Arbeitszeit des Mitarbeiters nach § 2/ § 3 in einem Monat um mehr als 15% überschritten wird. Der Zuschlag beträgt 25% des jeweiligen tariflichen Stundenentgeltes nach §§ 2 bis 4 des Entgelttarifvertrages.

§ 7.2 Nachtarbeit ist die Arbeit in der Zeit zwischen 23.00 Uhr und 6.00 Uhr.
Die Höhe des Zuschlags für Nachtarbeit richtet sich nach der Zuschlagsregelung des Kundenbetriebes. Sie beträgt höchstens 25% des jeweiligen tariflichen Stundenentgeltes nach §§ 2 bis 4 des Entgelttarifvertrages.

§ 7.3 Sonn- und Feiertagsarbeit ist die an Sonntagen bzw. gesetzlichen Feiertagen geleistete Arbeit in der Zeit zwischen 0.00 Uhr und 24.00 Uhr.
§ 9 Abs. 2 und 3 Arbeitszeitgesetz finden Anwendung. Entscheidend für die Frage, ob Feiertagsarbeit vorliegt, ist das Feiertagsrecht des Arbeitsortes. Die Höhe des Zuschlags für Sonntags- und Feiertagsarbeit richtet sich nach den Zuschlagsregelungen des Kundenbetriebes. Sie beträgt höchstens 50% des jeweiligen tariflichen Stundenentgelts nach §§ 2 bis 4 des Entgelttarifvertrages für Sonntagsarbeit und höchstens 100% für Feiertagsarbeit sowie für Arbeit an Heiligabend und Silvester nach 14.00 Uhr.

§ 7.4 Treffen mehrere der vorgenannten Zuschläge zusammen, ist nur der jeweils höchste zu zahlen.

§ 8 Einsatzregelungen

§ 8.1 Soweit dem Mitarbeiter Aufgaben im Kundenbetrieb übertragen sind, unterliegt er dem Direktionsrecht des Kundenbetriebes. Das allgemeine Direktionsrecht des Arbeitgebers bleibt hiervon unberührt.

§ 8.2 Der Mitarbeiter ist verpflichtet, auf Anordnung des Arbeitgebers an wechselnden Einsatzorten tätig zu werden. Beschränkende Regelungen bedürfen der ausdrücklichen vertraglichen Vereinbarung. Der Mitarbeiter hat Anspruch auf eine Einsatzmeldung mit den wesentlichen Inhalten seines Einsatzes im Kundenbetrieb.

§ 8.3 Sofern für den einfachen Weg außerhalb der Arbeitszeit von der Niederlassung/Geschäftsstelle zum Einsatzort beim Kundenbetrieb mehr als 1,5 Stunden bei Benutzung des zeitlich günstigsten öffentlichen Verkehrsmittels aufgewendet werden müssen, erhält der Mitarbeiter die über 1,5 Stunden hinausgehende Wegezeit je Hin- und Rückweg mit den tariflichen Entgelten nach §§ 2 bis 4 des Entgelttarifvertrages bezahlt, sofern er diese Wegezeit tatsächlich aufgewandt hat.

§ 8.4 Beträgt der zeitliche Aufwand für die Wegezeit im Sinne von § 8.3 mehr als 2 Stunden, hat der Mitarbeiter Anspruch auf Übernahme von Übernachtungskosten nach folgender Maßgabe:
Das Zeitarbeitsunternehmen übernimmt grundsätzlich die Organisation der Unterbringung und die Kosten in voller Höhe. Bei erforderlicher Eigenorganisation einer Unterkunft durch den Mitarbeiter werden die Kosten nach vorheriger Genehmigung und Vorlage einer entsprechenden Quittung/Rechnung vom Arbeitgeber übernommen bzw. erstattet. Alternativ kann eine Übernachtungspauschale in Höhe der steuerlichen Sätze vereinbart werden.

§ 8.5 – *gestrichen* –

§ 8.6 Der Arbeitgeber ist berechtigt, tarifliche Leistungen gemäß § 8.4 und § 8.5 anstelle des Tarifentgeltes zu zahlen, soweit das Netto-Gesamteinkommen des Mitarbeiters das tarifliche Netto-Gesamteinkommen übersteigt, das sich aus dem Bruttoentgelt gemäß §§ 2 bis 4 des Entgelttarifvertrages ergibt. Dafür dürfen maximal 25% vom Bruttoentgelt verrechnet werden. Dies gilt auch für außer- und übertarifliche Aufwendungsersatzleistungen (z.B. Fahrgeld), soweit sie einzelvertraglich vereinbart sind.

§ 8.7 Sonstiger Aufwendungsersatz gemäß § 670 BGB ist einzelvertraglich zu regeln.

§ 9 Begründung/Beendigung des Arbeitsverhältnisses

§ 9.1 Die Begründung des Arbeitsverhältnisses erfolgt aufgrund eines schriftlich abzuschließenden Arbeitsvertrages. Bei unentschuldigtem Nichterscheinen am ersten Arbeitstag gilt der Arbeitsvertrag als nicht zustande gekommen.

§ 9.2 Der Arbeitsvertrag kann abweichend von § 14 Abs. 2 S. 1 Teilzeit und Befristungsgesetz bis zu einer Gesamtdauer von zwei Jahren auch ohne Vorliegen eines sachlichen Grundes befristet werden. Innerhalb dieser Zeitspanne kann das Arbeitsverhältnis bis zu viermal verlängert werden. § 14 Abs. 2 S. 2 und 3 Teilzeit- und Befristungsgesetz bleiben unberührt.

§ 9.3 Die ersten sechs Monate des Beschäftigungsverhältnisses gelten als Probezeit. Während der Probezeit kann das Arbeitsverhältnis mit einer Frist von einer Woche in den ersten 3 Monaten gekündigt werden. Danach gelten die gesetzlichen Kündigungsfristen während der Probezeit gemäß § 622 Abs. 3 BGB von zwei Wochen. Bei Neueinstellungen kann die Kündigungsfrist während der ersten zwei Wochen des Beschäftigungsverhältnisses arbeitsvertraglich auf einen Tag verkürzt werden. Als Neueinstellungen gelten Arbeitsverhältnisse mit Mitarbeitern, die mindestens drei Monate lang nicht in einem Arbeitsverhältnis zum Arbeitgeber standen.

§ 9.4 Im Übrigen gelten für die Kündigung des Arbeitsverhältnisses durch den Arbeitgeber oder den Mitarbeiter beiderseits die Fristen des § 622 Abs. 1 und 2 BGB. Die Kündigung hat schriftlich zu erfolgen (§ 623 BGB).

§ 9.5 Die gesetzlichen Vorschriften über die fristlose Kündigung bleiben unberührt.

§ 9.6 Nach Ausspruch einer Kündigung ist der Arbeitgeber berechtigt, den Mitarbeiter unter Fortzahlung seines Entgeltes freizustellen. Plusstunden aus dem Arbeitszeitkonto werden angerechnet und Resturlaubsansprüche gewährt.

§ 10 Entgeltfortzahlung im Krankheitsfall

Die Entgeltfortzahlung im Krankheitsfall und bei Maßnahmen der medizinischen Vorsorge und Rehabilitation richtet sich nach den Bestimmungen des Entgeltfortzahlungsgesetzes.

§ 11 Urlaub

§ 11.1 Der Mitarbeiter hat in jedem Kalenderjahr Anspruch auf bezahlten Erholungsurlaub. Urlaubsjahr ist das Kalenderjahr.

§ 11.2[517] Die dem Mitarbeiter zustehende Urlaubsdauer richtet sich nach der Dauer der ununterbrochenen Betriebszugehörigkeit.

Der Urlaub beträgt

- im ersten Jahr 24 Arbeitstage,
- im zweiten Jahr 25 Arbeitstage,
- im dritten Jahr 26 Arbeitstage,
- im vierten Jahr 28 Arbeitstage,
- ab dem fünften Jahr 30 Arbeitstage.

Bei Ausscheiden innerhalb der ersten sechs Monate des Bestehens des Beschäftigungsverhältnisses erwirbt der Arbeitnehmer einen Urlaubsanspruch gemäß §§ 3 und 5 Bundesurlaubsgesetz. Verteilt sich die individuelle regelmäßige wöchentliche Arbeitszeit des Mitarbeiters auf mehr oder weniger als fünf Arbeitstage in der Woche, erhöht oder vermindert sich der Urlaub entsprechend. Fällt ein Feiertag in den Urlaub des Mitarbeiters, richtet sich die Frage, ob dieser nicht als Urlaubstag zu rechnen ist, nach dem Feiertagsrecht des Sitzes des Arbeitgebers; wird der Einsatz beim Kundenunternehmen zum Zwecke des Urlaubs unterbrochen, richtet sich dies nach dem Feiertagsrecht des Arbeitsortes. Im Ein- und Austrittsjahr hat der Mitarbeiter gegen den Arbeitgeber Anspruch auf so viele Zwölftel des ihm zustehenden Urlaubs, als er volle Monate bei ihm beschäftigt war. Ein Urlaubsanspruch besteht insoweit nicht, als dem Mitarbeiter für das Urlaubsjahr bereits von einem anderen Arbeitgeber Urlaub gewährt oder abgegolten worden ist. Der Mitarbeiter hat eine entsprechende Bescheinigung des vorherigen Arbeitgebers vorzulegen.

§ 11.3 Kann der Urlaub wegen Beendigung des Arbeitsverhältnisses ganz oder teilweise nicht gewährt werden, so ist er abzugelten.

§ 11.4 Bei der Urlaubsplanung sind bereits feststehende Kundenbetriebseinsätze zu berücksichtigen. Bereits genehmigte Urlaubstage stehen für Kundenbetriebseinsätze nicht zur Verfügung.

[517] Protokollnotiz zu § 11.2: §1 Abs.1 Nr. 2 Arbeitnehmer-Entsendegesetz bleibt unberührt.

§ 11.5 Bei Beendigung des Arbeitsverhältnisses ist der Urlaubsanspruch während der Kündigungsfrist zu gewähren und zu nehmen. Besteht die Möglichkeit hierzu nicht, ist er insoweit abzugelten.

§ 11.6 Im Übrigen gelten die Bestimmungen des Bundesurlaubsgesetzes.

§ 12 Arbeitsversäumnis/Freistellung

§ 12.1 Ist der Mitarbeiter durch Krankheit oder sonstige unvorhersehbare Ereignisse an der Arbeitsleistung verhindert, so hat er dem Arbeitgeber dies unverzüglich, möglichst fernmündlich, mitzuteilen und dabei die Arbeitsunfähigkeit bzw. andere Gründe und die voraussichtliche Dauer seiner Verhinderung anzugeben. Dieselbe Verpflichtung besteht, wenn die Verhinderung länger andauert, als dem Arbeitgeber bereits mitgeteilt. Bei krankheitsbedingter Arbeitsunfähigkeit ist der Mitarbeiter gemäß § 5 Abs. 1 Satz 2 Entgeltfortzahlungsgesetz verpflichtet, dem Arbeitgeber eine ärztliche Bescheinigung über die Arbeitsunfähigkeit sowie deren voraussichtliche Dauer einzureichen. Der Arbeitgeber ist berechtigt, die Vorlage der ärztlichen Bescheinigung früher zu verlangen. Dauert die Arbeitsunfähigkeit länger als in der Bescheinigung angegeben, so ist der Mitarbeiter verpflichtet, erneut eine ärztliche Bescheinigung vorzulegen. Bei krankheitsbedingter Arbeitsverhinderung ist der Beginn der Wiederaufnahme der Tätigkeit dem Arbeitgeber möglichst frühzeitig, spätestens jedoch 1 Arbeitstag vor Wiederaufnahme mitzuteilen.

§ 12.2 Der Mitarbeiter darf bei vorhersehbaren Ereignissen nur mit vorheriger Zustimmung des Arbeitgebers der Arbeit fern bleiben.

§ 12.3 Bei folgenden Ereignissen, die auf einen regelmäßigen Arbeitstag des Mitarbeiters fallen, wird bezahlte Freistellung gewährt:

a) beim Tod naher Angehöriger Ehegatten, Kinder, Eltern sowie des eingetragenen Lebenspartners: 2 Tage
Geschwister, Schwiegereltern: 1 Tag

b) bei eigener Eheschließung, Eintragung der eigenen Lebenspartnerschaft sowie bei Niederkunft der Ehefrau: 1 Tag

c) bei Wahrnehmung öffentlich auferlegter Pflichten (z.B. aus Ehrenämtern, Ladung als Zeuge oder vergleichbaren Sachverhalten) unter Anrechnung der hierfür erhaltenen Entschädigung auf das Arbeitsentgelt: Freistellung für die erforderliche Zeit

d) Umzug aus dienstlicher Veranlassung 1 Tag

Die Höhe des weiter zu zahlenden Arbeitsentgelts bemisst sich nach § 13.3.

§ 12.4 Mit § 12.3 sind die in Anwendung des § 616 BGB möglichen Fälle festgelegt.

§ 13 Entgeltvorschriften

§ 13.1 Die Mitarbeiter erhalten ein Monatsentgelt auf Basis ihrer vereinbarten individuellen regelmäßigen Arbeitszeit, das spätestens bis zum 15. Banktag des Folgemonats in der Regel unbar ausgezahlt wird.

§ 13.2 Das Monatsentgelt setzt sich aus den festen Entgeltbestandteilen des laufenden Monats (das jeweilige tarifliche Entgelt nach §§ 2 bis 4 des Entgelttarifvertrages) und den variablen Entgeltbestandteilen (z.B. Zuschläge und sonstige schwankende Entgelte) zusammen.

§ 13.3 Bei Anspruch des Mitarbeiters auf ein weiter zu zahlendes Arbeitsentgelt (z.B. bei Krankheit) werden die festen Entgeltbestandteile gemäß Abs. 2 weiter gezahlt. Bei der Urlaubsvergütung sind zusätzlich die Zuschläge für Sonn- und Feiertagsarbeit sowie Nachtarbeit zu zahlen, soweit der Mitarbeiter ohne den Urlaub Anspruch auf diese gehabt hätte.

§ 13.4 Besteht für einen Monat ein anteiliger Entgeltanspruch (z.B. bei Ein- oder Austritt im Laufe des Monats) oder ist das Monatsentgelt aus anderen Gründen (z.B. unbezahlte Ausfallzeiten) zu kürzen, so ermittelt sich der Entgeltanspruch nach dem Verhältnis der anzurechnenden Sollarbeitszeiten des Mitarbeiters in dem Monat zu den Sollarbeitszeiten des ganzen Monats.

§ 14 Entgeltumwandlung

Mitarbeiter haben einen Anspruch, tarifliche Entgeltbestandteile zugunsten einer Versorgungszusage zum Zwecke der Altersversorgung umzuwandeln. Sie können verlangen, dass ihre zukünftigen Entgeltansprüche bis zu 4% der jeweiligen

Beitragsbemessungsgrenze der Rentenversicherung für betriebliche Altersversorgung verwandt werden. Bei dieser Entgeltumwandlung dürfen 1/160 der Bezugsgröße nach § 18 Abs. 1 des Vierten Buches Sozialgesetzbuch nicht unterschritten werden. Die Einzelheiten werden zwischen Arbeitgeber und Mitarbeiter schriftlich vereinbart. Gemäß der neuen gesetzlichen Regelung zur betrieblichen Altersversorgung erhalten Beschäftigte ab dem 7. Beschäftigungsmonat, erstmals ab dem 1. Juli 2005 einen Anspruch auf einen monatlichen Betrag in Höhe von 13,30 Euro. Dieser Betrag ist ausschließlich für die betriebliche Altersversorgung (Direktversicherung, Pensionskasse, Pensionsfond) zu zahlen, sofern dieses der Wunsch des Mitarbeiters ist.

§ 15 Jahressonderzahlungen

§ 15.1 Ab dem zweiten Jahr des ununterbrochenen Bestehens des Beschäftigungsverhältnisses hat der Mitarbeiter Anspruch auf Jahressonderzahlungen in Form von zusätzlichem Urlaubs- und Weihnachtsgeld. Ab dem 01.01.2006 entsteht der Anspruch auf diese Jahressonderzahlungen nach 6 Monaten ununterbrochenen Bestehens des Beschäftigungsverhältnisses. Die Auszahlung des Urlaubsgeldes erfolgt mit der Abrechnung für den Monat Juni eines jeden Jahres, die Auszahlung des Weihnachtsgeldes erfolgt mit der Abrechnung für den Monat November eines jeden Jahres. Das Urlaubs- und Weihnachtsgeld erhöht sich mit zunehmender Dauer der Betriebszugehörigkeit, berechnet auf die Stichtage 30. Juni und 30. November.

§ 15.2 Das Urlaubs- und Weihnachtsgeld beträgt, abhängig von der Dauer des ununterbrochenen Bestehens des Arbeitsverhältnisses,

- im zweiten Jahr jeweils 150 Euro brutto,
- im dritten und vierten Jahr jeweils 200 Euro brutto,
- ab dem fünften Jahr jeweils 300 Euro brutto.

Teilzeitbeschäftigte erhalten die Sonderzahlungen anteilig entsprechend der vereinbarten individuellen regelmäßigen monatlichen Arbeitszeit.

§ 15.3[518] Voraussetzung für den Anspruch auf Auszahlung der Sonderzahlungen ist das Bestehen eines ungekündigten Beschäftigungsverhältnisses zum Auszahlungszeitpunkt. Anspruchsberechtigte Mitarbeiter, deren Arbeitsverhältnis im Kalenderjahr ruht,

---

518 Protokollnotiz zu §15.3: Bei der Berechnung der Dauer des ununterbrochenen Bestehens des Arbeitsverhältnisses werden Zeiten, in denen das Arbeitsverhältnis ruht, nicht mitgerechnet. Ausgenommen sind arbeitsbedingte Erkrankungen und Arbeitsunfälle bis zu einem Zeitraum von 12 Monaten nach Ablauf der Entgeltfortzahlung.

erhalten keine Leistungen. Ruht das Arbeitsverhältnis im Kalenderjahr teilweise, so erhalten sie eine anteilige Leistung. Mitarbeiter, die bis zum 31. März des Folgejahres aus dem Arbeitsverhältnis ausscheiden, haben das Weihnachtsgeld zurückzuzahlen. Dies gilt nicht im Fall einer betriebsbedingten Kündigung durch den Arbeitgeber.

§ 16 Ausschlussfristen

Ansprüche aus dem Arbeitsverhältnis sind innerhalb von zwei Monaten (bei Ausscheiden ein Monat) nach Fälligkeit schriftlich geltend zu machen. Lehnt die Gegenpartei den Anspruch schriftlich ab, so muss der Anspruch innerhalb von einem Monat nach der Ablehnung bzw. dem Fristablauf gerichtlich geltend gemacht werden. Ansprüche, die nicht innerhalb dieser Fristen geltend gemacht werden, sind ausgeschlossen.

§ 17 Schlussbestimmungen

§ 17.1 Mitarbeiter werden nicht in Betrieben eingesetzt, die durch einen rechtmäßigen Arbeitskampf unmittelbar betroffen sind. § 11 Abs. 5 AÜG gilt entsprechend. Ausnahmsweise kann der Einsatz im Rahmen des für den Kundenbetrieb vereinbarten Notdienstes erfolgen. Sofern Mitarbeiter mittelbar von Arbeitskampfmaßnahmen betroffen sind, kann Kurzarbeit beantragt werden. Die Tarifvertragsparteien sagen für die jeweilige Durchsetzung der Kurzarbeit ihre Unterstützung zu. Dabei sind alle notwendigen Möglichkeiten auszuschöpfen.

§ 17.2 Die Berechnung des ununterbrochenen Bestehens des Beschäftigungsverhältnisses im Sinne dieses Tarifvertrages erfolgt ab Stichtag 1. Januar 2002.

§ 18 In-Kraft-Treten und Kündigung

§ 18.1 Dieser Manteltarifvertragtritt für die tarifgebundenen Arbeitgeber und Mitarbeiter am 1. Januar 2004 in Kraft. Er kann mit einer Frist von sechs Monaten, erstmals zum 31. Dezember 2008, gekündigt werden.

§ 18.2 Dieser Manteltarifvertrag tritt mit Unterzeichnung bereits insoweit in Kraft, als dieser durch einzelvertragliche schriftliche Vereinbarung mit dem Mitarbeiter bereits ab diesem Termin zur Geltung gebracht werden kann (§ 19 AÜG). Wird vor dem Termin des In-Kraft-Tretens dieses Tarifvertrages gemäß § 18.1 das AÜG geändert oder wird eine solche Änderung in das Gesetzgebungsverfahren eingebracht, tritt der

Manteltarifvertrag nur dann in Kraft, wenn nicht eine der Tarifvertragsparteien ihn widerruft. Der Widerruf ist zulässig bis 15. Dezember 2003. Wird das AÜG nach In-Kraft-Treten des Manteltarifvertrages grundsätzlich geändert, steht beiden Tarifvertragsparteien abweichend von § 18.1 Abs. 2 ein außerordentliches Kündigungsrecht mit Monatsfrist zum Monatsende zu.

2. Entgeltrahmentarifvertrag Zeitarbeit

- vom 22.07.2003
- geändert durch Änderungstarifvertrag vom 30.05.2006

§ 1 Geltungsbereich

Dieser Tarifvertrag gilt für die Mitglieder der Tarifvertragsparteien, die unter den Geltungsbereich (§ 1) des Manteltarifvertrages fallen.

§ 2 Eingruppierungsgrundsätze

§ 2.1 Die Mitarbeiter werden aufgrund ihrer überwiegenden Tätigkeit in eine Entgeltgruppe dieses Tarifvertrages eingruppiert. Für die Eingruppierung ist ausschließlich die tatsächlich ausgeübte Tätigkeit maßgebend.

§ 2.2 Berufliche Qualifikation ohne Ausübung der Tätigkeiten begründet keine Höhergruppierung.

§ 2.3 Vorübergehende Tätigkeiten einer höheren Entgeltgruppe rechtfertigen keine neue Eingruppierung. Sofern zeitweise Arbeiten einer höherwertigen Entgeltgruppe übertragen werden, ist ab der 6. Woche eine Zulage in Höhe der Differenz zwischen dem tariflichen Entgelt der niedrigeren Entgeltgruppe und dem für die Tätigkeit vorgesehenen Entgelt zu zahlen.

§ 2.4 Mitarbeiter können zu vorübergehenden Tätigkeiten, die einer niedrigeren Entgeltgruppe zuzuordnen sind, verpflichtet werden. In diesem Fall erfolgt keine Veränderung der Vergütung.

§ 3 Entgeltgruppen

Die Mitarbeiter sind gemäß ihrer tatsächlichen, überwiegenden Tätigkeit in einer der nachfolgenden Entgeltgruppen einzugruppieren. Die jeweiligen Tätigkeitsbeschreibungen sind für die Eingruppierung maßgebend.

Entgeltgruppe 1 Tätigkeiten, die keine Anlernzeit erfordern, nach fünf Monaten der Beschäftigung oder Tätigkeiten, die eine kurze Anlernzeit erfordern.

Entgeltgruppe 2 Tätigkeiten, die eine Anlernzeit erfordern, die über die in der Entgeltgruppe 1 erforderliche Anlernzeit hinaus geht sowie Einarbeitung erfordern.

Entgeltgruppe 3 Tätigkeiten, für die Kenntnisse und Fertigkeiten erforderlich sind, die durch eine Berufsausbildung vermittelt werden. Diese Kenntnisse und Fertigkeiten können auch durch mehrjährige Tätigkeitserfahrung in der Entgeltgruppe 2 erworben werden.

Entgeltgruppe 4 Tätigkeiten, für die Kenntnisse und Fertigkeiten erforderlich sind, die durch eine mindestens dreijährige Berufsausbildung vermittelt werden und die eine mehrjährige Berufserfahrung voraussetzen.

Entgeltgruppe 5 Tätigkeiten, die Kenntnisse und Fertigkeiten erfordern, die durch eine mindestens dreijährige Berufsausbildung vermittelt werden. Zusätzlich sind Spezialkenntnisse erforderlich, die durch eine Zusatzausbildung vermittelt werden sowie eine langjährige Berufserfahrung.
Entgeltgruppe 6 Tätigkeiten, die eine Meister- bzw. Technikerausbildung oder vergleichbare Qualifikationen erfordern.

Entgeltgruppe 7 Tätigkeiten, die zusätzlich zu den Merkmalen der Entgeltgruppe 6 mehrjährige Berufserfahrung erfordern.

Entgeltgruppe 8 Tätigkeiten, die ein Fachhochschulstudium erfordern.

Entgeltgruppe 9 Tätigkeiten, die ein Hochschulstudium bzw. Tätigkeiten, die ein Fachhochschulstudium und mehrjährige Berufserfahrung erfordern.

Entgeltgruppe M[519] Tätigkeiten, die keine Anlernzeit erfordern. Die Entgeltgruppe M tritt nur in Kraft, wenn der „Tarifvertrag zur Regelung von Mindestarbeitsbedingungen

---

[519] Protokollnotiz zu § 3 Abs. 11: Die Parteien sind sich darüber einig, dass die Anwendung des §8.6 Manteltarifvertrag BZA für alle Entgeltgruppen nur insoweit erfolgen darf, dass das Entgelt der Entgeltgruppe M mindestens das Bruttoentgelt darstellt. Diese Regelung gilt nur für den Fall, dass ein Mindestlohn in Form einer Rechtsverordnung nach dem Arbeitnehmer-Entsendegesetz wirksam wird.

in der Zeitarbeit“ in Form der Rechtsverordnung nach dem Arbeitnehmer-Entsendegesetz wirksam wird und gilt dann bis 31. Dezember 2008. Diese Entgeltgruppe gilt nur für Beschäftigte, die ab dem Tag des Inkrafttretens der Rechtsverordnung zum „Tarifvertrag zur Regelung von Mindestarbeitsbedingungen in der Zeitarbeit“ nach Arbeitnehmer-Entsendegesetzes eingestellt werden.

§ 4 In-Kraft-Treten und Kündigung

§ 4.1 Dieser Entgeltrahmentarifvertrag tritt für die tarifgebundenen Arbeitgeber und Mitarbeiter am 1. Januar 2004 in Kraft. Er kann mit einer Frist von sechs Monaten, erstmals zum 31. Dezember 2008 gekündigt werden.

§ 4.2 Dieser Entgeltrahmentarifvertrag tritt mit Unterzeichnung bereits insoweit in Kraft, als dieser durch einzelvertragliche schriftliche Vereinbarung mit dem Mitarbeiter bereits ab diesem Termin zur Geltung gebracht werden kann (§ 19 AÜG). Wird vor dem Termin des In-Kraft-Tretens dieses Tarifvertrages gemäß § 4.1 das AÜG geändert oder wird eine solche Änderung in das Gesetzgebungsverfahren eingebracht, tritt der Entgeltrahmentarifvertrag nur dann in Kraft, wenn nicht eine der Tarifvertragsparteien ihn widerruft. Der Widerruf ist zulässig bis 15. Dezember 2003. Wird das AÜG nach In-Kraft-Treten des Entgeltrahmentarifvertrages grundsätzlich geändert, steht beiden Tarifvertragsparteien abweichend von § 4.1 Abs. 2 ein außerordentliches Kündigungsrecht mit Monatsfrist zum Monatsende zu.

3. Entgelttarifvertrag Zeitarbeit

- vom 22.07.2003
- geändert durch Änderungstarifvertrag vom 22.12.2004
- geändert durch Änderungstarifvertrag vom 30.05.2006

§ 1 Geltungsbereich

Dieser Tarifvertrag gilt für die Mitglieder der Tarifvertragsparteien, die unter den Geltungsbereich (§ 1) des Manteltarifvertrages fallen.

§ 2 Entgelte

Es werden folgende Stundensätze und Zuschläge gezahlt. Die Ansprüche auf Zahlung der Zuschläge ergeben sich aus §4 dieses Tarifvertrages.

§ 3 Entgeltdifferenzierung

Für Mitarbeiter, die in Unternehmen/Betrieben in den Bundesländern Brandenburg, Mecklenburg-Vorpommern, Sachsen, Sachsen-Anhalt und Thüringen überlassen werden, können die Entgelte (§2) reduziert werden um:

- ab 01.07.2006 bis zu 13%

Die Tarifvertragsparteien beraten rechtzeitig über die Reduzierung für das Jahr 2007 unter Berücksichtigung der wirtschaftlichen Lage. Für Mitarbeiter im Land Berlin gilt die gleiche Regelung wie für die neuen Bundesländer bezüglich der Einstellung und Überlassung. Es gelten die in der Anlage ausgewiesenen Tabellen.

Stundensätze in den neun Entgeltgruppen (in EUR)

Jahr	M*	1	2	3	4	5	6	7	8	9
2004		6,85	7,25	8,70	9,20	10,40	11,50	12,50	13,50	15,50
2005		7,02	7,43	8,92	9,43	10,66	11,79	12,81	13,84	15,89
2006	7,00	7,20	7,62	9,14	9,67	10,93	12,08	13,13	14,18	16,28
2007	7,15	7,38	7,81	9,37	9,91	11,20	12,38	13,46	14,54	16,69

* Die Entgeltgruppe M tritt nur in Kraft, wenn der „Tarifvertrag zur Regelung von Mindestarbeitsbedingungen in der Zeitarbeit“ in Form der Rechtsverordnung nach dem Arbeitnehmer-Entsendegesetz wirksam wird und gilt nur für Beschäftigte, die ab dem Tag des Inkrafttretens der Rechtsverordnung zum „Tarifvertrag zur Regelung von Mindestarbeitsbedingungen in der Zeitarbeit“ nach Arbeitnehmer-Entsendegesetzes eingestellt werden.

§ 4[520] Zuschläge

Erfolgt ein ununterbrochener Einsatz bei dem gleichen Kunden, wird der einsatzbezogene Zuschlag fällig und zwar in Höhe von

- 1,5% nach Ablauf von 9 Kalendermonaten
- 3,0% nach Ablauf von 12 Kalendermonaten

Wird der Einsatz für einen Zeitraum von bis zu 3 Monaten unterbrochen, so wird der einsatzbezogene Zuschlag nach der Unterbrechung unter Anrechnung der voraus-

[520] Protokollnotiz zu § 4: Die für die Berechnung der Zuschläge erhebliche Überlassungszeit beginnt mit In-Kraft-Treten bzw. vorheriger Anwendung des Entgelttarifvertrages gemäß § 8.

gegangenen Überlassungszeiten fällig. Es gelten die in der Anlage ausgewiesenen Tabellen.

§ 5 Tarifentwicklung in den Jahren 2004 bis 2007

Die Tarifvertragsparteien vereinbaren für die Laufzeit dieses Tarifvertrages folgende Steigerungen der unter § 2 genannten Stundensätze, die jeweils zum 1. Januar des genannten Kalenderjahres gültig werden und sich kumulativ bezogen auf das jeweilige Vorjahr verstehen:

- Zum 01.01.2005: 2,5%
- Zum 01.07.2006: 2,5%
- Zum 01.01.2007: 2,5%

Es gelten die in der Anlage ausgewiesenen Tariftabellen. Die Tarifvertragsparteien werden spätestens im letzten Quartal des Jahres 2007 Verhandlungen über die Steigerung der dann gültigen Stundensätze aufnehmen.

§ 6 Verhandlungsverpflichtung Branchenzuschlag

Unter Berücksichtigung der besonders schwierigen wirtschaftlichen Situation der Zeitarbeitsunternehmen zum Zeitpunkt des Abschlusses des Tarifvertrages vereinbaren die Tarifvertragsparteien, nach dem 1. Oktober 2005 unter Berücksichtigung der wirtschaftlichen Situation der Zeitarbeitsbranche erneut Verhandlungen aufzunehmen.

§ 7 Sonstiges

§ 7.1[521] Zwischen den Tarifvertragsparteien dieses Tarifvertrages und dem Arbeitgeber des Kundenbetriebes kann eine abweichende tarifliche Regelung zur Vergütung der Einsatzzeiten in diesem Kundenbetrieb (dreiseitige Vereinbarung) getroffen werden, wenn diese für die dort eingesetzten Mitarbeiter des Zeitarbeitunternehmens günstiger ist.

§ 7.2 Die jeweils gültigen Mindestlöhne im Sinne des § 1 Abs. 1 Satz 1 Nr. 1 Arbeitnehmer-Entsendegesetz sind für jede tatsächlich geleistete Stunde mindestens zu zahlen.

---

[521] Protokollnotiz zu § 7.1: Tarifvertragspartei in diesem Sinne ist für die Seite der Gewerkschaften die jeweils für den Kundenbetrieb zuständige DGB Mitgliedsgewerkschaft.

§ 8 In-Kraft-Treten und Kündigung

§ 8.1 Dieser Entgelttarifvertragtritt für die tarifgebundenen Arbeitgeber und Mitarbeiter am 1. Januar 2004 in Kraft. Er kann mit einer Frist von sechs Monaten, erstmals zum 31. Dezember 2008 gekündigt werden.

§ 8.2 Dieser Entgelttarifvertragtritt mit Unterzeichnung bereits insoweit in Kraft, als dieser durch einzelvertragliche schriftliche Vereinbarung mit dem Mitarbeiter bereits ab diesem Termin zur Geltung gebracht werden kann (§ 19 AÜG). Wird vor dem Termin des In-Kraft-Tretens dieses Tarifvertrages gemäß § 8.1 das AÜG geändert oder wird eine solche Änderung in das Gesetzgebungsverfahren eingebracht, tritt der Entgelttarifvertrag nur dann in Kraft, wenn nicht eine der Tarifvertragsparteien ihn widerruft. Der Widerruf ist zulässig bis 15. Dezember 2003. Wird das AÜG nach In-Kraft-Treten des Entgelttarifvertrages grundsätzlich geändert, steht beiden Tarifvertragsparteien abweichend von § 8.1 Abs. 2 ein außerordentliches Kündigungsrecht mit Monatsfrist zum Monatsende zu.

4. Anlagen zum Entgelttarifvertrag

Entgelttabelle 2004 – West

Entgeltgruppe	Stundensatz	2% (> 3 Monate)	3,5% (> 6 Monate)	5,0% (> 9 Monate)	7,5% (> 12 Monate)	Entgeltschlüssel
1	6,85	6,99	7,09	7,19	7,36	74%
2	7,25	7,40	7,50	7,61	7,79	79%
3	8,70	8,87	9,00	9,14	9,35	95%
4	9,20	9,38	9,52	9,66	9,89	100%
5	10,40	10,61	10,76	10,92	11,18	113%
6	11,50	11,73	11,90	12,08	12,36	125%
7	12,50	12,75	12,94	13,13	13,44	136%
8	13,50	13,77	13,97	14,18	14,51	147%
9	15,50	15,81	16,04	16,28	16,66	168%

Sonderregelung Ost 2004 (-13,5%)

Entgeltgruppe	Stundensatz	2% (> 3 Monate)	3,5% (> 6 Monate)	5,0% (> 9 Monate)	7,5% (> 12 Monate)
1	5,93	6,04	6,13	6,22	6,37
2	6,27	6,40	6,49	6,58	6,74
3	7,53	7,68	7,79	7,90	8,09
4	7,96	8,12	8,24	8,36	8,55
5	9,00	9,18	9,31	9,45	9,67
6	9,95	10,15	10,30	10,44	10,69
7	10,81	11,03	11,19	11,35	11,62
8	11,68	11,91	12,09	12,26	12,55
9	13,41	13,68	13,88	14,08	14,41

Entgelttabelle 2005 – West (gültig bis 30.06.2006*)

Entgeltgruppe	Stundensatz	2% (> 3 Monate)	3,5% (> 6 Monate)	5,0% (> 9 Monate)	7,5% (> 12 Monate)	Entgeltschlüssel
1	7,02	7,16	7,27	7,37	7,55	74%
2	7,43	7,58	7,69	7,80	7,99	79%
3	8,92	9,10	9,23	9,36	9,59	95%
4	9,43	9,62	9,76	9,90	10,14	100%
5	10,66	10,87	11,03	11,19	11,46	113%
6	11,79	12,02	12,20	12,38	12,67	125%
7	12,81	13,07	13,26	13,45	13,77	136%
8	13,84	14,11	14,32	14,53	14,88	147%
9	15,89	16,21	16,44	16,68	17,08	168%

Sonderregelung Ost 2005 (–13,5% gültig bis 30.06.2006*)

Entgeltgruppe	Stundensatz	2% (> 3 Monate)	3,5% (> 6 Monate)	5,0% (> 9 Monate)	7,5% (> 12 Monate)
1	6,07	6,19	6,29	6,38	6,53
2	6,43	6,56	6,65	6,75	6,91
3	7,71	7,87	7,98	8,10	8,29
4	8,16	8,23	8,44	8,56	8,77
5	9,22	9,41	9,54	9,58	9,91
6	10,20	10,40	10,55	10,71	10,96
7	11,08	11,30	11,47	11,64	11,91
8	11,97	12,21	12,39	12,57	12,87
9	13,74	14,02	14,22	14,43	14,77

* gemäß Verhandlungsergebnisse BZA und DGB Tarifgemeinschaft Zeitarbeit vom 16.12.2005 und 28.03.2006.

Entgelttabelle 2006 – West (gültig ab 01.07.2006*)

Entgeltgruppe	Stundensatz	1,5% (> 9 Monate)	3,0% (> 12 Monate)	Entgeltschlüssel
M**	7,00			
1	7,20	7,30	7,41	74%
2	7,62	7,73	7,85	79%
3	9,14	9,28	9,41	95%
4	9,67	9,81	9,96	100%
5	10,93	11,09	11,25	113%
6	12,08	12,26	12,44	125%
7	13,13	13,33	13,53	136%
8	14,18	14,40	14,61	147%
9	16,28	16,53	16,77	168%

Sonderregelung Ost 2006 (–13%/gültig ab 01.07.2006*)

Entgeltgruppe	Stundensatz	1,5% (> 9 Monate)	3,0% (> 12 Monate)
M**	6,10		
1	6,26	6,36	6,45
2	6,63	6,73	6,83
3	7,95	8,07	8,19
4	8,41	8,54	8,66
5	9.51	9,65	9,79
6	10,51	10,67	10,83
7	11,43	11,60	11,77
8	12,34	12,52	12,71
9	14,17	14,38	14,59

* gemäß Verhandlungsergebnisse BZA und DGB Tarifgemeinschaft Zeitarbeit vom 28.03.2006 und 30.05.2006.

** Die Entgeltgruppe M tritt nur in Kraft, wenn der „Tarifvertrag zur Regelung von Mindestarbeitsbedingungen in der Zeitarbeit" in Form der Rechtsverordnung nach dem Arbeitnehmer-Entsendegesetz wirksam wird und gilt nur für Beschäftigte, die ab dem Tag des Inkrafttretens der Rechtsverordnung zum „Tarifvertrag zur Regelung von Mindestarbeitsbedingungen in der Zeitarbeit" nach Arbeitnehmer-Entsendegesetzes eingestellt werden.

Entgelttabelle 2007

Entgeltgruppe	Stundensatz	1,5% (> 9 Monate)	3,0% (> 12 Monate)	Entgeltschlüssel
M*	7,15			
1	7,38	7,49	7,60	74%
2	7,81	7,92	8,04	79%
3	9,37	9,51	9,65	95%
4	9,91	10,06	10,20	100%
5	11,20	11,37	11,54	113%
6	12,38	12,57	12,76	125%
7	13,46	13,66	13,86	136%
8	14,54	14,76	14,97	147%
9	16,69	16,94	17,19	168%

Vorläufige Sonderregelung Ost 2007 (–13%)

Entgeltgruppe	Stundensatz	1,5% (> 9 Monate)	3,0% (> 12 Monate)
M*	6,22		
1	6,42	6,51	6,61
2	6,79	6,89	7,00
3	8,15	8,27	8,40
4	8,62	8,75	8,88
5	9,74	9,89	10,04
6	10,77	10,94	11,10
7	11,71	11,89	12,06
8	12,65	12,84	13,03
9	14,52	14,74	14,96

* Die Entgeltgruppe M tritt nur in Kraft, wenn der „Tarifvertrag zur Regelung von Mindestarbeitsbedingungen in der Zeitarbeit" in Form der Rechtsverordnung nach dem Arbeitnehmer-Entsendegesetz wirksam wird und gilt nur für Beschäftigte, die ab dem Tag des Inkrafttretens der Rechtsverordnung zum „Tarifvertrag zur Regelung von Mindestarbeitsbedingungen in der Zeitarbeit" nach Arbeitnehmer-Entsendegesetzes eingestellt werden.

Entgelttabelle 2008

Entgeltgruppe	Stundensatz	1,5% (> 9 Monate)	3,0% (> 12 Monate)
M*	7,31		

Sonderregelung Ost 2008 (–13%)

Entgeltgruppe	Stundensatz	1,5% (> 9 Monate)	3,0% (> 12 Monate)
M*	6,36		

* Die Entgeltgruppe M tritt nur in Kraft, wenn der „Tarifvertrag zur Regelung von Mindestarbeitsbedingungen in der Zeitarbeit" in Form der Rechtsverordnung nach dem Arbeitnehmer-Entsendegesetz wirksam wird und gilt nur für Beschäftigte, die ab dem Tag des Inkrafttretens der Rechtsverordnung zum „Tarifvertrag zur Regelung von Mindestarbeitsbedingungen in der Zeitarbeit" nach Arbeitnehmer-Entsendegesetzes eingestellt werden.

II. Tarifverträge Zeitarbeit iGZ – DGB

1. Entgeltrahmentarifvertrag Zeitarbeit

Zwischen dem

- Interessenverband Deutscher Zeitarbeitsunternehmen (iGZ e.V.)
  Erphostraße 56, 48145 Münster

und den unterzeichnenden Mitgliedsgewerkschaften des DGB

- Industriegewerkschaft Bergbau, Chemie, Energie (IG BCE)
  Königsworther Platz 6, 30167 Hannover
- Gewerkschaft Nahrung – Genuss – Gaststätten (NGG)
  Haubachstraße 76, 22765 Hamburg
- Industriegewerkschaft Metall (IG Metall)
  Wilhelm-Leuschner-Str. 79, 60329 Frankfurt am Main
- Gewerkschaft Erziehung und Wissenschaft (GEW)
  Reifenbergerstraße 21, 60489 Frankfurt am Main
- Vereinte Dienstleistungsgewerkschaft e.V. (ver.di)
  Paula-Thiede-Ufer 10, 10179 Berlin
- Industriegewerkschaft Bauen – Agrar – Umwelt (IG BAU)
  Olof-Palme-Straße 19, 60439 Frankfurt am Main
- Gewerkschaft der Polizei (GdP)
  Stromstraße 4, 10555 Berlin

wird folgender Entgeltrahmentarifvertrag für die Zeitarbeit abgeschlossen:

§ 1 Geltungsbereich

Dieser Tarifvertrag gilt:

- räumlich für das Gebiet der Bundesrepublik Deutschland,
- fachlich für alle ordentlichen Mitglieder des Interessenverbandes Deutscher Zeitarbeitsunternehmen (iGZ e.V.),
- persönlich für alle Arbeitnehmer, die im Rahmen der Arbeitnehmerüberlassung an Kundenbetriebe überlassen werden und Mitglied einer der vertragsschließenden Gewerkschaften sind.

Die in diesem Vertragstext verwendete Bezeichnung „Arbeitnehmer“ umfasst weibliche und männliche Beschäftigte. Sie wird ausschließlich aus Gründen der besseren Lesbarkeit verwendet.

§ 2 Eingruppierungsgrundsätze

2.1. Der Arbeitnehmer wird zu Beginn des Beschäftigungsverhältnisses entsprechend der arbeitsvertraglich geregelten Beschäftigung in die jeweilige Entgeltgruppe eingruppiert (Stammentgeltgruppe). Für die Eingruppierung ist die tatsächlich notwendige Qualifikation für die im Kundeneinsatz ausgeübte Tätigkeit maßgeblich.

2.2. Werden dem Arbeitnehmer zeitweise Arbeiten übertragen, die einer höheren Entgeltgruppe entsprechen, werden diese durch eine Zulage für die entsprechende Dauer der Tätigkeit abgegolten. Während der Zeit, die der Arbeitnehmer nicht bei einem Entleiher eingesetzt ist, erhält er die Vergütung gemäß Stammentgeltgruppe.

2.3. Übt der Arbeitnehmer vorübergehend auf Veranlassung des Arbeitgebers bis zu 6 Wochen *(vgl. Protokollnotiz Nr. 5*) eine geringwertigere Tätigkeit aus, so hat er Anspruch auf die Bezahlung in seiner Stammentgeltgruppe. Wird dem Arbeitnehmer innerhalb dieses Zeitraumes eine Tätigkeit angeboten, die seiner Stammentgeltgruppe entspricht und lehnt er diese ab, wird nach 6 Wochen die Entlohnung der tatsächlich ausgeführten Tätigkeit angepasst. Wird dem Arbeitnehmer eine solche Tätigkeit nicht angeboten, bleibt es bei der Entlohnung in der Stammentgeltgruppe. Wird der Arbeitnehmer über einen längeren Zeitraum als 6 Wochen den Anforderungen seiner Stammentgeltgruppe nicht gerecht, so kann auf Verlangen des Arbeitgebers eine neue Eingruppierung erfolgen.

§ 3 Entgeltgruppen

Entgeltgruppe M: Ausführung von Tätigkeiten, die keine Anlernzeit erfordern.

Entgeltgruppe 1: Ausführung von einfachen gleich bleibenden oder sich wiederholenden Tätigkeiten, die eine Einweisung oder Anlernzeit erfordern.

Entgeltgruppe 2: Ausführung von einfachen Tätigkeiten mit wechselnden Problemstellungen, die eine Einarbeitung erfordern oder für die fachbezogene Berufserfahrung und fachspezifische Kenntnisse oder eine fachspezifische Qualifikation mit Berufserfahrung erforderlich sind.

Entgeltgruppe 3: Ausführung von Tätigkeiten, für die im Regelfall eine abgeschlossene zweijährige Berufsausbildung oder eine fachspezifische Qualifikation und mehrjährige aktuelle Berufserfahrung erforderlich sind.

Entgeltgruppe 4: Ausführung von Tätigkeiten, für die eine abgeschlossene, mindestens dreijährige Berufsausbildung und entsprechende aktuelle Arbeitskenntnisse und Fertigkeiten erforderlich sind.

Entgeltgruppe 5 (Eckentgeltgruppe): Selbstständige Ausführung von Tätigkeiten, für die eine abgeschlossene, mindestens dreijährige Berufsausbildung, entsprechende aktuelle Arbeitskenntnisse und Fertigkeiten und mehrjährige fachspezifische Berufserfahrung erforderlich sind.

Entgeltgruppe 6: Selbstständige Ausführung von Tätigkeiten, für die eine abgeschlossene, mindestens dreijährige Berufsausbildung, entsprechende aktuelle Arbeitskenntnisse und Fertigkeiten, mehrjährige fachspezifische Berufserfahrung sowie zusätzliche spezielle Qualifikationsmaßnahmen erforderlich sind.

Entgeltgruppe 7: Ausführung von speziellen Tätigkeiten, für die eine Meister-, Fachschul- oder Fachhochschulausbildung erforderlich ist, bei denen die Arbeitnehmer Verantwortung für Personal und Sachwerte zu tragen haben oder selbstständig komplexe Aufgabenstellungen bewältigen müssen.

Entgeltgruppe 8: Ausführung von Tätigkeiten, für die ein abgeschlossenes Fachhochschulstudium mit mehrjähriger fachspezifischer Berufserfahrung oder ein abgeschlossenes Hochschulstudium erforderlich ist, bei denen selbstständig komplexe Aufgabenstellungen zu bewältigen sind.

Entgeltgruppe 9: Selbstständige Ausführung von Tätigkeiten, für die ein abgeschlossenes Hochschulstudium und mehrjährige fachspezifische Berufserfahrung erforderlich ist, bei denen die Arbeitnehmer hohe Verantwortung für Personal und Sachwerte zu tragen haben und selbstständig komplexe organisatorische oder innovative Aufgabenstellungen zu bewältigen haben.

§ 4 Entgeltstufen

Die Vergütung erfolgt gemäß der Eingangstufe *(ES; vgl. Protokollnotizen Nr. 8; 10).*

§ 5 Einsatzbezogene Zulage

Nach Ablauf von 9 Kalendermonaten ununterbrochener Überlassungsdauer an denselben Kundenbetrieb wird eine einsatzbezogene Zulage gezahlt. Diese einsatzbezogene Zulage beträgt für die Entgeltgruppen M bis 4 Euro 0,20, für die Entgeltgruppen 5 bis 9 Euro 0,35 je Stunde. Die einsatzbezogene Zulage wird erstmals nach Ablauf von 14 Kalendermonaten ununterbrochenen Bestehens des Arbeitsverhältnisses gezahlt *(vgl. Protokollnotizen Nr. 6; 9)*. In der Entgeltgruppe M ist die einsatzbezogene Zulage frühestens für die ab dem 1. Oktober 2007 geleisteten Stunden zu zahlen. In Branchen, in denen die tariflichen Entgelte niedriger sind als die, die sich aus der Entgeltsystematik dieses Entgelttarifvertrages ergeben, kann die einsatzbezogene Zulage vermindert werden.

§ 6 Sonderregelung Ost

- entfallen -

§ 7 Inkrafttreten und Kündigung

Dieser Vertrag tritt am 1. Januar 2004 für alle tarifgebundenen Mitglieder der Vertragsparteien in Kraft. Die freiwillige Anwendung des Tarifvertrages zu einem früheren Zeitpunkt kann von Vollmitgliedern des iGZ nach vorheriger schriftlicher Anzeige gegenüber den Tarifvertragsparteien erfolgen. Dieser Vertrag kann unter Einhaltung einer Frist von drei Monaten zum Monatsende, erstmals jedoch zum 31. Dezember 2008, gekündigt werden.

§ 8 Salvatorische Klausel

Sollten einzelne Bestimmungen dieses Vertrages, gleich aus welchem Grund, unwirksam sein oder werden, so soll hierdurch die Gültigkeit der übrigen Bestimmungen des Vertrages nicht berührt werden. Anstelle der unwirksamen Bestimmung soll jene angemessene Bestimmung treten, die dem am nächsten kommt, was die Parteien nach Sinn und Zweck des Vertrages gewollt haben.

Protokollnotizen

1. Der Tarifvertrag entfaltet keine Bindung für Fördermitglieder des iGZ.

2. Übergangsregelung aufgrund der Neueinführung dieses Tarifvertrages: Die Berechnung des ununterbrochenen Bestehens des Beschäftigungsverhältnisses nach diesem Tarifvertrag erfolgt ab dem Stichtag 01.01.2003.

3. Ein Regelwerk über Fahrt- und Reisekosten wird zu einem späteren Zeitpunkt gemeinsam erstellt.

4. Im gegenseitigen Einvernehmen können Ergänzungen jederzeit vorgenommen werden.

5. Die Frist von 6 Wochen gemäß § 2.3. Satz 2 berechnet sich ausgehend vom Beginn der geringwertigeren Tätigkeit. Das Direktionsrecht des Arbeitgebers bleibt unberührt.

6. Bei der Berechnung der Dauer des ununterbrochenen Bestehens des Beschäftigungsverhältnisses werden Zeiten, in denen das Beschäftigungsverhältnis ruht, nicht mitgerechnet. Ausgenommen sind arbeitsbedingte Erkrankungen und Arbeitsunfälle bis zu einem Zeitraum von 12 Monaten nach Ablauf der Entgeltfortzahlung.

7. - *entfallen –*

8. Die Zusatzstufe gemäß Entgeltrahmentarifvertrag vom 29. Mai 2003 entfällt für alle Beschäftigten, die am 01. März 2005 noch keinen Anspruch auf die Zusatzstufe besitzen. Beschäftigte, die vor dem 01. März 2005 einen Anspruch auf die Zusatzstufe besitzen, behalten diesen tariflichen Anspruch. Das sich aus der Zusatzstufe ergebende Stundenentgelt richtet sich nach dem Entgelttarifvertrag vom 29.Mai 2003.

9. Für Beschäftigte, die bis zum 30. Juni 2006 einen Anspruch auf einsatzbezogene Zulage erworben haben, gilt für die Dauer dieses Einsatzes die Regelung in § 5 des Entgeltrahmentarifvertrages in der Fassung vom 18. Februar 2005.

10. Die Hauptstufe gemäß Entgeltrahmentarifvertrag vom 18. Februar 2005 entfällt für alle Beschäftigten, die am 01. Juli 2006 noch keinen Anspruch auf die Hauptstufe

besitzen. Beschäftigte, die vor dem 01. Juli 2006 die Hauptstufe erreicht haben, behalten diesen tariflichen Anspruch.

Münster, den 18. September 2007

2. Entgelttarifvertrag Zeitarbeit

Zwischen dem

- Interessenverband Deutscher Zeitarbeitsunternehmen (iGZ e.V.)
  Erphostraße 56, 48145 Münster

und den unterzeichnenden Mitgliedsgewerkschaften des DGB

- Industriegewerkschaft Bergbau, Chemie, Energie (IG BCE)
  Königsworther Platz 6, 30167 Hannover
- Gewerkschaft Nahrung – Genuss – Gaststätten (NGG)
  Haubachstraße 76, 22765 Hamburg
- Industriegewerkschaft Metall (IG Metall)
  Wilhelm-Leuschner-Str. 79, 60329 Frankfurt am Main
- Gewerkschaft Erziehung und Wissenschaft (GEW)
  Reifenbergerstraße 21, 60489 Frankfurt am Main
- Vereinte Dienstleistungsgewerkschaft e.V. (ver.di)
  Paula-Thiede-Ufer 10, 10179 Berlin
- Industriegewerkschaft Bauen – Agrar – Umwelt (IG BAU)
  Olof-Palme-Straße 19, 60439 Frankfurt am Main
- Gewerkschaft der Polizei (GdP)
  Stromstraße 4, 10555 Berlin

wird folgender Entgelttarifvertrag für die Zeitarbeit abgeschlossen:

§ 1 Geltungsbereich

Dieser Tarifvertrag gilt:

- räumlich für das Gebiet der Bundesrepublik Deutschland,
- fachlich für alle ordentlichen Mitglieder des Interessenverbandes Deutscher Zeitarbeitsunternehmen (iGZ e.V.),
- persönlich für alle Arbeitnehmer, die im Rahmen der Arbeitnehmerüberlassung an Kundenbetriebe überlassen werden und Mitglied einer der vertragsschließenden Gewerkschaften sind.

Die in diesem Vertragstext verwendete Bezeichnung „Arbeitnehmer“ umfasst weibliche und männliche Beschäftigte. Sie wird ausschließlich aus Gründen der besseren Lesbarkeit verwendet.

§ 2 Entgelte

Es werden die nachfolgenden Stundenentgelte gezahlt. Der Anspruch auf die Grundvergütung (Eingangsstufe) ergibt sich aus § 4 des Entgeltrahmentarifvertrags. Der Anspruch auf die einsatzbezogene Zulage ergibt sich aus § 5 des Entgeltrahmentarifvertrags. Das Tarifentgelt der Entgeltgruppe M erhöht sich auf 7,31 Euro, sobald der „Tarifvertrag zur Regelung von Mindestarbeitsbedingungen in der Zeitarbeit“ vom 30. Mai 2006 in Form einer Rechtsverordnung nach dem Arbeitnehmer-Entsendegesetz wirksam wird, spätestens jedoch zum 1. April 2008. Das Tarifentgelt der Entgeltgruppe 1 erhöht sich auf 7,51 Euro, sobald der „Tarifvertrag zur Regelung von Mindestarbeitsbedingungen in der Zeitarbeit“ vom 30. Mai 2006 in Form einer Rechtsverordnung nach dem Arbeitnehmer-Entsendegesetz wirksam wird, spätestens jedoch zum 1. November 2008. Sollte im Verlaufe des Jahres 2008 absehbar sein, dass ein Mindestlohn in der Zeitarbeit faktisch nicht bis zum November 2008 in Kraft tritt, verpflichten sich die Tarifvertragsparteien, auf Anrufen einer Partei, erneut in Verhandlungen einzutreten.

Entgelttabelle West (ab 1. November 2007)

Entgeltgruppe (EG)	Eingangsstufe (ES)	Zulage (0,20 €)	Zulage (0,35 €)
M	7,15	7,35	
1	7,21	7,41	
2	7,56	7,76	
3	8,30	8,50	
4	9,25	9,45	
5	10,35		10,70
6	11,38		11,73
7	12,63		12,98
8	13,90		14,24
9	16,56		16,91

Entgelttabelle West (ab 1. Januar 2008)

Entgeltgruppe (EG)	Eingangsstufe (ES)	Zulage (0,20 €)	Zulage (0,35 €)
M	7,15*	7,35	
1	7,31**	7,51	
2	7,63	7,83	
3	8,41	8,61	
4	9,48	9,68	
5	10,75		11,10
6	11,90		12,25
7	13,10		13,45
8	14,34		14,69
9	17,04		17,39

* Im Falle des Wirksamwerdens des „Tarifvertrages zur Regelung von Mindestarbeitsbedingungen in der Zeitarbeit“ in Form einer Rechtsverordnung nach dem Arbeitnehmer-Entsendegesetz erhöht sich das Entgelt auf 7,31 Euro. (Bei Anspruch auf eine Zulage erhöht sich das Entgelt auf 7,51 Euro.)

** Im Falle des Wirksamwerdens des „Tarifvertrages zur Regelung von Mindestarbeitsbedingungen in der Zeitarbeit“ in Form einer Rechtsverordnung nach dem Arbeitnehmer-Entsendegesetz erhöht sich das Entgelt auf 7,51 Euro. (Bei Anspruch auf eine Zulage erhöht sich das Entgelt auf 7,71 Euro.)

Entgelttabelle West (ab 1. April 2008)

Entgeltgruppe (EG)	Eingangsstufe (ES)	Zulage (0,20 €)	Zulage (0,35 €)
M	7,31	7,51	
1	7,31*	7,51	
2	7,63	7,83	
3	8,41	8,61	
4	9,48	9,68	
5	10,75		11,10
6	11,90		12,25
7	13,10		13,45
8	14,34		14,69
9	17,04		17,39

* Im Falle des Wirksamwerdens des „Tarifvertrages zur Regelung von Mindestarbeitsbedingungen in der Zeitarbeit“ in Form einer Rechtsverordnung nach dem Arbeitnehmer-Entsendegesetz erhöht sich das Entgelt auf 7,51 Euro. (Bei Anspruch auf eine Zulage erhöht sich das Entgelt auf 7,71 Euro.)

Entgelttabelle West (ab 1. November 2008)

Entgeltgruppe (EG)	Eingangsstufe (ES)	Zulage (0,20 €)	Zulage (0,35 €)
M	7,31	7,51	
1	7,51	7,71	
2	7,73	7,93	
3	8,48	8,68	
4	9,52	9,72	
5	10,80		11,15
6	12,09		12,44
7	13,36		13,71
8	14,63		14,98
9	17,38		17,73

Entgelttabelle Ost (ab 1. November 2007)

Entgeltgruppe (EG)	Eingangsstufe (ES)	Zulage (0,20 €)	Zulage (0,35 €)
M	6,22	6,42	
1	6,24	6,44	
2	6,54	6,74	
3	7,18	7,38	
4	8,00	8,20	
5	8,95		9,30
6	9,84		10,19
7	10,92		11,27
8	12,02		12,37
9	14,32		14,67

Entgelttabelle Ost (ab 1. Januar 2008)

Entgeltgruppe (EG)	Eingangsstufe (ES)	Zulage (0,20 €)	Zulage (0,35 €)
M	6,22*	6,42	
1	6,32**	6,52	
2	6,60	6,80	
3	7,27	7,47	
4	8,20	8,40	
5	9,30		9,65
6	10,29		10,64
7	11,33		11,68
8	12,40		12,75
9	14,74		15,09

* Im Falle des Wirksamwerdens des „Tarifvertrages zur Regelung von Mindestarbeitsbedingungen in der Zeitarbeit“ in Form einer Rechtsverordnung nach dem Arbeitnehmer-Entsendegesetz erhöht sich das Entgelt auf 6,36 Euro. (Bei Anspruch auf eine Zulage erhöht sich das Entgelt auf 6,56 Euro.)

** Im Falle des Wirksamwerdens des „Tarifvertrages zur Regelung von Mindestarbeitsbedingungen in der Zeitarbeit“ in Form einer Rechtsverordnung nach dem Arbeitnehmer-Entsendegesetz erhöht sich das Entgelt auf 6,50 Euro. (Bei Anspruch auf eine Zulage erhöht sich das Entgelt auf 6,70 Euro.)

Entgelttabelle Ost (ab 1. April 2008)

Entgeltgruppe (EG)	Eingangsstufe (ES)	Zulage (0,20 €)	Zulage (0,35 €)
M	6,36	6,56	
1	6,32*	6,52	
2	6,60	6,80	
3	7,27	7,47	
4	8,20	8,40	
5	9,30		9,65
6	10,29		10,64
7	11,33		11,68
8	12,40		12,75
9	14,74		15,09

* Im Falle des Wirksamwerdens des „Tarifvertrages zur Regelung von Mindestarbeitsbedingungen in der Zeitarbeit“ in Form einer Rechtsverordnung nach dem Arbeitnehmer-Entsendegesetz erhöht sich das Entgelt auf 6,50 Euro. (Bei Anspruch auf eine Zulage erhöht sich das Entgelt auf 6,70 Euro.)

Entgelttabelle Ost (ab 1. November 2008)

Entgeltgruppe (EG)	Eingangsstufe (ES)	Zulage (0,20 €)	Zulage (0,35 €)
M	6,36	6,56	
1	6,50	6,70	
2	6,69	6,89	
3	7,34	7,54	
4	8,23	8,43	
5	9,34		9,69
6	10,46		10,81
7	11,56		11,91
8	12,65		13,00
9	15,03		15,38

§ 3 Sonderregelung

Für Arbeitnehmer, die in Betriebe in den Bundesländern Mecklenburg-Vorpommern, Brandenburg, Berlin, Sachsen-Anhalt, Thüringen und Sachsen überlassen werden, wird auf die Entgelte für alle Entgeltgruppen – mit Ausnahme der Entgeltgruppe M – ein

Abschlag in Höhe von 13,5 % vereinbart. In der Entgeltgruppe M beträgt der Ostabschlag 13,0 %.

§ 4 Inkrafttreten und Kündigung

Dieser Vertrag tritt am 1. November 2007 für alle tarifgebundenen Mitglieder der Vertragsparteien in Kraft und ersetzt den Entgelttarifvertrag vom 30. Mai 2006. Er kann mit einer Frist von sechs Monaten, erstmals jedoch zum 31. Dezember 2008, gekündigt werden.

§ 5 Salvatorische Klausel

Sollten einzelne Bestimmungen dieses Vertrages, gleich aus welchem Grund, unwirksam sein oder werden, so soll hierdurch die Gültigkeit der übrigen Bestimmungen des Vertrages nicht berührt werden. Anstelle der unwirksamen Bestimmung soll jene angemessene Bestimmung treten, die dem am nächsten kommt, was die Parteien nach Sinn und Zweck des Vertrages gewollt haben.

Protokollnotizen

1. Der Tarifvertrag entfaltet keine Bindung für Fördermitglieder des iGZ.

2. Im gegenseitigen Einvernehmen können Ergänzungen jederzeit vorgenommen werden.

3. Durch den Tarifvertrag werden gesetzliche Mindestlohnansprüche nach dem Arbeitnehmer-Entsendegesetz nicht berührt.

Münster, den 18. September 2007

3. Anlage zum iGZ-/DGB-Entgelttarifvertrag

Monatliche Gehaltstarife

Festgehälter nach dem iGZ-/DBG-Entgelttarifvertrag vom 18.09.2007 auf der Basis von 151,67 Stunden

Tarifgehälter West (ab 1. November 2007)

Entgeltgruppe (EG)	Eingangsstufe (ES)	Zulage (0,20 €)	Zulage (0,35 €)
M	1084,44	1114,77	
1	1093,54	1123,87	
2	1146,63	1176,96	
3	1258,86	1289,20	
4	1402,95	1433,28	
5	1569,78		1622,87
6	1726,00		1779,09
7	1915,59		1968,68
8	2108,21		2161,30
9	2511,66		2564,74

Tarifgehälter West (ab 1. Januar 2008)

Entgeltgruppe (EG)	Eingangsstufe (ES)	Zulage (0,20 €)	Zulage (0,35 €)
M	1084,44*	1114,77	
1	1108,71**	1139,04	
2	1157,24	1187,58	
3	1275,54	1305,88	
4	1437,83	1468,17	
5	1630,45		1683,54
6	1804,87		1857,96
7	1986,88		2039,96
8	2174,95		2228,03
9	2584,46		2637,54

* Im Falle des Wirksamwerdens des „Tarifvertrages zur Regelung von Mindestarbeitsbedingungen in der Zeitarbeit“ in Form einer Rechtsverordnung nach dem Arbeitnehmer-Entsendegesetz erhöht sich das Gehalt auf 1108,71 Euro. (Bei Anspruch auf eine Zulage erhöht sich das Gehalt auf 1139,04 Euro.)

** Im Falle des Wirksamwerdens des „Tarifvertrages zur Regelung von Mindestarbeitsbedingungen in der Zeitarbeit“ in Form einer Rechtsverordnung nach dem Arbeitnehmer-Entsendegesetz erhöht sich das Gehalt auf 1139,04 Euro. (Bei Anspruch auf eine Zulage erhöht sich das Gehalt auf 1169,38 Euro.)

Tarifgehälter West (ab 1. April 2008)

Entgeltgruppe (EG)	Eingangsstufe (ES)	Zulage (0,20 €)	Zulage (0,35 €)
M	1108,71	1139,04	
1	1108,71*	1139,04	
2	1157,24	1187,58	
3	1275,54	1305,88	
4	1437,83	1468,17	
5	1630,45		1683,54
6	1804,87		1857,96
7	1986,88		2039,96
8	2174,95		2228,03
9	2584,46		2637,54

* Im Falle des Wirksamwerdens des „Tarifvertrages zur Regelung von Mindestarbeitsbedingungen in der Zeitarbeit" in Form einer Rechtsverordnung nach dem Arbeitnehmer-Entsendegesetz erhöht sich das Gehalt auf 1139,04 Euro. (Bei Anspruch auf eine Zulage erhöht sich das Gehalt auf 1169,38 Euro.)

Tarifgehälter West (ab 1. November 2008)

Entgeltgruppe (EG)	Eingangsstufe (ES)	Zulage (0,20 €)	Zulage (0,35 €)
M	1108,71	1139,04	
1	1139,04	1169,38	
2	1172,41	1202,74	
3	1286,16	1316,50	
4	1443,90	1474,23	
5	1638,04		1691,12
6	1833,69		1886,77
7	2026,31		2079,40
8	2218,93		2272,02
9	2636,02		2689,11

Tarifgehälter Ost (ab 1. November 2007)

Entgeltgruppe (EG)	Eingangsstufe (ES)	Zulage (0,20 €)	Zulage (0,35 €)
M	943,39	973,72	
1	946,42	976,75	
2	991,92	1022,26	
3	1088,99	1119,32	
4	1213,36	1243,69	
5	1357,45		1410,53
6	1492,43		1545,52
7	1656,24		1709,32
8	1823,07		1876,16
9	2171,91		2225,00

Tarifgehälter Ost (ab 1. Januar 2008)

Entgeltgruppe (EG)	Eingangsstufe (ES)	Zulage (0,20 €)	Zulage (0,35 €)
M	943,39*	973,72	
1	958,55**	988,89	
2	1001,02	1031,36	
3	1102,64	1132,97	
4	1243,69	1274,03	
5	1410,53		1463,62
6	1560,68		1613,77
7	1718,42		1771,51
8	1880,71		1933,79
9	2235,62		2288,70

* Im Falle des Wirksamwerdens des „Tarifvertrages zur Regelung von Mindestarbeitsbedingungen in der Zeitarbeit" in Form einer Rechtsverordnung nach dem Arbeitnehmer-Entsendegesetz erhöht sich das Gehalt auf 964,62 Euro. (Bei Anspruch auf eine Zulage erhöht sich das Gehalt auf 994,96 Euro.)

** Im Falle des Wirksamwerdens des „Tarifvertrages zur Regelung von Mindestarbeitsbedingungen in der Zeitarbeit" in Form einer Rechtsverordnung nach dem Arbeitnehmer-Entsendegesetz erhöht sich das Gehalt auf 985,86 Euro. (Bei Anspruch auf eine Zulage erhöht sich das Gehalt auf 1016,19 Euro.)

Tarifgehälter Ost (ab 1. April 2008)

Entgeltgruppe (EG)	Eingangsstufe (ES)	Zulage (0,20 €)	Zulage (0,35 €)
M	964,62	994,96	
1	958,55*	988,89	
2	1001,02	1031,36	
3	1102,64	1132,97	
4	1243,69	1274,03	
5	1410,53		1463,62
6	1560,68		1613,77
7	1718,42		1771,51
8	1880,71		1933,79
9	2235,62		2288,70

* Im Falle des Wirksamwerdens des „Tarifvertrages zur Regelung von Mindestarbeitsbedingungen in der Zeitarbeit" in Form einer Rechtsverordnung nach dem Arbeitnehmer-Entsendegesetz erhöht sich das Gehalt auf 985,86 Euro. (Bei Anspruch auf eine Zulage erhöht sich das Gehalt auf 1016,19 Euro.)

Tarifgehälter Ost (ab 1. November 2008)

Entgeltgruppe (EG)	Eingangsstufe (ES)	Zulage (0,20 €)	Zulage (0,35 €)
M	964,62	994,96	
1	985,86	1016,19	
2	1014,67	1045,01	
3	1113,26	1143,59	
4	1248,24	1278,58	
5	1416,60		1469,68
6	1586,47		1639,55
7	1753,31		1806,39
8	1918,63		1971,71
9	2279,60		2332,68

4. Manteltarifvertrag Zeitarbeit

Zwischen dem

- Interessenverband Deutscher Zeitarbeitsunternehmen (iGZ e.V.)
  Erphostraße 56, 48145 Münster

und den unterzeichnenden Mitgliedsgewerkschaften des DGB

- Industriegewerkschaft Bergbau, Chemie, Energie (IG BCE)
  Königsworther Platz 6, 30167 Hannover
- Gewerkschaft Nahrung – Genuss – Gaststätten (NGG)
  Haubachstraße 76, 22765 Hamburg
- Industriegewerkschaft Metall (IG Metall)
  Wilhelm-Leuschner-Straße 79, 60329 Frankfurt am Main
- Gewerkschaft Erziehung und Wissenschaft (GEW)
  Reifenbergerstraße 21, 60489 Frankfurt am Main
- Vereinte Dienstleistungsgewerkschaft e.V. (ver.di)
  Paula-Thiede-Ufer 10, 10179 Berlin
- Industriegewerkschaft Bauen – Agrar – Umwelt (IG BAU)
  Olof-Palme-Straße 19, 60439 Frankfurt am Main
- TRANSNET
  Weilburgerstraße 24, 60326 Frankfurt am Main
- Gewerkschaft der Polizei (GdP)
  Forststraße 3a, 40721 Hilden

wird folgender Manteltarifvertrag für die Zeitarbeit abgeschlossen:

§ 1 Geltungsbereich

Dieser Tarifvertrag gilt

- räumlich für das Gebiet der Bundesrepublik Deutschland,
- fachlich für alle ordentlichen Mitglieder des Interessenverbandes Deutscher Zeitarbeitsunternehmen (iGZ),
- persönlich für alle Arbeitnehmer, die im Rahmen der Arbeitnehmerüberlassung an Kundenbetriebe überlassen werden und Mitglied einer der vertragsschließenden Gewerkschaften sind.

Die in diesem Vertragstext verwendete Bezeichnung „Arbeitnehmer" umfasst weibliche und männliche Beschäftigte. Sie wird ausschließlich aus Gründen der besseren Lesbarkeit verwendet.

§ 2 Beginn und Ende des Beschäftigungsverhältnisses

2.1. Arbeitsvertrag und Altersgrenze

Der Arbeitgeber hat mit dem Arbeitnehmer einen schriftlichen Arbeitsvertrag abzuschließen. Erscheint der Arbeitnehmer am ersten Arbeitstag nicht und benachrichtigt den Arbeitgeber nicht unverzüglich über die Verhinderung am ersten Arbeitstag, so gilt das Beschäftigungsverhältnis *(vgl. PN 5; 6)*als nicht zustande gekommen. Das Beschäftigungsverhältnis endet mit dem Ablauf des Kalendermonats, in dem der Arbeitnehmer Anspruch auf eine Altersrente hat, spätestens mit Ablauf des Monats, in dem der Arbeitnehmer das 65. Lebensjahr vollendet hat.

2.2. Probezeit und Kündigungsfristen

Die ersten sechs Monate des Beschäftigungsverhältnisses *(vgl. PN 5; 6)* gelten als Probezeit. In den ersten vier Wochen der Probezeit kann das Beschäftigungsverhältnis mit einer Frist von 2 Arbeitstagen gekündigt werden. Von der fünften Woche an bis zum Ablauf des zweiten Monats beträgt die Kündigungsfrist 1 Woche, vom dritten Monat bis zum sechsten Monat des Beschäftigungsverhältnisses 2 Wochen. Vom siebten Monat des Beschäftigungsverhältnisses an gelten die gesetzlichen Kündigungsfristen. Diese gesetzlichen Kündigungsfristen gelten beiderseits. Probezeit und Kündigungsfristen gelten gleichermaßen für befristete Beschäftigungsverhältnisse.

§ 3 Arbeitszeit

3.1. Arbeitszeit

3.1.1. Die individuelle regelmäßige monatliche Arbeitszeit beträgt für Vollzeitbeschäftigte 151,67 Stunden. Das entspricht einer durchschnittlichen wöchentlichen Arbeitszeit von 35 Stunden.

3.1.2. Die individuelle regelmäßige Arbeitszeit pro Monat richtet sich nach der Anzahl der Arbeitstage.
In Monaten mit

- 20 Arbeitstagen beträgt die Monatsarbeitszeit 140 Stunden
- 21 Arbeitstagen beträgt die Monatsarbeitszeit 147 Stunden
- 22 Arbeitstagen beträgt die Monatsarbeitszeit 154 Stunden
- 23 Arbeitstagen beträgt die Monatsarbeitszeit 161 Stunden.

Arbeitnehmer, die auf eigenen Wunsch und aufgrund betriebliche Möglichkeiten mit einer geringeren als der tariflichen wöchentlichen Arbeitszeit gemäß § 3.1.1. beschäftigt werden, sind Teilzeitbeschäftigte. Die regelmäßige Arbeitszeit pro Monat berechnet sich dann anteilig.
Teilzeitbeschäftigte haben im Rahmen ihres Arbeitsvertrages die gleichen tariflichen Rechte und Pflichten wie Vollzeitbeschäftigte, soweit sich aus den Tarifverträgen nichts anderes ergibt.

3.1.3. Die monatliche Arbeitszeit wird an die des Entleihers angepasst. Beginn und Ende der täglichen Arbeitszeit einschließlich der Pausen und die Verteilung der Arbeitszeit auf die einzelnen Wochentage richten sich nach den im jeweiligen Entleiherbetrieb gültigen Regelungen bzw. Anforderungen des Entleihers.

3.1.4. Bei Einsatz in vollkontinuierlicher Schichtarbeit (Contischicht) oder einem vergleichbaren anderen Schichtmodell des Entleihers gilt für den Arbeitnehmer das Arbeitszeit-/Zuschlagsmodell des Entleihers nur, wenn ein voller Zyklus durchlaufen wird. Wird kein voller Zyklus durchlaufen, gilt für diesen Zeitraum der Durchschnitt der monatlichen Arbeitszeit zur Berechnung der geleisteten Stunden.

3.1.5. An Heiligabend und Silvester endet die Arbeitszeit um 14.00 Uhr. Für Arbeiten darüber hinaus gilt die Zuschlagsregelung für Feiertage. Beide Tage können unabhängig von den Bestimmungen gemäß § 3.2.3. über das Arbeitszeitkonto oder das Urlaubskonto als freie Tage entgolten werden.

3.2. Arbeitzeitkonto

3.2.1. Für jeden Arbeitnehmer wird ein Arbeitszeitkonto eingerichtet. Auf dieses Konto werden die Arbeitsstunden übertragen, die über die regelmäßige Arbeitszeit pro Monat hinaus geleistet werden. Zulässig ist gleichermaßen die Übertragung von Minusstunden.

3.2.2. Es dürfen nur so viele Stunden auf das Arbeitszeitkonto übertragen werden, dass die Grenzwerte von maximal 150 Plusstunden und 21 Minusstunden nicht überschritten werden.

3.2.3. Die auf dem Arbeitszeitkonto aufgelaufenen Stunden werden durch Freizeit ausgeglichen *(vgl. PN 9)*. Dabei können der Arbeitgeber und der Arbeitnehmer in jedem Kalendermonat über jeweils zwei Arbeitstage Zeitguthaben frei verfügen. Eine Verfügung durch den Arbeitgeber darf nicht zu einem negativen Zeitguthaben des Arbeitnehmers führen. Die Freizeitgewährung ist spätestens 2 Arbeitstage vor Antritt vom Arbeitnehmer beim Arbeitgeber zu beantragen und kann nur aus dringenden betrieblichen Gründen abgelehnt werden. In einem solchen Falle hat der Arbeitgeber innerhalb von 4 Wochen dem Freizeitersuchen nachzukommen. Darüber hinaus erfolgt der Freizeitausgleich nach den Wünschen des Arbeitnehmers in Absprache mit dem Arbeitgeber und unter Berücksichtigung betrieblicher Belange. Der Freizeitausgleich ist durch den Arbeitnehmer zu beantragen und bedarf der Genehmigung durch den Arbeitgeber. Fallen Zeiten, in denen Stundenguthaben durch beantragte und festgelegte Freizeit ausgeglichen werden, mit Zeiten einer Arbeitsunfähigkeit des Arbeitnehmers zusammen, so gilt die Freizeit als genommen, eine Rückübertragung in das Zeitguthaben erfolgt nicht.

3.2.4. Bei Ausscheiden wird ein positives Zeitguthaben ausgezahlt, ein negatives Zeitguthaben wird mit Entgeltansprüchen verrechnet bzw. ist zurückzuzahlen. Der Arbeitgeber hat dem Arbeitnehmer die Möglichkeit zu geben, ein negatives Zeitguthaben auch durch Arbeit auszugleichen.

§ 4 Zuschläge

4.1. Mehrarbeit

4.1.1. Mehrarbeit ist die über die regelmäßige monatliche Arbeitszeit hinausgehende Arbeitszeit.

4.1.2. Mehrarbeitszuschläge werden für Zeiten gezahlt, die in Monaten mit

- 20 Arbeitstagen über 160 geleistete Stunden
- 21 Arbeitstagen über 168 geleistete Stunden
- 22 Arbeitstagen über 176 geleistete Stunden
- 23 Arbeitstagen über 184 geleistete Stunden hinausgehen.

Der Mehrarbeitszuschlag beträgt 25 Prozent und wird jeweils in dem Monat ausgezahlt, in dem die Mehrarbeit angefallen ist. Diese Regelungen gelten gleichermaßen für Teilzeitbeschäftigte.

4.2. Nachtarbeit

Zuschläge für Nachtarbeit werden für Arbeit in der Zeit von 23.00 bis 6.00 Uhr gewährt, sofern mehr als 2 Std. innerhalb dieser Nachtzeit gearbeitet wurde. Der Zuschlag für Nachtarbeit beträgt 25 Prozent. Regelmäßige Nachtarbeit (Dauernachtschicht) wird mit einem Zuschlag von 20% vergütet. Für Tätigkeiten, die aus sachlichen Gründen typischerweise nachts verrichtet werden müssen (z.B. Bewachungsdienste), werden keine Zuschläge vergütet.

4.3. Sonntagsarbeit

Der Zuschlag für Sonntagsarbeit beträgt 50 Prozent, sofern die Arbeit an Sonntagen nicht zur Regelarbeitszeit zählt *(vgl. PN 7).*

4.4. Feiertagsarbeit

Der Zuschlag für Feiertagsarbeit beträgt 100 Prozent, sofern die Arbeit an Feiertagen nicht zur Regelarbeitszeit zählt *(vgl. PN 7).* Es gilt die gesetzliche Feiertagsregelung am jeweiligen Einsatzort.

4.5. Sonstige Zuschlagsvereinbarungen

4.5.1. Treffen mehrere Zuschläge für die gleiche Arbeitszeit zusammen, so wird nur der jeweils höhere Zuschlag gezahlt.

4.5.2. Die prozentuale Zuschlagsberechnung bezieht sich auf die Vergütung gemäß aktueller Entgeltgruppe und -stufe gemäß § 2 des Entgelttarifvertrages. Die Zuschlagsberechnung bezieht sich nicht auf die einsatzbezogene Zulage oder etwaige außertarifliche Zulagen.

4.5.3. Abweichend von den Ziffern 4.1. bis 4.4. werden für Tätigkeiten im medizinischen/ärztlichen Bereich folgende Zuschläge vereinbart:

- Nachtarbeit 15,0 Prozent
- Sonntagsarbeit 25,0 Prozent
- Feiertagsarbeit 35,0 Prozent
- Samstagsarbeit in der Zeit von 13.00-23.00 Uhr 7,5 Prozent

4.5.4. Abweichend von den Ziffern 4.1. bis 4.4. richten sich für Tätigkeiten im gastronomischen Bereich die Zuschläge für Nacht-, Sonn- und Feiertagsarbeit nach der jeweiligen Zuschlagsregelung im Entleihbetrieb.

4.5.5. Zuschläge werden jeweils in dem Monat ausbezahlt, in dem sie anfallen.

§ 5 Arbeitsbefreiung

5.1. Soweit dieser Tarifvertrag nichts anderes bestimmt, gilt der Grundsatz, dass nur geleistete Arbeit vergütet wird.

5.2. In unmittelbarem Zusammenhang mit den nachstehenden Ereignissen ist dem Arbeitnehmer bezahlte Freistellung von der Arbeit ohne Anrechnung auf den Urlaub zu gewähren:

- bei eigener Eheschließung oder Eintragung einer eingetragenen Lebensgemeinschaft 1 Tag
- bei Niederkunft der Ehefrau 1 Tag
- bei Tod des mit dem Arbeitnehmer in häuslicher Gemeinschaft lebenden Ehegatten oder eingetragenen Lebenspartners 2 Tage
- bei Tod eines Elternteils oder eines Kindes 1 Tag
- bei Umzug auf Veranlassung des Arbeitgebers 1 Tag
- bei Erfüllung gesetzlich auferlegter Pflichten aus öffentlichen Ehrenämtern für die notwendige ausfallende Arbeitszeit.

Soweit Erstattungsanspruch besteht, entfällt in dieser Höhe der Anspruch auf das Arbeitsentgelt. Bezüglich der Buchstaben b), c) und d) gelten die Regelungen entsprechend auch für Arbeitnehmer in eheähnlicher Lebensgemeinschaft. Die Ansprüche auf Freistellung nach Buchstaben a) – d) bestehen nach einer Betriebszugehörigkeit von 6 Monaten. Bezahlte Freistellung wird auf vorherigen schriftlichen Antrag gewährt und ist vom Arbeitnehmer mit Dokumenten nachzuweisen. Der Nachweis ist spätestens innerhalb von zwei Wochen nach dem Ereignis beizubringen. Damit sind alle Anlässe aus § 616 BGB kompensiert.

§ 6 Urlaub

6.1. Urlaubsgewährung

Die Urlaubsgewährung richtet sich nach den Regelungen des Bundesurlaubsgesetzes. Urlaubstermine können jeweils nur im Einvernehmen mit dem Arbeitgeber festgelegt werden.

6.2. Urlaubsanspruch

6.2.1. Der Urlaubsanspruch des Arbeitnehmers erhöht sich mit zunehmender Dauer der Betriebszugehörigkeit *(vgl. PN 5; 6).*

Der Arbeitnehmer erhält, berechnet nach der Dauer des ununterbrochenen Bestehens des Arbeitsverhältnisses *(vgl. PN 5; 6)*

- im ersten Jahr einen Jahresurlaub von 24 Arbeitstagen,
- im zweiten Jahr einen Jahresurlaub von 25 Arbeitstagen,
- im dritten Jahr einen Jahresurlaub von 26 Arbeitstagen,
- im vierten Jahr einen Jahresurlaub von 28 Arbeitstagen,
- ab dem fünften Jahr einen Jahresurlaub von 30 Arbeitstagen.

Bei Ausscheiden innerhalb der ersten sechs Monate des Bestehens des Beschäftigungsverhältnisses erwirbt der Arbeitnehmer Urlaubsanspruch gemäß Bundesurlaubsgesetz.

6.2.2. Für Teilzeitbeschäftigte ist der Jahresurlaub anteilig zu berechnen.

6.2.3. Scheidet der Arbeitnehmer im Laufe eines Kalenderjahres aus dem Unternehmen aus oder tritt er im Laufe eines Kalenderjahres ein, so erhält er für jeden vollen Monat des Bestehens des Beschäftigungsverhältnisses *(vgl. PN 5; 6)*ein Zwölftel des ihm zustehenden Jahresurlaubs.

6.2.4. Der Urlaubsanspruch erlischt nach Ablauf des Kalenderjahres, wenn er nicht zuvor erfolglos geltend gemacht wurde oder aus betrieblichen Gründen oder wegen Krankheit nicht genommen werden konnte. In den genannten Fällen wird der Resturlaub in das Folgejahr übertragen. Wird dieser Resturlaub durch den Arbeitnehmer nicht bis spätestens zum 31.03. des Folgejahres in Anspruch genommen werden, erlischt der Anspruch zu diesem Zeitpunkt. Wenn Urlaub wegen einer Langzeitarbeitsunfähigkeit nicht genommen werden konnte, auch nicht bis zum 31.03. des Folgejahres, so verfällt der Anspruch.

6.3. Urlaubsentgelt
Das Urlaubsentgelt errechnet sich aus dem in den Entgelttabellen festgelegten Tarifentgelt auf der Basis der regelmäßigen monatlichen Arbeitszeit. Darüber hinausgehende Zulagen und Zuschläge bleiben unberücksichtigt *(vgl. jedoch PN 8)*.

§ 7 Brückentage/Betriebsruhe

7.1. Um den Arbeitnehmer in Verbindung mit Feiertagen und Wochenenden (sog. Brückentage) eine längere zusammenhängende Freizeit zu gewähren, können Arbeitstage vor oder im Anschluss an Feiertage festgelegt werden, an denen nicht gearbeitet wird.

7.2. Für einen zusammenhängenden Zeitraum – von höchstens 14 Kalendertagen – kann Betriebsruhe angeordnet werden. Dazu benötigte Zeit kann vom Arbeitszeitkonto oder vom Jahresurlaub übertragen werden. Ausschließlich für diesen Zweck können auf dem Arbeitszeitkonto bis zu 50 Minusstunden angesammelt werden. Für die Lage der Betriebsruhe sind nach Möglichkeit die Wünsche der Mitarbeiter zu berücksichtigen.

§ 8 Jahressonderzahlungen

Ab dem zweiten Jahr des ununterbrochenen Bestehens des Beschäftigungsverhältnisses *(vgl. PN 5; 6)* hat der Arbeitnehmer Anspruch auf Jahressonderzahlungen in Form von zusätzlichem Urlaubs- und Weihnachtsgeld[522]. Die Auszahlung des zusätzlichen Urlaubsgeldes erfolgt mit der Abrechnung für den Monat Juni eines jeden Jahres, die Auszahlung des Weihnachtsgeldes erfolgt mit der Abrechnung für den Monat November eines jeden Jahres. Zusätzliches Urlaubs- und Weihnachtsgeld erhöhen sich

---

[522] Ab dem 01.01. 2006 entsteht der Anspruch auf diese Jahressonderzahlung nach 6 Monaten ununterbrochenen Bestehens des Beschäftigungsverhältnisses.

mit zunehmender Dauer der Betriebszugehörigkeit, berechnet auf die Stichtage 30. Juni und 30. November.

Das zusätzliche Urlaubs- und Weihnachtsgeld beträgt, abhängig von der Dauer des ununterbrochenen Bestehens des Arbeitsverhältnisses *(vgl. PN 5; 6)*

- im zweiten Jahr jeweils 150 Euro brutto,
- im dritten und vierten Jahr jeweils 200 Euro brutto,
- ab dem fünften Jahr jeweils 300 Euro brutto.

Voraussetzung für den Anspruch auf Auszahlung der Sonderzahlungen ist das Bestehen eines ungekündigten Beschäftigungsverhältnisses zum Auszahlungszeitpunkt. Teilzeitbeschäftigte erhalten die Sonderzahlungen anteilig entsprechend der vereinbarten regelmäßigen monatlichen Arbeitszeit. Arbeitnehmer, die bis zum 31. März des Folgejahres aus dem Arbeitgeberbetrieb ausscheiden, haben das Weihnachtsgeld zurückzuzahlen. Dies gilt nicht im Fall einer betriebsbedingten Kündigung durch den Arbeitgeber.

§ 9 Tarifliche Schlichtungsstelle

9.1. Bei Meinungsverschiedenheiten zwischen Arbeitgeber und Arbeitnehmer über die Durchführung und Anwendung dieses Tarifvertrages sind die Tarifvertragsparteien hinzuzuziehen. Der streitige Sachverhalt ist schriftlich mitzuteilen. Kann die Meinungsverschiedenheit auch mit Hilfe der Tarifvertragsparteien nicht innerhalb einer Frist von 6 Wochen vom Zeitpunkt der Mitteilung an beigelegt werden, steht der Rechtsweg offen.

9.2. Bei Meinungsverschiedenheiten zwischen Arbeitgeber und Arbeitnehmer über die Auslegung von Bestimmungen dieses Tarifvertrages gelten die obigen Vorschriften entsprechend. Sind die Tarifvertragsparteien übereinstimmend der Auffassung, dass die Meinungsverschiedenheit grundsätzliche Bedeutung hat oder kann darüber keine Übereinstimmung erzielt werden, so entscheidet das Schiedsgericht über die Meinungsverschiedenheit unter Ausschluss der Arbeitsgerichtsbarkeit. Im anderen Fall steht der Rechtsweg offen. Das Schiedsgericht setzt sich paritätisch aus je zwei, höchstens je drei Beisitzern zusammen. Die Arbeitgeberbeisitzer werden von dem iGZ, die Arbeitnehmerbeisitzer von der DGB-Tarifgemeinschaft von Fall zu Fall benannt.

9.3. Das Schiedsgericht tritt innerhalb einer Frist von einem Monat ab der Feststellung gemäß § 9.2 Satz 2 zusammen. Kommt eine Mehrheitsentscheidung des Schiedsgerichts nicht zustande, so ist ein unparteiischer Vorsitzender hinzuzuziehen. Nach der Benennung des Vorsitzenden tritt das Schiedsgericht spätestens innerhalb einer Frist von einem Monat zusammen. Die Entscheidungen des Schiedsgerichts über die Auslegung dieses Tarifvertrages sind in Rechtsstreitigkeiten zwischen den tarifgebundenen Parteien bindend.

§ 10 Ausschlussfrist

Alle Ansprüche aus dem Arbeitsverhältnis und solche, die mit dem Arbeitsverhältnis in Verbindung stehen, sind ausgeschlossen, wenn sie nicht innerhalb einer Ausschlussfrist von einem Monat nach ihrer Fälligkeit gegenüber der anderen Vertragspartei schriftlich erhoben werden. Lehnt die Gegenpartei den Anspruch schriftlich ab oder erklärt sie sich nicht innerhalb von zwei Wochen nach der Geltendmachung des Anspruchs, so verfällt dieser, wenn er nicht innerhalb von einem Monat nach der Ablehnung oder dem Fristablauf gerichtlich geltend gemacht wird.

§ 11 Inkrafttreten und Kündigung

Dieser Vertrag tritt am 1. Januar 2004 für alle tarifgebundenen Mitglieder der Vertragsparteien in Kraft. Die freiwillige Anwendung des Tarifvertrages zu einem früheren Zeitpunkt kann von Vollmitgliedern des iGZ nach vorheriger schriftlicher Anzeige gegenüber den Tarifvertragsparteien erfolgen. Dieser Vertrag kann unter Einhaltung einer Frist von drei Monaten zum Monatsende, erstmals jedoch zum 30. Juni 2006, gekündigt werden.

§ 12 Salvatorische Klausel

Sollten einzelne Bestimmungen dieses Vertrages, gleich aus welchem Grund, unwirksam sein oder werden, so soll hierdurch die Gültigkeit der übrigen Bestimmungen des Vertrages nicht berührt werden. Anstelle der unwirksamen Bestimmung soll jene angemessene Bestimmung treten, die dem am nächsten kommt, was die Parteien nach Sinn und Zweck des Vertrages gewollt haben.

Protokollnotizen

1. Der Tarifvertrag entfaltet keine Bindung für Fördermitglieder des iGZ.

2. Der Begriff Beschäftigungsverhältnis ist gleichzusetzen mit dem Begriff des Arbeitsverhältnisses.

3. Im gegenseitigen Einvernehmen können Ergänzungen jederzeit vorgenommen werden.

4. Mit den Regelungen nach § 3.2.3, § 6 und § 7 wird das Mitbestimmungsrecht des Betriebsrats nicht eingeschränkt.

5. Übergangsregelung aufgrund der Neueinführung dieses Tarifvertrages: Die Berechnung des ununterbrochenen Bestehens des Beschäftigungsverhältnisses erfolgt ab Stichtag 01.01.2002.

6. Bei der Berechnung der Dauer des ununterbrochenen Bestehens des Arbeitsverhältnisses werden Zeiten, in denen das Arbeitsverhältnis ruht, nicht mitgerechnet. Ausgenommen sind arbeitsbedingte Erkrankungen und Arbeitsunfälle bis zu einem Zeitraum von 12 Monaten nach Ablauf der Entgeltfortzahlung. Die Jahressonderzahlungen gemäß § 8 werden auch bei ruhendem Arbeitsverhältnis anteilig gezahlt für die Zeiten, in denen ein sozialversicherungspflichtiges Arbeitsentgelt erzielt wurde. Satz 2 gilt dementsprechend.

7. Die Zuschläge für Arbeit an Sonn- und Feiertagen, soweit diese zur Regelarbeitszeit zählen, richten sich nach der Zuschlagsregelung im Entleihbetrieb, siehe auch § 3.1.4.

8. Zuschläge für die besondere Lage der Arbeitszeit (Sonn-, Feiertags-, Nachtarbeit) sind nach der aktuellen Rechtsprechung des Bundesarbeitsgerichts bei der Berechnung des Urlaubsentgelts nach § 6.3 zu berücksichtigen.

9. Auf Wunsch des Arbeitnehmers kann mit Zustimmung des Arbeitgebers eine individuelle Regelung über die Auszahlung von Arbeitszeitguthaben bis höchstens 20 Stunden pro Monat vereinbart werden.

10. Arbeitnehmer werden nicht in Betriebe eingesetzt, die ordnungsgemäß bestreikt werden. Hiervon ausgeschlossen ist der Einsatz im Rahmen eines Notdienstes. Im Übrigen gilt die Regelung des § 11 Absatz 5 AÜG.

Berlin, den 29. Mai 2003

5. Tarifvertrag zur Beschäftigungssicherung

Zwischen dem

- Interessenverband Deutscher Zeitarbeitsunternehmen (iGZ e.V.)
  Erphostraße 56, 48145 Münster

und den unterzeichnenden Mitgliedsgewerkschaften des DGB

- Industriegewerkschaft Bergbau, Chemie, Energie (IG BCE)
  Königsworther Platz 6, 30167 Hannover
- Gewerkschaft Nahrung – Genuss – Gaststätten (NGG)
  Haubachstraße 76, 22765 Hamburg
- Industriegewerkschaft Metall (IG Metall)
  Wilhelm-Leuschner-Straße 79, 60329 Frankfurt am Main
- Gewerkschaft Erziehung und Wissenschaft (GEW)
  Reifenbergerstraße 21, 60489 Frankfurt am Main
- Vereinte Dienstleistungsgewerkschaft e.V. (ver.di)
  Paula-Thiede-Ufer 10, 10179 Berlin
- Industriegewerkschaft Bauen – Agrar – Umwelt (IG BAU)
  Olof-Palme-Straße 19, 60439 Frankfurt am Main
- TRANSNET
  Weilburgerstraße 24, 60326 Frankfurt am Main
- Gewerkschaft der Polizei (GdP)
  Forststraße 3a, 40721 Hilden

wird folgende Regelung abgeschlossen:

§ 1 Geltungsbereich

Dieser Tarifvertrag gilt

- räumlich für das Gebiet der Bundesrepublik Deutschland,
- fachlich für alle ordentlichen Mitglieder des Interessenverbandes Deutscher Zeitarbeitsunternehmen (iGZ),

- persönlich für alle Arbeitnehmer, die im Rahmen der Arbeitnehmerüberlassung an Kundenbetriebe überlassen werden und Mitglied einer der vertragsschließenden Gewerkschaften sind.

§ 2 Öffnungsklausel bei wirtschaftlichen Schwierigkeiten

Bei einer Gefährdung der wirtschaftlichen Bestandsfähigkeit eines Unternehmens können Arbeitgeber und/oder betriebliche Interessenvertretung bei den Tarifvertragsparteien eine Sonderregelung beantragen. Die Tarifvertragsparteien werden in diesem Fall zeitlich befristete Sonderregelungen prüfen und treffen, soweit damit ein Beitrag zum Erhalt des Unternehmens und der Arbeitsplätze zu leisten ist. Voraussetzung für die Vereinbarung einer befristeten Sonderregelung durch die Tarifvertragsparteien ist die Vorlage eines Sanierungskonzeptes und der Ausschluss betriebsbedingter Kündigungen während der Laufzeit der Sonderregelung.

§ 3 Inkrafttreten und Kündigung

Dieser Vertrag tritt am 1. Januar 2004 für alle tarifgebundenen Mitglieder der Vertragsparteien in Kraft. Die freiwillige Anwendung des Tarifvertrages zu einem früheren Zeitpunkt kann von Vollmitgliedern des iGZ nach vorheriger schriftlicher Anzeige gegenüber den Tarifvertragsparteien erfolgen. Dieser Vertrag kann unter Einhaltung einer Frist von drei Monaten zum Monatsende, erstmals jedoch zum 30. Juni 2006, gekündigt werden.

Protokollnotiz:

Der Tarifvertrag entfaltet keine Bindung für Fördermitglieder des iGZ.

Berlin, den 29. Mai 2003

III. Tarifverträge Zeitarbeit AMP – CGZP

1. Manteltarifvertrag

zwischen der

Tarifgemeinschaft Christliche Gewerkschaften Zeitarbeit und PSA (CGZP)

und dem

Arbeitgeberverband Mittelständischer Personaldienstleister (AMP)

1. Geltungsbereich

1.1 Räumlicher Geltungsbereich

Dieser Tarifvertrag erstreckt sich räumlich auf das Gebiet der Bundesrepublik Deutschland.

1.2 Fachlicher Geltungsbereich

Dieser Tarifvertrag gilt fachlich für alle Unternehmen, Betriebe, Betriebsabteilungen sowie Hilfs- und/oder Nebenbetriebe, die Dienstleistungen in der Arbeitnehmerüberlassung erbringen.

1.3 Persönlicher Geltungsbereich

Dieser Tarifvertrag gilt persönlich für alle Arbeitnehmer, soweit sie nicht leitende Angestellte im Sinne des Betriebsverfassungsgesetzes (BetrVG) sind; Personaldisponenten und Niederlassungsleiter sind außertarifliche Angestellte.

1.4 Organisatorischer Geltungsbereich

Dieser Tarifvertrag gilt auf Arbeitgeberseite für ordentliche Mitglieder der tarifvertragschließenden Partei, die Vollmacht zum Tarifabschluss erteilt haben. Auf Arbeitnehmerseite gilt der Tarifvertrag für Mitglieder der Mitgliedsgewerkschaften der Tarifgemeinschaft Christlicher Gewerkschaften für Zeitarbeit und Personalserviceagenturen.

1.5 Öffnungsklausel

1.5.1 Von den Bestimmungen dieses Manteltarifvertrages kann durch Firmen-, Mehrfirmen-, Branchen-, Flächen-, Ergänzungs- oder Beschäftigungssicherungstarifverträge abgewichen werden.

1.5.2 Tarifliche Normen können durch Betriebsvereinbarungen abgeändert werden. Derartige Vereinbarungen bedürfen der Zustimmung der Tarifvertragsparteien. Die Betriebsparteien sind verpflichtet, den Tarifvertragsparteien den Abschluss einer solchen Betriebsvereinbarung anzuzeigen. Sollte nach Ablauf von vier Wochen nach Eingang des Zustimmungsersuchens bei den Tarifvertragsparteien kein Widerspruch erfolgen, gilt die Zustimmung als erteilt.

1.5.3 Tarifliche Normen können dort, wo kein Betriebsrat besteht, gemäß vorstehender Ziffer 1.5.2 durch Entscheidung einer Mehrheit von 75% der betroffenen Arbeitnehmer unter den dort genannten Voraussetzungen auch abgeändert werden, soweit der einzelne Arbeitnehmer hierzu seine Zustimmung erteilt; dieses kann auch vorab geschehen.

1.5.4 Für die Abänderung tariflicher Normen auf der Grundlage des zwischen den Tarifvertragsparteien abgeschlossenen Beschäftigungssicherungsvertrages ist die Zustimmung der Tarifvertragsparteien erforderlich.

1.6 Sprachgebrauch

Die in diesem Tarifvertrag verwendete Bezeichnung „Arbeitnehmer" umfasst weibliche und männliche Arbeitskräfte. Die undifferenzierte Bezeichnung dient allein der besseren Lesbarkeit des Vertragstextes.

2. Beginn und Grundlagen des Arbeitsverhältnisses

2.1 Zustandekommen des Arbeitsvertrages

2.1.1 Der Arbeitgeber schließt mit dem Arbeitnehmer einen schriftlichen Arbeitsvertrag ab.

2.1.2 Erscheint der Arbeitnehmer am ersten Arbeitstag nicht und benachrichtigt er den Arbeitgeber nicht unverzüglich über seine Verhinderung am ersten Arbeitstag, so gilt der Arbeitsvertrag als nicht zustande gekommen. Der Arbeitsvertrag gilt als rechtmäßig zustande gekommen, wenn der Arbeitnehmer der Benachrichtigungspflicht aus Gründen höherer Gewalt nicht nachgekommen ist und die Mitteilung unverzüglich nach Wegfall des Hinderungsgrundes nachholt.

2.2 Probezeit

Die Probezeit beträgt längstens sechs Monate. Zur Kündigung während der Probezeit gelten die Ziffern 20.1 und 20.2.

2.3 Teilzeit und Befristung

2.3.1 Teilzeitarbeitsverhältnisse und befristete Arbeitsverträge sind zulässig. Der Arbeitsvertrag kann abweichend von § 14 Absatz 2 Satz 1 Teilzeit- und Befristungsgesetz (TzBfG) bis zu einer Gesamtdauer von drei Jahren ohne Vorliegen eines sachlichen Grundes befristet werden, soweit nicht gesetzlich eine längere sachgrundlose Befristung zulässig ist oder wird. Innerhalb dieser Zeitspanne kann der Arbeitsvertrag bis zu viermal verlängert werden. Auf die besonderen Bestimmungen für Existenzgründer im TzBfG wird hingewiesen.

2.3.2 Der Arbeitgeber kann das Verlangen des Arbeitnehmers auf Verringerung der Arbeitszeit nach § 8 Absatz 1 TzBfG insbesondere dann ablehnen, wenn die Auftragssituation eine Verringerung nicht zulässt.

2.3.3 Im Übrigen finden die Bestimmungen des TzBfG in seiner jeweils gültigen Fassung Anwendung.

2.4 Wechselnde Einsätze

2.4.1 Der Arbeitnehmer wird auf Grund der Eigenart des Arbeitsverhältnisses üblicherweise an ständig wechselnden Arbeitsplätzen und Einsatzstellen beschäftigt. Die Zuweisung zu wechselnden Einsatzstellen durch den Arbeitgeber ist daher keine betriebsverfassungsrechtliche Versetzung. Weder stellt die Rückkehr eines Arbeitnehmers in den Stammbetrieb zur Arbeitsleistung eine erneute Einstellung dar, noch ist die spätere Zuweisung an einen Kundenbetrieb eine Versetzung.

2.4.2 Der Arbeitgeber ist berechtigt, dem Arbeitnehmer eine Tätigkeit zu übertragen, die einer niedrigeren Entgeltgruppe zuzuordnen ist, wobei der Arbeitnehmer gleichwohl entsprechend seiner bisherigen tarifvertraglichen Eingruppierung zu vergüten ist. Ziffer 2.4 des Entgeltrahmentarifvertrages bleibt unberührt.

3. Arbeitszeit, Arbeitszeitkonten

3.1. Tarifliche Mindestarbeitszeit

Die tarifliche Mindestarbeitzeit eines vollzeitbeschäftigten Arbeitnehmers basiert auf einer rechnerischen Jahresarbeitszeit von mindestens 1.820 Stunden ohne Pausen. Hieraus leitet sich eine durchschnittliche monatliche Arbeitszeit von mindestens 151,67 Stunden ab. Dies entspricht einer durchschnittlichen wöchentlichen Arbeitszeit von mindestens 35 Stunden.

3.2. Arbeitsvertragliche Arbeitszeit

Arbeitgeber und Arbeitnehmer können eine von der tariflichen Mindestarbeitszeit abweichende höhere individuelle regelmäßige Arbeitszeit vereinbaren.

3.3 Arbeitszeit am Einsatzort

Die vom Arbeitnehmer tatsächlich zu leistende Arbeitszeit sowie ihre Lage und Verteilung richtet sich nach den im Kundenbetrieb vorhandenen betrieblichen Regelungen bzw. nach den Anforderungen des Kundenbetriebes unbeschadet von tariflicher Mindestarbeitszeit und arbeitsvertraglicher Arbeitszeit.

3.4 Mehrarbeit

Mehrarbeit sind die über die tarifliche Mindestarbeitszeit bzw. die ggf. abweichende arbeitsvertragliche Arbeitszeit hinaus geleisteten Stunden. Mehrarbeitsstunden müssen grundsätzlich schriftlich angeordnet und bestätigt werden.

3.5 Teilzeitarbeit

Teilzeitarbeit liegt vor, wenn die arbeitsvertragliche Arbeitszeit des Arbeitnehmers geringer ist als die tarifliche Mindestarbeitszeit.

3.6 Arbeitszeitmodelle auf Monatsbasis

Wird die tarifliche Mindestarbeitszeit bzw. die ggf. abweichende arbeitsvertragliche Arbeitszeit durch den Monat als Bezugsgröße bestimmt, stehen zwei Arbeitszeitmodelle zur Verfügung:

- **3.6.1** Es werden 151,67 Stunden als Fixum festgelegt oder
- **3.6.2** Es werden bei Kalendermonaten mit 20 Arbeitstagen 140 Stunden, bei Monaten mit 21 Arbeitstagen 147 Stunden, bei Monaten mit 22 Arbeitstagen 154 Stunden sowie bei Monaten mit 23 Arbeitstagen 161 Stunden festgelegt. Bei

der Berechnung gelten Feiertage, die auf einen Wochentag fallen, als Arbeitstage.

3.7 Arbeitszeitkonten

3.7.1 Zum Ausgleich der Abweichungen zwischen der tariflichen Mindestarbeitszeit bzw. der ggf. abweichenden arbeitsvertraglichen Arbeitszeit und der tatsächlich geleisteten Arbeitszeit **kann** ein Arbeitszeitkonto eingerichtet werden.

3.7.2. Auf das Arbeitszeitkonto werden **Plus- und Minusstunden** übertragen. Plusstunden sind die Arbeitsstunden, um die die tarifliche Mindestarbeitszeit bzw. die ggf. abweichende arbeitsvertragliche Arbeitszeit überschritten wurde. Minusstunden sind die Arbeitsstunden, um die die tarifliche Mindestarbeitszeit bzw. die ggf. abweichende arbeitsvertragliche Arbeitszeit unterschritten wurde.

3.7.3 Der **Ausgleichszeitraum** kann sich über die gesamte Dauer des Arbeitsverhältnisses erstrecken.

3.7.4 Die **Höchstgrenze** der Guthabenstunden liegt bei 250 Stunden, für Minusstunden bei 100 Stunden.

3.7.5 Bis zur 150. Guthabenstunde besteht insbesondere zur Sicherung des Arbeitsplatzes in einsatzfreien Zeiten ein **Dispositionsrecht des Arbeitgebers**.

3.7.6 Ab der 151. Guthabenstunde kann der Arbeitnehmer zwischen Fortschreibung des Stundensaldos, Freizeitausgleich oder Auszahlung wählen, wobei der Ausgleich vorrangig durch die Gewährung von Freizeit erfolgen soll.

3.7.7 Auf Wunsch des Arbeitnehmers und bei rechtzeitigem Antrag wird unter Berücksichtigung der betrieblichen Belange **bezahlter Zeitausgleich (Freizeit)** gewährt. Nach Vereinbarung mit dem Arbeitgeber ist jederzeit (auch bis zur 150. Guthabenstunde) ein Ausgleich der Plusstunden durch Freizeit möglich.

3.7.8 Freizeit wird grundsätzlich nur in ganzen Tagen gewährt. Die Bewertung erfolgt auf Basis der tariflichen Mindestarbeitszeit bei Vollzeitarbeitnehmern mit 7,0 Stunden, es sei denn, es wurde arbeitsvertraglich eine abweichende Arbeitszeit vereinbart.

3.7.9 Freizeitstunden werden mit dem maßgeblichen Tarifentgelt ohne Zuschläge und Zulagen nach Ziffer 5 und ohne Einsatzzulage nach Ziffer 2.3 des Entgeltrahmentarifvertrages vergütet.

3.7.10 Urlaubs- und krankheitsbedingte Ausfallzeiten werden bei Vollzeitarbeitnehmern mit 7,0 Stunden pro Arbeitstag auf Basis der tariflichen Mindestarbeitszeit bewertet (vgl. Ziffer 10), es sei denn, es wurde arbeitsvertraglich eine abweichende Arbeitszeit vereinbart. Entsprechendes gilt für Fälle der **Arbeitsbefreiung** nach Ziffer 6.

3.7.11 Die durch **gesetzliche Feiertage** tatsächlich ausgefallene Arbeitszeit wird entsprechend ihrem Zeitwert gemäß § 2 Entgeltfortzahlungsgesetz (EFZG) in das Arbeitszeitkonto gebucht.

3.7.12 Arbeit zu besonderen Zeiten nach Ziffer 4.5 (**Arbeitsbereitschaft, Bereitschaftsdienst, Rufbereitschaft**) wird nicht in das Arbeitszeitkonto gebucht und ist von Arbeitgeber und Arbeitnehmer durch gesonderte Vereinbarung zu regeln.

3.7.13 Bei Führung von Arbeitszeitkonten wird eine **verstetigte Vergütung** auf der Grundlage der Arbeitszeit gemäß Ziffer 3.6.1 bzw. 3.6.2 gezahlt. Die verstetigte Vergütung kann um vom Arbeitnehmer verursachte Nichteinsatzzeiten gekürzt werden; dazu gehören z. B. unentschuldigtes Fehlen oder die Nichtannahme eines Arbeitseinsatzes.

3.7.14 Der **Saldo des Arbeitszeitkontos** ist der monatlichen Entgeltabrechnung oder einem vergleichbaren Dokument zu entnehmen.

3.7.15 Eine Vereinbarung zwischen Arbeitgeber und Arbeitnehmer über die finanzielle Abgeltung von Guthabenstunden ist zulässig.

3.7.16 Bei **Beendigung des Arbeitsverhältnisses** können Minusstunden mit Entgeltansprüchen verrechnet werden bzw. sind Minusstunden vom Arbeitnehmer zurück zu zahlen, soweit sie auf Veranlassung des Arbeitnehmers entstanden sind. Die Auszahlung von Guthabenstunden erfolgt mit dem letzten maßgeblichen Tarifentgelt, soweit nicht gesetzlich etwas anderes vorgeschrieben ist.

3.8 Langzeitarbeitszeitkonten

Es können Langzeitarbeitszeitkonten zwischen Arbeitgeber und Arbeitnehmer vereinbart werden. In diesem Falle muss durch den Arbeitgeber eine entsprechende Insolvenzsicherung nachgewiesen werden.

3.9 Behandlung ohne Arbeitszeitkonto

Wird kein Arbeitszeitkonto geführt, ist die tarifliche Mindestarbeitszeit bzw. die ggf. abweichende arbeitsvertragliche Arbeitszeit als ungekürzter Faktor (einschließlich etwaiger vom Arbeitgeber verursachter Nichteinsatzzeiten) zur Berechnung des Arbeitsentgeltes zugrunde zu legen. Vom Arbeitnehmer verursachte Nichteinsatzzeiten sind abzuziehen; dazu gehören z. B. unentschuldigtes Fehlen oder die Nichtannahme eines Arbeitseinsatzes. Ziffer 3.10. bleibt unberührt. Mehrarbeitsstunden gemäß Ziffer 3.4 sind mit der jeweiligen Entgeltabrechnung zur Auszahlung zu bringen.

3.10 Anteilige Arbeitszeitberechnung

Bei unvollständigen Abrechnungsperioden (z. B. bei Ein- oder Austritt im Laufe eines Monats) ist die tarifliche Mindestarbeitszeit bzw. die ggf. abweichende arbeitsvertragliche Arbeitszeit anteilig zu berechnen.

3.11 Teilzeitarbeitsverhältnisse

Für Teilzeitarbeitsverhältnisse gelten die vorstehenden Regelungen entsprechend dem Verhältnis der arbeitsvertraglichen Arbeitszeit des Arbeitnehmers zur tariflichen Mindestarbeitszeit.

4. Arbeit zu besonderen Zeiten

4.1 Der Arbeitgeber ist zur einseitigen Anordnung von Arbeit zu besonderen Zeiten nach den Ziffern 4.2 bis 4.6 berechtigt.

4.2 Nachtarbeit ist die mehr als zweistündige Arbeit zwischen 23.00 und 6.00 Uhr (Nachtzeit).

4.3 Sonntagsarbeit ist die Arbeit zwischen Sonntag 0.00 Uhr und Sonntag 24.00 Uhr.

4.4 Für **Feiertage** gilt die gesetzliche Feiertagsregelung am jeweiligen Einsatzort.

4.5 Arbeitsbereitschaft, Bereitschaftsdienst, Rufbereitschaft

4.5.1 Arbeitsbereitschaft ist die Zeit ohne Tätigkeit während der regelmäßigen Arbeitszeit mit einer Dauer von mindestens zehn Minuten.

4.5.2 Bereitschaftsdienst leistet der Arbeitnehmer, der sich auf Anordnung des Arbeitgebers und nach den Anforderungen des Kundenbetriebes außerhalb der regelmäßigen Arbeitszeit an einer vom Arbeitgeber bestimmten Stelle aufhält, um im Bedarfsfall die Arbeit aufzunehmen.

4.5.3 Rufbereitschaft leistet der Arbeitnehmer, der sich auf Anordnung des Arbeitgebers und nach den Anforderungen des Kundenbetriebes außerhalb der regelmäßigen Arbeitszeit an einer dem Arbeitgeber anzuzeigenden Stelle aufhält, um auf Abruf die Arbeit aufzunehmen. Rufbereitschaft wird nicht dadurch ausgeschlossen, dass der Arbeitnehmer vom Arbeitgeber mit einem Funktelefon oder einem vergleichbaren technischen Hilfsmittel ausgestattet ist. Der Arbeitgeber darf Rufbereitschaft nur anordnen, wenn erfahrungsgemäß lediglich in Ausnahmefällen Arbeit anfällt.

4.5.4 Soweit Arbeitnehmer in Kundenbetrieben mit Arbeitsbereitschaft oder Bereitschaftsdienst oder in Rufbereitschaft eingesetzt werden und für den Kundenbetrieb entsprechend § 7 Arbeitszeitgesetz (ArbZG) betriebliche und/oder tarifliche Sonderregelungen zur Arbeitszeit und Ruhezeit gelten, gelten diese entsprechend mit der Maßgabe, dass die jeweilige Regelung vollumfänglich für den Arbeitnehmer zur Anwendung kommt.

4.6 Wechselschichtarbeit ist die Arbeit nach einem Schichtplan (Dienstplan), der einen Ablauf der täglichen Arbeitszeit in regelmäßigen Wechselschichten vorsieht, bei denen der Arbeitnehmer durchschnittlich längstens nach Ablauf eines Monats erneut zur Nachtschicht (Nachtschichtfolge) herangezogen wird. Wechselschichten sind wechselnde Arbeitsschichten, in denen ununterbrochen bei Tag und Nacht, werktags, sonntags und feiertags gearbeitet wird (vollkontinuierliche Schichtarbeit = Kontischicht).

5. Zuschläge und Zulagen

5.1 Mehrarbeitszuschlag 25 % vom tariflichen Entgelt;

Zuschlagspflichtige Mehrarbeit sind die vom Arbeitnehmer geleisteten Arbeitsstunden, welche seine arbeitsvertragliche Arbeitzeit um mehr als 20% überschreiten. Ist die vom Arbeitgeber für den jeweiligen Einsatz im Kundenbetrieb festgelegte und dem Arbeitnehmer vor seinem Einsatz (bspwe. durch eine schriftliche Einsatzanweisung) zugewiesene Arbeitszeit (einsatzbezogene Sollarbeitszeit) länger, sind zuschlagspflichtige Mehrarbeit erst die Arbeitsstunden, welche die einsatzbezogene Sollarbeitszeit um mehr als 20% überschreiten.

5.2 Nachtarbeitszuschlag 20 % vom tariflichen Entgelt;

5.3 Zuschlag für Sonntagsarbeit, Arbeit an gesetzlichen Feiertagen
50 % vom tariflichen Entgelt;

5.4 Zuschlag für Arbeit am 1. Mai, Ostersonntag, 1. Weihnachtsfeiertag, Neujahrstag
100 % vom tariflichen Entgelt;

5.5 Abweichend von den Regelungen gemäß den vorstehenden Ziffern 5.1 bis 5.4 gelten bei der Überlassung von Arbeitnehmern in die nachfolgend aufgeführten Branchen folgende Zuschläge:

Branche	**Mehrarbeits-zuschlag**	**Nachtzuschlag**	**Sonntagszuschlag**	**Feiertagszuschlag Einschl. der Feiertage nach Ziffer 5.4**
Wach- und Sicherheitsgewerbe	10%	10%	25%	25%
Medizinische und Pflegerische Branchen	25%	15%	25%	35%
Gastronomie	10%	15%	entfallen	entfallen
Film- und Fernseh-Produktionen, Theater und Bühne	25%	entfallen	25%	50%

Werden Arbeitnehmer aus diesen Branchen bis zu drei Arbeitstage in anderen Branchen eingesetzt, gelten für diese Tage gleichwohl die vorstehenden Zuschläge. Erfolgt der Einsatz länger als drei Tage in anderen Branchen, so sind vom ersten Tag an die gemäß den Ziffern 5.1 bis 5.4 vorgesehenen Zuschläge zu zahlen.

5.6 Erschwerniszulage 6 % vom tariflichen Entgelt.

Die Erschwerniszulage ist nur zu zahlen, sofern dies mit dem Kundenbetrieb ausdrücklich vereinbart worden ist. Als erschwert gelten Arbeiten, die unter hohen körperlichen Belastungen oder besonders starken Umgebungseinflüssen auszuführen sind, die über die normalen Erschwernisse erheblich hinausgehen.

5.7 Zuschläge berechnen sich nach dem zum Zeitpunkt ihrer Entstehung maßgeblichen Tarifentgelt; ab Entgeltgruppe 6 werden sie vom Eckentgelt (siehe hierzu Begriffsdefinition in ETV bzw. ERTV) berechnet. Zulagen berechnen sich nach dem zum Zeitpunkt ihrer Entstehung maßgeblichen Tarifentgelt. Bei der Bemessung von Zuschlägen und Zulagen bleiben tarifliche und außertarifliche Zuschläge und Zulagen selbst unberücksichtigt. Beim Einsatz in vollkontinuierlicher Schichtarbeit (Kontischicht) des Kundenbetriebes gilt für den Arbeitnehmer das Arbeitszeit-/Entlohnungssystem (= prozentuale Nacht-, Sonn- und Feiertagszuschläge) des Kundenbetriebes nur, wenn ein voller Zyklus durchlaufen wird. Wird kein voller Zyklus durchlaufen, gilt für diesen Zeitraum der Durchschnitt der tariflichen Mindestarbeitszeit zur Berechnung der geleisteten Stunden. Liegt für diesen Zeitraum die tatsächlich geleistete Arbeitszeit unter diesem Durchschnitt, wird die Bezahlung auf der Basis der tariflichen Mindestarbeitszeit gewährt (Ausgleichszahlung).

5.8 Beim Zusammentreffen mehrerer Zuschläge ist nur der jeweils höchste zu zahlen; die Erschwerniszulage und die Einsatzzulage nach Ziffer 2.3 des Entgeltrahmentarifvertrages sind stets zusätzlich zu bezahlen.

5.9 Zuschläge und Zulagen werden jeweils mit dem Entgelt für den Monat ausgezahlt, in dem sie anfallen. Bei Gehaltsempfängern mit Auszahlungstermin zum Monatsende erfolgt der finanzielle Ausgleich mit der Abrechnung des Folgemonats.

6. Bezahlte Freistellung von der Arbeit

6.1 Jegliche Arbeitsbefreiung (mit Ausnahme der Ziffern 6.2.2 bis 6.2.4) bedarf der vorherigen Zustimmung des Arbeitgebers.

6.2 In unmittelbarem Zusammenhang mit den nachstehenden Ereignissen ist dem Arbeitnehmer Freizeit ohne Anrechnung auf den Urlaub unter Weiterzahlung des regelmäßigen Arbeitsentgelts zu gewähren:

6.2.1 Eigene Eheschließung sowie die leiblicher Kinder 1 Tag;

6.2.2 Niederkunft der Ehefrau oder der in häuslicher Gemeinschaft lebenden Lebenspartnerin 1 Tag;

6.2.3 Tod eines Kindes oder des mit dem Arbeitnehmer in häuslicher Gemeinschaft lebenden Ehegatten/Lebenspartners 2 Tage;

6.2.4 Tod von Eltern oder Geschwistern 1 Tag;

6.2.5 Umzug auf Wunsch des Arbeitgebers 2 Tage;

6.2.6 Amtsärztlich angeordnete Untersuchungen, Vorsorgeuntersuchungen sowie der Arztbesuch anlässlich einer notwendigen Spezialuntersuchung, sofern diese zwingend während der Arbeitszeit durchgeführt werden müssen und der Arzt dies bescheinigt und soweit der Arbeitnehmer keinen Anspruch auf Entgeltfortzahlung nach den gesetzlichen Bestimmungen hat, für die Dauer der unvermeidlich ausfallenden Arbeitszeit;
6.2.7 Erfüllung staatsbürgerlicher Pflichten und öffentlicher Ehrenämter für die Dauer der notwendigen ausfallenden Arbeitszeit. Soweit ein Erstattungsanspruch besteht, entfällt in dieser Höhe der Anspruch auf das Arbeitsentgelt. Bei der Wahrnehmung von Gerichtsterminen ist der Arbeitgeber von seiner Vergütungspflicht befreit;

6.2.8 Schwere, mit Bettlägerigkeit verbundene Erkrankung des in häuslicher Gemeinschaft lebenden Ehegatten, wenn der Arzt bescheinigt, dass eine derartige vorliegt, welche die Anwesenheit des Arbeitnehmers zur Sicherung der Pflege erforderlich macht und der Arbeitnehmer nachweist, dass eine andere Person die Pflege nicht übernehmen kann und in der häuslichen Gemeinschaft ein Kind lebt, welches das achte Lebensjahr noch nicht vollendet hat, und ein Anspruch gegenüber einer Krankenversicherung nicht besteht, bis zur Dauer von vier Tagen pro Kalenderjahr;

6.2.9 für Mitglieder von Tarifkommissionen längstens 3 Tage.
6.3 Über die vorstehenden Ereignisse hinaus besteht kein Anspruch auf bezahlte Freistellung von der Arbeit gemäß § 616 Bürgerliches Gesetzbuch (BGB).

7. Arbeitsverhinderung

7.1 Der Arbeitnehmer ist verpflichtet, dem Arbeitgeber jede Arbeitsverhinderung und deren voraussichtliche Dauer unverzüglich (spätestens bis 9.00 Uhr) am ersten Tag der Arbeitsverhinderung mitzuteilen.

7.2 Bei krankheitsbedingter Arbeitsunfähigkeit ist der Arbeitnehmer verpflichtet, gemäß § 5 Absatz 1 Satz 2 Entgeltfortzahlungsgesetz (EFZG) dem Arbeitgeber unverzüglich eine ärztliche Bescheinigung über die Arbeitsunfähigkeit sowie deren voraussichtliche Dauer einzureichen. Der Arbeitgeber ist berechtigt, die Vorlage der ärztlichen Bescheinigung bereits ab dem ersten Tag der Arbeitsunfähigkeit zu verlangen. Dauert die Arbeitsunfähigkeit länger als in der Bescheinigung angegeben, ist der Arbeitnehmer verpflichtet, die Fortdauer seiner Arbeitsunfähigkeit unverzüglich (spätestens bis 12.00 Uhr des letzten auf einen Arbeitstag fallenden Arbeitsunfähigkeitstages laut (Vor-) Bescheinigung) mitzuteilen sowie unverzüglich eine neue ärztliche Bescheinigung vorzulegen.

7.3 Die Berechnung der Entgeltfortzahlung im Krankheitsfall richtet sich nach Ziffer 10.

8. Allgemeine Urlaubsbestimmungen

8.1 Urlaubsjahr ist das Kalenderjahr.

8.2 Die Lage des Urlaubs richtet sich nach dem arbeitgeberseitigen Urlaubsplan. Soweit kein Urlaubsplan besteht, wird der Urlaub (auch in einzelnen Tagen) im gegenseitigen Einvernehmen zwischen Arbeitgeber und Arbeitnehmer gewährt und genommen. Der Arbeitnehmer kann die Gewährung von Urlaub frühestens nach Ablauf von sechs Monaten seit seinem Eintritt verlangen.

8.3 Erkrankt ein Arbeitnehmer während des Urlaubs, so werden die durch ein ärztliches Zeugnis nachgewiesenen Tage der Arbeitsunfähigkeit auf den Jahresurlaub nicht angerechnet.

8.4 Der dem Arbeitnehmer gewährte Urlaub wird zunächst auf den gesetzlichen Mindesturlaub angerechnet.

8.5 Der Urlaubsanspruch erlischt nach Ablauf des Kalenderjahres, es sei denn, dass er zuvor erfolglos geltend gemacht wurde oder dass der Urlaub aus betrieblichen Gründen oder wegen Erkrankung des Arbeitnehmers nicht genommen werden konnte. Im Fall der Übertragung muss der Urlaub bis zum 31.03. des Folgejahres gewährt und genommen werden. Wird übertragener Urlaub – insbesondere bei fortdauernder Erkrankung des Arbeitnehmers – nicht bis zum 31.03. des Folgejahres genommen, verfällt der Urlaubsanspruch.

8.6 Im Übrigen gelten die Bestimmungen des Bundesurlaubsgesetzes (BUrlG) in seiner jeweils gültigen Fassung.

9. Urlaubsdauer

9.1 Innerhalb der ersten sechs Monate richtet sich der Urlaubsanspruch nach den Bestimmungen des Bundesurlaubsgesetzes (BUrlG).

9.1.1 Ab dem siebten Monat beträgt der Urlaubsanspruch bei einer Fünftagewoche und einer Betriebszugehörigkeit von

- bis zu einem vollendeten Kalenderjahr 24 Arbeitstage;
- bis zu drei vollendeten Kalenderjahren 25 Arbeitstage;
- ab dann 26 Arbeitstage.

Vollendetes Kalenderjahr bedeutet, dass das Arbeitsverhältnis innerhalb eines Kalenderjahres volle zwölf Monate bestanden haben muss.

9.1.2. Unter Betriebszugehörigkeit ist die Dauer des rechtlichen Bestandes des (aktuellen) Arbeitsverhältnisses zu verstehen. Zeiten, in denen das Arbeitsverhältnis ruht, werden nicht berücksichtigt.

9.1.2.1 Betriebszugehörigkeiten aus der Vergangenheit werden nur anerkannt, wenn ein in der Vergangenheit liegendes Arbeitsverhältnis mindestens zwölf Monate gedauert hat; hinzugerechnet werden dann nur Betriebszugehörigkeiten, die in unmittelbarer Folge vor dem aktuellen Arbeitsverhältnis liegen und bei denen keine Unterbrechung länger als zwei Monate gedauert hat.

9.1.2.2 Tritt ein Arbeitnehmer nach einer Eigenkündigung erneut in die Dienste des Arbeitgebers, werden Betriebszugehörigkeiten nach Maßgabe von Ziffer 9.1.2.1 erst ab seinem Wiedereintritt berücksichtigt.

9.1.2.3 Bei Schülern und Studenten werden Betriebszugehörigkeiten aus der Vergangenheit nicht anerkannt.

9.1.3 Für die Bemessung des Urlaubsanspruchs werden nur Betriebszugehörigkeiten gemäß Ziffer 9.1.2 ab dem 01.01.2003 berücksichtigt, sofern das Arbeitsverhältnis nicht später begonnen hat.

9.2 Der Arbeitnehmer hat im Eintritts- und Austrittsjahr auf so viele Zwölftel des Jahresurlaubs Anspruch, als er volle Monate beim Arbeitgeber gemäß Ziffer 9.1.2 betriebszugehörig war.

9.3 Bei anderer Verteilung der Arbeitszeit in der Kalenderwoche (insbesondere bei Teilzeitarbeit) erhöht oder vermindert sich der Urlaubsanspruch entsprechend (Berechnungsformel: 0,2 x Anzahl der individuellen regelmäßigen Wochenarbeitstage x Urlaubsanspruch).

9.4 Im Übrigen gelten, insbesondere zum gesetzlichen Mindesturlaub, die Bestimmungen des Bundesurlaubsgesetzes (BUrlG) in seiner jeweils gültigen Fassung.

10. Entgeltberechnung bei Urlaub, Krankheit und Feiertagen

10.1 Das Urlaubsentgelt errechnet sich aus dem maßgeblichen Tarifentgelt auf der Basis der tariflichen Mindestarbeitszeit, es sei denn, es wurde arbeitsvertraglich eine abweichende Arbeitszeit vereinbart. Bei der Bemessung sind die Zuschläge für Sonn-, Feiertags- und Nachtarbeit sowie die Einsatzzulage nach Ziffer 2.3 des Entgeltrahmentarifvertrages zu berücksichtigen; alle sonstigen tariflichen und außertariflichen Zuschläge und Zulagen bleiben außer Betracht. Im Übrigen gilt das Bundesurlaubsgesetz (BUrlG) in seiner jeweils gültigen Fassung.

10.2 Das im Krankheitsfalle fortzuzahlende Entgelt bemisst sich nach dem maßgeblichen Tarifentgelt auf der Basis der tariflichen Mindestarbeitszeit, es sei denn, es wurde arbeitsvertraglich eine kürzere Arbeitszeit vereinbart. Bei der Bemessung bleiben tarifliche und außertarifliche Zuschläge und Zulagen unberücksichtigt. Im Übrigen gilt das Entgeltfortzahlungsgesetz (EFZG) in seiner jeweils gültigen Fassung.

10.3 Für die Entgeltzahlung an gesetzlichen Feiertagen gelten die gesetzlichen Bestimmungen (siehe Ziffer 3.7.11).

11. Brückentage, Betriebsruhe

11.1 Um dem Arbeitnehmer in Verbindung mit Feiertagen und Wochenenden (so genannte Brückentage) eine längere zusammenhängende Freizeit zu gewähren, können Arbeitstage vor oder im Anschluss an Feiertage festgelegt werden, an denen nicht gearbeitet wird; hierfür vor- oder nachgeholte Arbeitszeit stellt keine zuschlagspflichtige Mehrarbeit dar.

11.2 Für einen zusammenhängenden Zeitraum von höchstens 21 Kalendertagen kann Betriebsruhe vereinbart werden. Dazu benötigte Zeit kann entsprechend der Regelung für Brückentage gemäß Ziffer 11.1 vor- oder nachgearbeitet werden; vom Arbeitszeitkonto übertragen werden oder vom Jahresurlaub übertragen werden.

11.3 Für die zeitliche Lage der Betriebsruhe sind nach Möglichkeit die Wünsche der Arbeitnehmer zu berücksichtigen. Hierzu können Betriebvereinbarungen geschlossen werden.

12. Vermögenswirksame Leistungen

12.1 Der Arbeitgeber erbringt im Rahmen dieses Tarifvertrages vermögenswirksame Leistungen nach Maßgabe der Bestimmungen des „Fünften Gesetzes zur Förderung der Vermögensbildung der Arbeitnehmer" in der jeweils aktuellen Fassung.

12.2 Die vermögenswirksame Leistung beträgt derzeit monatlich für jeden anspruchsberechtigten Arbeitnehmer 13,50 Euro. Der Anspruch auf vermögenswirksame Leistungen entsteht mit der Antragstellung des Arbeitnehmers, erstmals aber mit Beginn des siebten Kalendermonats seiner Betriebszugehörigkeit gemäß Ziffer 9.1.2.

12.3 Die vermögenswirksame Leistung wird gemäß Ziffer 12.2. für jeden vollen Kalendermonat gezahlt, den der Arbeitnehmer gemäß Ziffer 9.1.2 betriebszugehörig ist.

12.4 Der Arbeitnehmer kann zwischen den in § 2 des Fünften Vermögensbildungsgesetzes vorgesehenen Arten frei wählen. Das Wahlrecht zwischen einer vermögensbildenden Anlage und einer Barauszahlung ist jedoch ausgeschlossen.

12.5 Teilzeitbeschäftigte Arbeitnehmer haben Anspruch auf eine anteilige Leistung entsprechend dem Verhältnis ihrer arbeitsvertraglichen Arbeitszeit zur tariflichen Mindestarbeitszeit.

13. Betriebliche Altersversorgung, Entgeltumwandlung

13.1 Arbeitnehmer haben einen Anspruch, tarifliche Entgeltbestandteile zugunsten einer Versorgungszusage zum Zwecke der Altersversorgung umzuwandeln. Sie können verlangen, dass ihre zukünftigen Entgeltansprüche bis zu 4 % der jeweiligen Beitragsbemessungsgrenze der Rentenversicherung für die betriebliche Altersversorgung verwandt werden. Bei dieser Entgeltumwandlung dürfen 1/160 der Bezugsgröße nach § 18 Abs. 1 des Vierten Buches Sozialgesetzbuch nicht unterschritten werden. Die Einzelheiten werden zwischen Arbeitgeber und Arbeitnehmer schriftlich vereinbart.

13.2 Im Übrigen können die Tarifvertragsparteien zusätzliche Tarifverträge zur betrieblichen Alterversorgung sowie zur Entgeltumwandlung abschließen.

14. Jubiläumszahlungen

14.1 Arbeitnehmer erhalten bei Erreichen einer Betriebszugehörigkeit gemäß Ziffer 9.1.2 von

- 5 Jahren 250 Euro;
- 10 Jahren 500 Euro;
- 15 Jahren 750 Euro;
- 20 Jahren 1000 Euro

als Jubiläumszahlung, sofern das Arbeitsverhältnis zum Zeitpunkt der Entstehung des Anspruchs noch ungekündigt ist.

14.2 Für die Bemessung der Jubiläumszahlung werden nur Betriebszugehörigkeiten ab dem 01.01.2003 berücksichtigt, sofern das Arbeitsverhältnis nicht später begonnen hat.

14.3 Die Auszahlung erfolgt mit dem Entgelt für den Folgemonat.

15. Betriebliche Sonderzahlungen

Die Gewährung betrieblicher Sonderzahlungen, insbesondere einer Jahressonderzahlung, wird auf betrieblicher Ebene geregelt.

16. Ersatz von Aufwendungen

Die durch wechselnde Einsatzorte entstehenden zusätzlichen erstattungsfähigen Aufwendungen des Arbeitnehmers gemäß § 670 BGB werden auf betrieblicher Ebene geregelt.

17. Leistungen im Sterbefall eines Arbeitnehmers an Hinterbliebene

Hinterlässt ein Arbeitnehmer einen unterhaltsberechtigten Ehegatten oder unterhaltsberechtigte Kinder, deren Berufsausbildung noch nicht abgeschlossen ist, und war der Arbeitnehmer mehr als ein Jahr gemäß Ziffer 9.1.2 betriebszugehörig, so ist sein letztes maßgebliches Tarifentgelt bis zum Ende des Folgemonats weiter zu zahlen.

18. Sonstige Bestimmungen

18.1 Die Vergütung des Arbeitnehmers wird grundsätzlich bargeldlos auf ein von ihm zu benennendes Konto gezahlt; die Fälligkeit wird arbeitsvertraglich geregelt.

18.2 Auf Wunsch ist dem Arbeitnehmer ein Zwischenzeugnis auszustellen. Das Zeugnis hat Auskunft über die ausgeübte Tätigkeit zu geben und sich auf Wunsch auf Führung und Leistung zu erstrecken.

18.3 Beurteilungen über Führung und Leistung, die zu den Personalakten genommen werden, sind dem Arbeitnehmer zur Kenntnis zu geben. Der Arbeitnehmer ist auf seine Rechte nach den §§ 83 und 84 Betriebsverfassungsgesetz (BetrVG) hinzuweisen.

18.4 Werden personenbezogene Daten gemäß Bundesdatenschutzgesetz (BDSG) gespeichert, verarbeitet oder weitergegeben, so ist dies dem Arbeitnehmer in geeigneter Form bekannt zu machen. Der Arbeitnehmer hat darüber hinaus das Recht, Auskunft über seine Daten nach § 26 Absatz 1 bis 4 BDSG zu bekommen.

18.5 Die Rechte des Betriebsrates nach §§ 80 Absatz 2, 87 Absatz 1 Nummer 6 BetrVG bleiben unberührt.

19. Geltendmachung und Ausschluss von Ansprüchen aus dem Arbeitsverhältnis

19.1 Ein Verzicht auf entstandene Rechte ist nur in einem von den Tarifvertragsparteien gebilligten Vergleich zulässig. Die Verwirkung von tariflichen Rechten ist ausgeschlossen.

19.2 Beide Arbeitsvertragsparteien können sämtliche Ansprüche aus dem Arbeitsverhältnis nur schriftlich innerhalb einer Ausschlussfrist von zwei Monaten ab Fälligkeit geltend machen.

19.3 Ansprüche, die nicht innerhalb dieser Frist geltend gemacht werden, sind ausgeschlossen, es sei denn, dass der Anspruchsberechtigte trotz Anwendung aller ihm nach Lage der Umstände zuzumutender Sorgfalt verhindert war, diese Frist einzuhalten. Diese Ausschlussfrist gilt nicht für Ansprüche, die auf eine unerlaubte Handlung gestützt werden.

19.4 Lehnt die Gegenpartei den Anspruch ab oder erklärt sie sich nicht innerhalb von einem Monat nach der Geltendmachung des Anspruches, so verfällt dieser, wenn er nicht innerhalb von einem Monat nach der Ablehnung oder dem Fristablauf gerichtlich geltend gemacht wird.

20. Beendigung des Arbeitsverhältnisses, Kündigung und Altersgrenze

20.1 In der Probezeit beträgt die Kündigungsfrist während der ersten zwei Wochen einen Werktag, bis zum Ende des ersten Monats zwei Werktage, während des zweiten Monats drei Werktage, danach bis zum Ende des dritten Monats eine Woche, vom vierten bis sechsten Monat zwei Wochen.

20.2 Nach der Probezeit gelten die gesetzlichen Kündigungsfristen. Zur Berechnung der Kündigungsfristen ist die Betriebszugehörigkeit gemäß Ziffer 9.1.2 heranzuziehen; in Abweichung von Ziffer 9.1.2.1 werden Betriebszugehörigkeiten aus der Vergangenheit dann hinzugerechnet, wenn diese in unmittelbarer Folge vor dem zu kündigenden Arbeitsverhältnis lagen und bei denen keine Unterbrechung länger als zwei Monate gedauert hat. Betriebszugehörigkeiten, die vor der Vollendung des 25. Lebensjahrs des Arbeitnehmers liegen, werden nicht berücksichtigt.

20.3 Ein befristetes Arbeitsverhältnis endet mit Ablauf der vereinbarten Frist, ohne dass es einer Kündigung bedarf. Während der Befristung kann der Arbeitsvertrag nach den Ziffern 20.1 und 20.2 gekündigt werden.

20.4 Das Recht zur außerordentlichen Kündigung nach den gesetzlichen Vorschriften bleibt unberührt.

20.5 Sollte der Arbeitnehmer aus einem von ihm zu vertretenden Grund (z. B. Führerscheinentzug) nicht mehr in der Lage sein, seine Arbeit weiter fortzusetzen, so hat der Arbeitgeber das Recht, den Arbeitsvertrag mit sofortiger Wirkung zu beenden; unabhängig davon ist der Arbeitgeber verpflichtet, zu prüfen, ob dem Arbeitnehmer eine andere Beschäftigung angeboten werden kann.

20.6 Unentschuldigtes Fehlen, der Verstoß gegen Mitteilungs-, Anzeige- oder Nachweispflichten, wiederholte Unpünktlichkeit bei Arbeitsaufnahme oder -ende sowie Zuwiderhandlungen gegen die unter Ziffer 7.1 genannten Pflichten berechtigen den Arbeitgeber unter den Voraussetzungen des § 626 BGB nach vorheriger Abmahnung zur fristlosen Kündigung.

20.7 Das Arbeitsverhältnis endet mit Ablauf des Kalendermonats, in dem der Arbeitnehmer Anspruch auf eine ungekürzte Altersrente hat, spätestens aber mit Ablauf des Monats, in dem der Arbeitnehmer das 65. Lebensjahr vollendet hat.

21. Schlichtung von Meinungsverschiedenheiten

21.1 Die Tarifvertragsparteien vereinbaren die Errichtung einer Schlichtungsstelle mit der Zielsetzung, dass alle Streitigkeiten aus diesem Tarifvertrag durch die Schlichtungsstelle auf Antrag einer der beteiligten Parteien beigelegt werden. Sie kann als ständige Schlichtungsstelle oder nach Bedarf eingerichtet werden. Verhandlungen und Beschlussfassungen können auch im schriftlichen Umlaufverfahren erfolgen.

21.2 Die Schlichtungsstelle besteht aus je zwei Vertretern der vertragsschließenden Parteien. Sie bestimmen darüber hinaus einvernehmlich einen unparteiischen Vorsitzenden.

21.3 Die Schlichtungsstelle fasst ihre Beschlüsse mit einfacher Mehrheit. Bei Stimmengleichheit entscheidet die Stimme des Vorsitzenden. Die Beschlüsse sind bindend für die streitenden Tarifvertragsparteien. Abhängig von den zu behandelnden Streitigkeiten kann die Schlichtungsstelle beratenden Beistand heranziehen.

21.4 In den Fällen, wo dieser Vertrag eine Einigung zwischen Arbeitgeber und Betriebsrat vorsieht und eine solche nicht zustande kommt, wird eine Einigungsstelle gebildet, die aus jeweils zwei Vertretern der Vertragsparteien bestehen. Diese einigen sich auf eine/n neutrale/n Vorsitzende/n. Die Einigungsstelle regelt den Streitfall verbindlich.

21.5 Sofern kein Betriebsrat besteht, tritt an dessen Stelle die Tarifvertragspartei.

22. Schlichtungsverfahren bei Tarifverhandlungen

Für die Schlichtung bei Tarifverhandlungen gilt Anlage Nr. 1 zum Manteltarifvertrag.

23. Änderung rechtlicher Grundlagen

Im Falle der Änderung von Gesetzen und Verordnungen, die zum Abschluss dieses Tarifvertrages geführt haben, verpflichten sich die Tarifvertragsparteien, unverzüglich für tarifvertragliche Regelungen zu sorgen, die der neuen Gesetzeslage entsprechen.

24. Inkrafttreten und Kündigung

Dieser Tarifvertrag tritt am 01.01.2005 in Kraft. Er kann mit dreimonatiger Frist, erstmalig jedoch zum 31.12.2009, gekündigt werden. Im gegenseitigen Einvernehmen der Tarifvertragsparteien können Änderungen jederzeit vorgenommen werden.

25. Salvatorische Klausel

Sollten einzelne Bestimmungen dieses Tarifvertrages, gleich aus welchem Grund, unwirksam sein oder werden, berührt dies die übrigen Bestimmungen nicht; für diesen Fall verpflichten sich die Tarifvertragsparteien zu entsprechenden Neuverhandlungen der unwirksamen Bestimmungen.

Berlin, den 29.11.2004

2. Beschäftigungssicherungstarifvertrag

Zwischen der

Tarifgemeinschaft Christliche Gewerkschaften Zeitarbeit und PSA (CGZP)

und dem

Arbeitgeberverband Mittelständischer Personaldienstleister e.V. (AMP)

1. Geltungsbereich

1.1 **Räumlicher Geltungsbereich**

Dieser Tarifvertrag erstreckt sich räumlich auf das Gebiet der Bundesrepublik Deutschland.

1.2 **Fachlicher Geltungsbereich**

Dieser Tarifvertrag gilt fachlich für alle Unternehmen, Betriebe, Betriebsabteilungen sowie Hilfs- und/oder Nebenbetriebe, die Dienstleistungen in der Arbeitnehmerüberlassung erbringen.

1.3 **Persönlicher Geltungsbereich**

Dieser Tarifvertrag gilt persönlich für alle Arbeitnehmer, soweit sie nicht leitende Angestellte im Sinne des Betriebsverfassungsgesetzes (BetrVG) sind; Personaldisponenten und Niederlassungsleiter sind außertarifliche Angestellte.

1.4 **Organisatorischer Geltungsbereich**

Dieser Tarifvertrag gilt auf Arbeitgeberseite für ordentliche Mitglieder der tarifvertragschließenden Partei, die Vollmacht zum Tarifabschluss erteilt haben. Auf Arbeitnehmerseite gilt der Tarifvertrag für Mitglieder der Mitgliedsgewerkschaften der Tarifgemeinschaft Christlicher Gewerkschaften für Zeitarbeit und Personalserviceagenturen.

2. Allgemeines

Zur Sicherung bestehender Arbeitsplätze und zur Vermeidung von betriebsbedingten Kündigungen können für einzelne Betriebsteile oder den gesamten Betrieb Abweichungen von den Regelungen der bestehenden Tarifverträge (MTV, Entgeltrahmen-TV, ETV etc.) auf betrieblicher Ebene vereinbart werden, wenn z.B. folgende Situationen dies erforderlich machen:

- überdurchschnittlich hohe Arbeitslosigkeit in dem betroffenen Gebiet
- gravierende wirtschaftliche Probleme des Unternehmens/Betriebes/ Betriebsteils bis hin zur Existenzgefährdung.

3. Maßnahmen

3.1. Unter den Voraussetzungen des § 2 können auf betrieblicher Ebene die tariflichen Entgelte reduziert werden, tarifvertragliche Zulagen/Nebenleistungen sowie die Jahressondergratifikation gekürzt bzw. gestrichen werden sowie Arbeitszeitverlängerungen ohne Lohnausgleich und auch Arbeitszeitkürzungen bei entsprechender Entgeltreduzierung (Teilzeit) vereinbart werden. Das Nähere wird einer Betriebsvereinbarung vorbehalten. Falls in dem Unternehmen bzw. Betrieb bzw. Betriebsteil kein Betriebsrat bestehen sollte, können die vorerwähnten Maßnahmen nur mit Zustimmung der vertragsschließenden Parteien auf individualvertraglicher Basis umgesetzt werden.

3.2. Im Gegenzug zu den vereinbarten Maßnahmen gem. Abs. 1 kann der Arbeitgeber den betroffenen Arbeitnehmern den zeitlich begrenzten Ausschluss ordentlicher betriebsbedingter Änderungs- und/oder Beendigungskündigungen zusagen.

4. Inkrafttreten und Kündigung

Dieser Tarifvertrag tritt am 01.01.2005 in Kraft. Er kann mit dreimonatiger Frist, erstmalig jedoch zum 31.12.2009, gekündigt werden. Im gegenseitigen Einvernehmen der Tarifvertragsparteien können Änderungen jederzeit vorgenommen werden.

Berlin, den 29.11.2004

3. Entgeltrahmentarifvertrag

zwischen der

Tarifgemeinschaft Christliche Gewerkschaften Zeitarbeit und PSA (CGZP)

und dem

Arbeitgeberverband Mittelständischer Personaldienstleister (AMP)

1. Geltungsbereich

1.1 Räumlicher Geltungsbereich

Dieser Tarifvertrag erstreckt sich räumlich auf das Gebiet der Bundesrepublik Deutschland.

1.2 Fachlicher Geltungsbereich

Dieser Tarifvertrag gilt fachlich für alle Unternehmen, Betriebe, Betriebsabteilungen sowie Hilfs- und/oder Nebenbetriebe, die Dienstleistungen in der Arbeitnehmerüberlassung erbringen.

1.3 Persönlicher Geltungsbereich

Dieser Tarifvertrag gilt persönlich für alle Arbeitnehmer, soweit sie nicht leitende Angestellte im Sinne des Betriebsverfassungsgesetzes (BetrVG) sind; Personaldisponenten und Niederlassungsleiter sind außertarifliche Angestellte.

1.4 Organisatorischer Geltungsbereich

Dieser Tarifvertrag gilt auf Arbeitgeberseite für ordentliche Mitglieder der tarifvertragschließenden Partei, die Vollmacht zum Tarifabschluss erteilt haben. Auf Arbeitnehmerseite gilt der Tarifvertrag für Mitglieder der Mitgliedsgewerkschaften der Tarifgemeinschaft Christlicher Gewerkschaften für Zeitarbeit und Personalserviceagenturen.

2. Allgemeine Eingruppierungsgrundsätze

2.1 Der Arbeitnehmer wird zu Beginn des Arbeitsverhältnisses entsprechend der arbeitsvertraglich geregelten Beschäftigung in die jeweilige Entgeltgruppe eingruppiert (Stammentgeltgruppe). Für die Eingruppierung ist die tatsächlich notwendige Qualifikation für die auszuübenden Tätigkeit und nicht die Berufsbezeichnung maßgeblich. Die Eingruppierung richtet sich nach den Merkmalen der Oberbegriffe und den dazu gehörenden Tätigkeits- bzw. Berufsmerkmalen. Passen die Tätigkeitsbeispiele nicht auf die ausgeübte Tätigkeit, so ist der/die Arbeitnehmer/in in die Tarifgruppe einzugruppieren, deren Oberbegriff der Tätigkeit am nächsten kommt.

2.2 Soweit die Merkmale einen bestimmten Ausbildungsgang ansprechen, ist dies eine Umschreibung des Qualifikationsniveaus. Hat ein Arbeitnehmer einen solchen Ausbildungsgang nicht durchlaufen, ist er dennoch in die Entgeltgruppe einzugruppieren, wenn seine Tätigkeit den Anforderungen dieser Gruppe genügt. Ein Berufsabschluss nach einem bestimmten Ausbildungsgang für sich allein begründet keinen Anspruch auf Eingruppierung in eine bestimmte Entgeltgruppe, wenn die Tätigkeit diesen Berufsabschluss nicht verlangt.

2.3 Werden dem Arbeitnehmer für einen Zeitraum von mehr als zwei Wochen Arbeiten übertragen, die einer höheren Entgeltgruppe entsprechen, werden diese ab dem ersten Einsatztag durch eine Einsatzzulage abgegolten. Die Höhe der Einsatzzulage entspricht 100% des Differenzbetrages zu der für die übertragenen Arbeiten maßgeblichen Entgeltgruppe.

2.4 Übt ein Arbeitnehmer vorübergehend auf Veranlassung des Arbeitgebers bis zu sechs Wochen eine geringerwertige Tätigkeit aus so hat er Anspruch auf die Bezahlung in seiner Stammentgeltgruppe. Wird dem Arbeitnehmer innerhalb dieses Zeitraumes eine Tätigkeit angeboten, die seiner Stammentgeltgruppe entspricht und lehnt er diese ab, so kann nach sechs Wochen die Bezahlung der tatsächlich ausgeführten Tätigkeit angepasst werden. Wird dem Beschäftigten eine solche Tätigkeit nicht angeboten, bleibt es bei der Bezahlung in der Stammlohngruppe. Das Direktionsrecht des Arbeitgebers bleibt unberührt.

2.5 Bei einem Arbeitnehmer, der erheblich und nicht nur vorübergehend minderleistungsfähig ist, kann auf Verlangen des Arbeitnehmers oder des Arbeitgebers eine vom Tarifvertrag abweichende Entgeltregelung getroffen werden. Sie ist schriftlich niederzulegen. Der Betriebsrat ist ggf. vorher anzuhören.

3. Entgeltgruppenmerkmale

3.1 Entgeltgruppe 1

Ausführen von schematischen Tätigkeiten, für die keine Berufsvorbildung und kein spezielles Können, aber eine Einweisung erforderlich sind.

3.2 Entgeltgruppe 2

Ausführen von einfachen Tätigkeiten nach festen Vorgaben, die berufliche Grundkenntnisse erfordern oder die nach einer Einarbeitung ausgeführt werden können.

3.3 Entgeltgruppe 3

Ausführen von Tätigkeiten, für die grundsätzlich eine Berufsausbildung oder entsprechende Arbeitskenntnisse und Fertigkeiten mit Erfahrung Voraussetzung sind.

3.4 Entgeltgruppe 4

Ausführen von schwierigeren Tätigkeiten, für die eine einschlägige Berufsausbildung oder eine vergleichbare nachweislich erworbene fachliche oder praktische Qualifikation erforderlich ist.

3.5 Entgeltgruppe 5

Ausführen von schwierigen Tätigkeiten, für die eine einschlägige Berufsausbildung mit Berufserfahrung oder eine spezielle Berufsfortbildung mit mehrjähriger Berufserfahrung erforderlich ist.

3.6 Entgeltgruppe 6

Ausführen von komplexen und schwierigen Tätigkeiten, für die eine Meister- oder Fachschulausbildung erforderlich ist, bei denen die Arbeitnehmer disziplinarische Verantwortung für Personal- und Sachwerte zu tragen haben oder Ausführen von komplexen und schwierigen Tätigkeiten, die zusätzlich zu Entgeltgruppe 5 spezielle Fachkenntnisse erfordern.

3.7 Entgeltgruppe 7

Ausführen von komplexen und schwierigen Tätigkeiten, die zusätzlich zu Entgeltgruppe 6 Aufgaben mit höherer Verantwortung erledigen, die umfangreiche angewandte Spezialkenntnisse und volle Selbstständigkeit erfordern oder für die ein qualifizierter Hochschulabschluss, aber keine Berufserfahrung notwendig ist.

3.8 Entgeltgruppe 8

Ausführen von sehr komplexen und schwierigen Tätigkeiten für Fachkräfte, für die ein qualifizierter Hochschulabschluss, mit geringer Berufserfahrung notwendig ist.

3.9 Entgeltgruppe 9

Ausführen von sehr komplexen und schwierigen Tätigkeiten für Fachkräfte, für die ein qualifizierter Hochschulabschluss mit mehrjähriger Berufserfahrung notwendig ist. Tätigkeitsbeispiele sind in der Anlage 1 des Entgeltrahmentarifvertrages aufgeführt.

4. Entgeltregelung für Probe-/Einarbeitungszeit

Innerhalb der ersten sechs Beschäftigungsmonate kann das Entgelt um 9,5% gesenkt werden, in den Entgeltgruppen E 1 bis E 3 ab dem 01. Juli 2009 jedoch lediglich innerhalb der ersten vier Beschäftigungsmonate. Für den Entgelttarifvertrag für die neuen Bundesländer einschließlich Berlin gilt außerdem folgendes: Zum 01. Juli 2008 ist eine Absenkung für die Entgeltgruppe E 1 auf ein Mindestentgelt von 5,87 Euro zulässig. Zum 01. Januar 2009 ¡st eine Absenkung der Entgelte in den Entgeltgruppen E 1 auf maximal 6,00 Euro, in der E 2 auf maximal 6,13 Euro und in der E 3 auf maximal 6,47 Euro zulässig.

5. Öffnungsklausel für weitere Berufsfelder

Soweit in diesem Tarifvertrag nicht alle Tätigkeiten und Berufe erfasst wurden, die angefordert werden, steht es den Tarifvertragsparteien zu, einvernehmlich weitere Beispiele aufzunehmen und den Oberbegriffen zuzuordnen. Diese Beispiele sind den Tarifvertragsparteien zur Kenntnis zu geben.

6. Übergangsregelung

Bestand bereits vor Inkrafttreten der zwischen den Vertragsparteien abgeschlossenen Tarifverträge ein Arbeitsverhältnis zwischen einem Arbeitnehmer und einem Mitgliedsunternehmen, auf das die Tarifverträge zwischen der CGZP und der Mittelstandsvereinigung Zeitarbeit e. V. (MVZ) bzw. der Interessengemeinschaft Nordbayerischer Zeitarbeitunternehmen e. V. (INZ) anzuwenden waren, gilt folgendes:
Ist das nach den Tarifverträgen zwischen der CGZP und dem AMP zu zahlende Tarifentgelt infolge der Eingruppierung einschließlich der tarifvertraglichen Sonder-/Nebenleistungen (z.B. vermögenswirksame Leistungen, Jubiläumszahlungen, Jahressondergratifikationen, Urlaub) niedriger als die bisherige Vergütung des Arbeitnehmers, so erhält dieser in Höhe der Differenz einen Ausgleichsbetrag (Besitzstandswahrung). Dieser Ausgleichsbetrag nimmt nicht an tariflichen Entgelterhöhungen teil und ist auf Entgelterhöhungen infolge einer Höhergruppierung sowie von Tarifentgelterhöhungen anrechenbar. Die vorstehenden Regelungen gelten entsprechend für den Fall, dass sich auf Grund des Zusammenschlusses der Verbände INZ und MVZ für den Arbeitnehmer nachteilige Veränderungen im Vergleich zu den bisher gewährten tariflichen Leistungen ergeben sollten.

7. Inkrafttreten und Kündigung

Dieser Tarifvertrag tritt zum 01.07.2008 in Kraft. Er löst den Entgeltrahmentarifvertrag vom 29. November 2004 ab. Er kann mit dreimonatiger Frist, erstmalig zum 30.06.2010 gekündigt werden, im gegenseitigen Einvernehmen der Tarifvertragsparteien können Ergänzungen jederzeit vorgenommen werden.

Berlin, den 09. Juli 2008

4. Entgelttarifvertrag/West

Zwischen der

Tarifgemeinschaft Christliche Gewerkschaften Zeitarbeit und PSA (CGZP),

- nachfolgend CGZP -

und dem

Arbeitgeberverband Mittelständischer Personaldienstleister (AMP),

- nachfolgend AMP genannt -

wird auf der Grundlage der z Z. bestehenden gesetzlichen Regelungen folgender Tarifvertrag abgeschlossen:

1. Geltungsbereich

1.1 Räumlicher Geltungsbereich

Dieser Tarifvertrag erstreckt sich räumlich auf das Gebiet der Bundesländer Bayern, Baden-Württemberg, Bremen, Hamburg, Hessen, Niedersachsen, Nordrhein-Westfalen, Rheinland-Pfalz, Saarland und Schleswig-Holstein (Sitz des den Arbeitnehmer überlassenden Mitgliedsunternehmens des AMP bzw. der jeweiligen Niederlassung).

1.2 Fachlicher Geltungsbereich

Dieser Tarifvertrag gilt fachlich für alle Unternehmen. Betriebe, Betriebsabteilungen sowie Hilfs- und/oder Nebenbetriebe, die Dienstleistungen in der Arbeitnehmerüberlassung erbringen.

1.3 Persönlicher Geltungsbereich

Dieser Tarifvertrag gilt persönlich für alle Arbeitnehmer, soweit sie nicht leitende Angestellte im Sinne des Betriebsverfassungsgesetzes (BetrVG) sind; Personaldisponenten und Niederlassungsleiter sind außertarifliche Angestellte.

1.4 Organisatorischer Geltungsbereich

Dieser Tarifvertrag gilt auf Arbeitgeberseite für ordentliche Mitglieder der tarifvertragschließenden Partei, die Vollmacht zum Tarifabschluss erteilt haben. Auf Arbeitnehmerseite gilt der Tarifvertrag für Mitglieder der Mitgliedsgewerkschaften der Tarifgemeinschaft Christlicher Gewerkschaften für Zeitarbeit und Personalserviceagenturen.

2. Tarifentgelte ab dem 01.07.2008

a) Die Ecklohngruppe wird mit der Entgeltgruppe E 5 festgelegt. Der Ecklohn beträgt 10,83 Euro pro Stunde. Daraus ergeben sich folgende Stundenentgelte:

Entgeltgruppe	Entgelt
E 1	7,21 EURO
E 2	7,79 EURO
E 3	8,45 EURO
E 4	9,07 EURO
E 5	10,83 EURO
E 6	12,24 EURO
E 7	14,28 EURO
E 8	15,36 EURO
E 9	16,23 EURO

b) Für die Gehaltsempfänger ermittelt sich die Höhe des Monatsgehaltes auf der Basis von 151,67 Monatsstunden (Berechnungsformel: 35 Stunden tarifliche Mindestarbeitszeit x 52 Wochen: 12 Monate) multipliziert mit dem Entgelt der vereinbarten Entgeltgruppe.

3. Tarifentgelte ab dem 01.07.2009

a) Die Ecklohngruppe wird mit der Entgeltgruppe E 5 festgelegt. Der Ecklohn beträgt 11,05 Euro pro Stunde. Daraus ergeben sich folgende Stundenentgelte:

Entgeltgruppe	Entgelt
E 1	7,35 EURO
E 2	7,95 EURO
E 3	8,62 EURO
E 4	9,25 EURO
E 5	11,05 EURO
E 6	12,48 EURO
E 7	14,57 EURO
E 8	15,67 EURO
E 9	16,55 EURO

b) Für die Gehaltsempfänger ermittelt sich die Höhe des Monatsgehaltes auf der Basis von 151,67 Monatsstunden (Berechnungsformel: 35 Stunden tarifliche

Mindestarbeitszeit x 52 Wochen: 12 Monate) multipliziert mit dem Entgelt der vereinbarten Entgeltgruppe.

4. Ausbildungsvergütungen

1. Ausbildungsjahr	650,00 EURO
2. Ausbildungsjahr	680,00 EURO
3. Ausbildungsjahr	720,00 EURO
4. Ausbildungsjahr	790,00 EURO

5. Inkrafttreten und Kündigung

Dieser Tarifvertrag tritt zum 01.07.2008 in Kraft. Er ersetzt den Entgelttarifvertrag West vom 19. Juni 2006. Er kann mit dreimonatiger Frist, erstmalig zum 30.06.2010, gekündigt werden. Im gegenseitigen Einvernehmen der Tarifvertragsparteien können Ergänzungen jederzeit vorgenommen werden.

Berlin, den 09. Juli 2008

5. Entgelttarifvertrag/Ost

Zwischen der

Tarifgemeinschaft Christliche Gewerkschaften Zeitarbeit und PSA,

- nachfolgend CGZP -

und dem

Arbeitgeberverband Mitteiständischer Personaldienstleister (AMP)

- nachfolgend AMP genannt -

wird auf der Grundlage der z. Z. bestehenden gesetzlichen Regelungen folgender Tarifvertrag abgeschlossen:

1. Geltungsbereich

1.1 Räumlicher Geltungsbereich

Dieser Tarifvertrag erstreckt sich räumlich auf die Bundesländer Berlin, Brandenburg, Mecklenburg-Vorpommern, Sachsen, Sachsen-Anhalt und Thüringen (Sitz des den Arbeitnehmer überlassenden Mitgliedsunternehmens des AMP bzw. der jeweiligen Niederlassung).

1.2 Fachlicher Geltungsbereich

Dieser Tarifvertrag gilt fachlich für alle Unternehmen, Betriebe, Betriebsabteilungen sowie Hilfs- und/oder Nebenbetriebe, die Dienstleistungen in der Arbeitnehmerüberlassung erbringen.

1.3 Persönlicher Geltungsbereich

Dieser Tarifvertrag gilt persönlich für alle Arbeitnehmer, soweit sie nicht leitende Angestellte im Sinne des Betriebsverfassungsgesetzes (BetrVG) sind; Personaldisponenten und Niederlassungsleiter sind außertarifliche Angestellte.

1.4 Organisatorischer Geltungsbereich

Dieser Tarifvertrag gilt auf Arbeitgeberseite für ordentliche Mitglieder der tarifvertragschließenden Partei, die Vollmacht zum Tarifabschluss erteilt haben. Auf Arbeitnehmerseite gilt der Tarifvertrag für Mitglieder der Mitgliedsgewerkschaften der Tarifgemeinschaft Christlicher Gewerkschaften für Zeitarbeit und Personalserviceagenturen.

2. Tarifentgelte ab dem 01.07.2008

a) Die Ecklohngruppe wird mit der Entgeltgruppe E 5 festgelegt. Der Ecklohn beträgt 8,82 Euro pro Stunde. Daraus ergeben sich folgende Stundenentgelte:

Entgeltgruppe	**Entgelt**
E 1	6,00 EURO
E 2	6,61 EURO
E 3	6,97 EURO
E 4	7,94 EURO
E 5	8,82 EURO
E 6	9,53 EURO
E 7	10,40 EURO
E 8	11,40 EURO
E 9	12,43 EURO

b) Für die Gehaltsempfänger ermittelt sich die Höhe des Monatsgehaltes auf der Basis von 151,67 Monatsstunden (Berechnungsformel: 35 Stunden tarifliche Mindestarbeitszeit x 52 Wochen: 12 Monate) multipliziert mit dem Entgelt der vereinbarten Entgeltgruppe.

3. Tarifentgelte ab dem 01.07.2009

a) Die Ecklohngruppe wird mit der Entgeltgruppe E 5 festgelegt. Der Ecklohn beträgt 9,04 Euro pro Stunde. Daraus ergeben sich folgende Stundenentgelte:

Entgeltgruppe	Entgelt
E 1	6,15 EURO
E 2	6,78 EURO
E 3	7,14 EURO
E 4	8,14 EURO
E 5	9,04 EURO
E 6	9,77 EURO
E 7	10,66 EURO
E 8	11,75 EURO
E 9	12,74 EURO

b) Für die Gehaltsempfänger ermittelt sich die Höhe des Monatsgehaltes auf der Basis von 151,67 Monatsstunden (Berechnungsformel: 35 Stunden tarifliche Mindestarbeitszeit x 52 Wochen: 12 Monate) multipliziert mit dem Entgelt der vereinbarten Entgeltgruppe.

4. Auszubildende:

1. Ausbildungsjahr 440,00 EURO

2. Ausbildungsjahr 500,00 EURO

3. Ausbildungsjahr 550,00 EURO

4. Ausbildungsjahr 630,00 EURO

5. Inkrafttreten und Kündigung

Dieser Tarifvertrag tritt zum 01.07.2008 in Kraft. Er ersetzt den Entgelttarifvertrag Ost vom 19. Juni 2006. Er kann mit dreimonatiger Frist, erstmalig zum 30.06.2010, gekündigt werden, im gegenseitigen Einvernehmen der Tarifvertragsparteien können Ergänzungen jederzeit vorgenommen werden.

Berlin, den 09. Juli 2008